O FIM DA
LIDERANÇA

Preencha a **ficha de cadastro** no final deste livro
e receba gratuitamente informações
sobre os lançamentos e as promoções da Elsevier.

Consulte também nosso catálogo
completo, últimos lançamentos
e serviços exclusivos no site
www.elsevier.com.br

Barbara Kellerman
autora de *Como os seguidores fazem os líderes*

O FIM DA LIDERANÇA

Como a liderança mudou e de que forma podemos resgatar sua importância

ELSEVIER

CAMPUS

Do original: *The End of Leadership*
Tradução autorizada do idioma inglês da edição publicada por HarperCollins Publishers
Copyright © 2012, by Barbara Kellerman

© 2013, Elsevier Editora Ltda.

Todos os direitos reservados e protegidos pela Lei nº 9.610, de 19/02/1998.
Nenhuma parte deste livro, sem autorização prévia por escrito da editora, poderá ser reproduzida ou transmitida sejam quais forem os meios empregados: eletrônicos, mecânicos, fotográficos, gravação ou quaisquer outros.

Copidesque: Shirley Lima da Silva Braz
Revisão: Edna Cavalcanti e Roberta Borges
Editoração Eletrônica: Estúdio Castellani

Elsevier Editora Ltda.
Conhecimento sem Fronteiras
Rua Sete de Setembro, 111 – 16º andar
20050-006 – Centro – Rio de Janeiro – RJ – Brasil

Rua Quintana, 753 – 8º andar
04569-011 – Brooklin – São Paulo – SP – Brasil

Serviço de Atendimento ao Cliente
0800-0265340
sac@elsevier.com.br

ISBN 978-85-352-6359-6
Edição original: ISBN: 978-0-06-206916-0

Nota: Muito zelo e técnica foram empregados na edição desta obra. No entanto, podem ocorrer erros de digitação, impressão ou dúvida conceitual. Em qualquer das hipóteses, solicitamos a comunicação ao nosso Serviço de Atendimento ao Cliente, para que possamos esclarecer ou encaminhar a questão.

Nem a editora nem o autor assumem qualquer responsabilidade por eventuais danos ou perdas a pessoas ou bens, originados do uso desta publicação.

CIP-Brasil. Catalogação na fonte
Sindicato Nacional dos Editores de Livros, RJ

K38f	Kellerman, Barbara
	O fim da liderança: como a liderança mudou e de que forma podemos resgatar sua importância / Barbara Kellerman; tradução Vicky Block. – Rio de Janeiro: Elsevier, 2012.
	23 cm
	Tradução de: The end of leadership
	ISBN 978-85-352-6359-6
	1. Liderança. I. Título.
12-5788.	CDD: 658.4092
	CDU: 005.322:316.46

Para Kenneth Dana Greenwald e Thomas Dana Greenwald.

Voltar ao círculo, círculo completo, centro do círculo.

Mude ou morra.

CLAUDIAN

A mudança é inevitável – exceto a de uma máquina automática de vendas.

ROBERT C. GALLAGHER

Agradecimentos

Tenho uma dívida com Jonathan Greenwald, Kenneth Greenwald, Hollis Heimbouch, Colleen Lawrie, Mike Leveriza e Todd Pittinsky.
Mas o que lhes devo, precisamente, ainda terá de ser determinado.

A autora

Barbara Kellerman é professora universitária de Liderança Pública na James MacGregor Burns, Harvard University's John F. Kennedy School of Government. Foi diretora executiva fundadora da Kennedy School's Center for Public Leadership e lá trabalhou como diretora de pesquisa. Em 2009, foi considerada pela Forbes.com uma das 50 maiores pensadoras de negócios, e pelo *Leadership Excellence* a 15ª entre as 100 "melhores mentes em liderança" em 2008 e 2009. Em 2010, recebeu o Prêmio Wilbur M. McFeely por seu trabalho pioneiro sobre liderança e liderados. É autora e organizadora de vários livros, inclusive os mais recentes *Bad Leadership*, *Followership* e *Leadership: Essential Selections on Power, Authority and Influence*.

Sumário

	Agradecimentos	ix
	A autora	xi
	Introdução: A liderança e os liderados do século XXI	xv

PARTE I **Troca de poder**

1	Trajetória histórica – *reduzindo o poder*	3
2	Restrições culturais – *igualando as condições*	23
3	Imperativos tecnológicos – *perdendo o controle*	41

PARTE II **Areias movediças**

4	Contrato social – *minando a compreensão*	63
5	A experiência americana – *fazendo o downsize de líderes*	89
6	Ímpeto mundial – *fazendo o upgrade dos seguidores*	115

PARTE III **Troca de paradigma**

7	A indústria da liderança – *liderança como um mantra*	143
8	Liderança completa – *liderando no devido tempo*	165
	Notas	191
	Índice	211

Introdução: A liderança e os liderados do século XXI

Ganho a vida com "liderança". Escrevi e organizei mais de uma dúzia de livros sobre o assunto. Ensinei liderança na graduação e na pós-graduação por 30 anos. Orientei ou fiz parte de vários centros de liderança, institutos e associações. Por que, então, escrever um livro que contradiz tudo por que me bati na vida? Por que exercer uma profissão na qual eu mesma estou tão atolada? Por que antagonizar muitos, talvez a maioria de meus colegas que, como eu, cultiva este solo, alguns dos quais são bons amigos e conhecidos?

A razão é que estou cada vez mais apreensiva com a liderança no século XXI e a lacuna existente entre ensino e prática. Além disso, sinto-me muito desconfortável com o que chamo de "indústria da liderança" – meu termo genérico para os agora incontáveis centros de liderança, institutos, programas, cursos, seminários, workshops, experiências, instrutores, livros, blogs, artigos, sites, webinars, vídeos, conferências, consultores e coaches que alegam ensinar as pessoas – geralmente por dinheiro – a liderar.

Ser líder tornou-se um mantra. É um suposto caminho para o dinheiro e o poder; um meio para a realização tanto individual como institucional e um mecanismo para, às vezes, criar mudanças – nem sempre – para o bem comum.

Entretanto, há outras verdades paralelas: a de que todos os tipos de líderes estão desacreditados; a de que o incansável ensino não nos aproximou do nirvana da liderança mais que antes; a de que não sabemos criar bons líderes, nem deter ou, pelo menos, limitar maus líderes como fazíamos 100 ou até mil anos atrás; a de que o contexto está mudando de tal forma que líderes parecem relutantes ou incapazes de compreender. Acredita-se ainda que os seguidores se tornem por um lado desapontados e desiludidos; por outro, qualificados, audaciosos e fortalecidos; e por último, que, apesar das enormes somas de dinheiro e tempo despendidos na tentativa de ensinar as pessoas a liderar, ao longo de cerca de 40 anos de história a indústria da liderança não melhorou a condição humana de maneira significativa, mensurável ou importante.

Gostaria de poder dizer que essas verdades têm pouca importância – um tópico de interesse apenas para aqueles que ganham a vida com liderança ou para os que pagam para aprender a liderar. Mas elas têm. Estou descrevendo um problema maior – corrosivo, crescente e crônico, que ameaça a trama da vida no século XXI, que mina quaisquer arranjos entre líderes e liderados, e que impõe a desordem em um mundo desejoso de um mínimo de ordem. Dizendo sem rodeios, a indústria da liderança é muito menos do que parece. Quaisquer que sejam os pequenos, de modo geral, limitados sucessos da indústria, a humanidade, em larga escala, está sofrendo de uma crise de confiança nos encarregados de liderar bem e com sabedoria, assim como de um excesso de promessas bem-intencionadas, mas falsas, feitas por aqueles que deveriam tornar as coisas melhores.

Nada disso é para dizer que a indústria da liderança é de todo sem mérito. Tampouco para dizer que todos aqueles que se propõem a ensinar a liderar estão de algum modo errados, ou que todos os que dão a entender ter aprendido a liderar estão de algum modo mal orientados. Ao contrário, é para insistir no fato de que há um problema – impossível de abordar sem antes reconhecer sua existência.

Resultado: enquanto a indústria da liderança vem progredindo – ao crescer e prosperar além do que pudéssemos imaginar –, o desempenho dos líderes, de modo geral, está fraco e, em vários aspectos, pior que antes, frustrando aqueles que acreditaram que os especialistas possuíam as chaves do reino.

Mudança

Tudo é vulnerável às vicissitudes da mudança – regra geral à qual a liderança não é exceção. A instituição do casamento, entre outras coisas, provê interessante comparação. Em meados do século XVIII na Inglaterra, os bens de uma mulher, assim como seus filhos, pertenciam ao marido. O divórcio era impossível e, se a esposa ousasse sair de casa, tinha de deixar os filhos. Além disso, o estupro conjugal era legal e provavelmente frequente – embora, em 1782, uma lei proibindo o marido de bater na esposa com algo maior que seu polegar tenha sido aprovada.[1]

Cem anos depois, o casamento estava ligeiramente diferente. Em 1848, na Seneca Falls Convention, Elizabeth Cady Stanton denunciou que o abuso marital continuava sendo a regra. Afirmou que a história da humanidade era uma "história de repetidas injustiças, da parte do homem em relação à mulher... Se casado, fez dela uma pessoa civilmente morta aos olhos da lei... Ela é obrigada a prometer obediência ao marido, que se torna seu dono para todos os efeitos e propósitos".[2]

Já em meados do século XX, o casamento mudou de novo, particularmente nos Estados Unidos. Betty Friedan, autora do *The Feminine Mystique*, a bíblia do movimento das mulheres modernas, foi capaz, então, de abordar um tipo bem diferente de problema.[3] Na verdade, seu brilhantismo consistiu em revelar uma verdade oculta: embora sem qualquer motivo, muitas mulheres casadas estavam profundamente infelizes, sentindo-se sufocadas, em vez de livres.

Agora, claro, após mais de 50 anos, a instituição do casamento mudou outra vez. Há transformações adicionais, como o casamento homossexual. Em sua forma tradicional, as esposas estão relativamente mais fortes, e os maridos, mais fracos. Cerca de metade de todos os casamentos americanos termina em divórcio, e é mais provável que as crianças fiquem com as mães, não com os pais. Além do mais, como mais de 40% das crianças têm mães solteiras, e 70% delas agora ganham o próprio dinheiro, a instituição do casamento é considerada por muitos mais seletiva que obrigatória. Em outras palavras, nos últimos 150 anos, o casamento americano evoluiu de um arranjo em que as esposas eram subservientes, para um no qual, em sua maioria, igualam-se aos maridos.[4]

Entre maridos e esposas, líderes e seguidores, há uma única e impressionante semelhança: os padrões de dominância e deferência são agora radicalmente diferentes dos adotados 100 anos atrás, ao menos no Ocidente. A humanidade sempre foi organizada com base na suposição de que uns são mais fortes, e outros, mais fracos. Entre homens e mulheres, até recentemente presumia-se que os maridos iriam e deveriam dominar, enquanto as esposas iriam e deveriam concordar. Mas como a historiadora Stephanie Coontz destaca, o casamento agora é diferente. Espera-se que seja livre de coerção, violência e das desigualdades de gênero, tão banais no passado.[5] Continuando na mesma linha de raciocínio, entre líderes e liderados presumia-se até bem recentemente que os líderes deveriam dominar, e os liderados, concordar. Esperava-se, de modo geral, que os líderes dissessem aos liderados o que fazer e que os liderados agissem de acordo. Não mais. Agora, os seguidores, como as esposas, são muito mais resistentes que antes, mais fortes e independentes. Além disso, ao menos de modo ideal, os líderes devem sugerir ou aconselhar, e não mandar nos seguidores.

Voltemos ao fim do século XVIII, àquele momento de turbulência em que as ideias do Iluminismo estavam começando a ser compreendidas. Modelos de dominância e deferência estavam mudando no casamento e, simultaneamente, no corpo político. Os dois exemplos mais óbvios são a Revolução Americana e a Revolução Francesa. Ambos foram eventos de transformação, em que os seguidores subiram ao poder, enquanto os líderes foram atacados. Na Europa e nos Estados Unidos, a vida – política, econômica e social – nunca mais foi a mesma.

Tampouco foi coincidência que 50 anos mais tarde, enquanto Stanton redigia *sua* lista de queixas da parte dos sem-poder (as mulheres) contra os poderosos (os homens), Karl Marx e Friedrich Engels escreviam *sua* lista de queixas da parte dos sem-poder (o proletariado) contra os poderosos (a burguesia). De fato, como o ano era exatamente o mesmo – tanto a "Declaration of Sentiments" de Stanton como o *Manifesto comunista* de Marx e Engels foram publicados em 1848 –, o objetivo era precisamente o mesmo. Meio século depois das revoluções americana e francesa, um grande número de liderados permanecia inquieto – ansiavam por mudar sua condição de subordinados.

Até 1920, as mulheres americanas não tinham direito ao voto. E, até 1917, não houve uma revolução comunista russa (bem-sucedida). Contudo, o arco da história moderna começou a clarear. Desde a época do Iluminismo, e *por causa* dele, os fracos cada vez mais desafiaram os fortes. Menos de 50 anos depois da Revolução Russa de 1963, para ser mais preciso, Martin Luther King Jr. escreveu sua carta seminal "Letter from Birmingham Jail" e Friedan publicou seu seminal *Feminine Mystique*. King pretendia subverter as relações entre brancos e negros capacitando os negros, e Friedan pretendia fazer o mesmo entre homens e mulheres ao capacitar as esposas. Mas o estímulo para a equidade e a capacitação não parou aí: nos Estados Unidos, uma série de outros ativistas finalmente aderiu e se juntou aos sem-poder, continuando a desafiar os poderosos direitistas desde o final dos anos 1960 até o início dos 1970. Nos protestos realizados nos *campi* de todo o país, os estudantes assumiram o sistema acadêmico por várias razões, incluindo a liberdade de expressão e de escolha do programa dos cursos; em protestos de rua no país inteiro, os ativistas antiguerra do Vietnã assumiram o sistema político. Em pouco tempo, outras revoluções se seguiram – direitos dos homossexuais, dos deficientes, dos animais, entre outros – e essa dinâmica alterou, em menos de uma década, o equilíbrio entre líderes e liderados.

Entretanto, essa expansão da democratização não estava, de modo algum, limitada aos Estados Unidos e à Europa. Exigências semelhantes eram feitas em outros lugares, como na África, onde as lutas pela independência permeavam o continente. Por séculos, os colonizadores, em especial os europeus, haviam controlado os colonizados, sobretudo os africanos. Mas no fim dos anos 1950 e início dos 1960, os ganenses e quenianos, por exemplo, quiseram dar um basta. Aproveitando-se da debilidade da Europa após a Segunda Guerra Mundial, muitos africanos recorreram a quaisquer meios necessários para se libertar do jugo da opressão.

Desde então, a liderança e os liderados continuaram a evoluir – inclusive durante os últimos 30 a 40 anos, período que este livro abrange – para algo bem diferente. Mais nações são democracias, em oposição às autocracias. Há menos respeito por autoridade em todas as áreas – no governo e nos negócios, no mundo acadêmico e no profissional, e até na religião. O poder e a influência continuaram a se transferir de cima para baixo – os do topo com menos poder e influência; os do meio e embaixo, com mais. De um lado, os seguidores, gente comum, têm o senso de direito ampliado – exigem mais e dão menos. Tem havido uma revolução no uso da tecnologia como ferramenta e, em parte, como consequência, as condições foram niveladas tanto nos grupos como nas organizações. Finalmente, houve um crescimento explosivo – na indústria da liderança.

Aqui e agora

A indústria da liderança – que permanece em grande parte, embora não mais integralmente, um fenômeno americano – é o foco deste livro. Meias palavras são inúteis: embora a diferença tenha ocorrido no nível micro – o que, em alguns casos, é indubitável, por exemplo, nos indivíduos e grupos de indivíduos e organizações –, em nível macro seus déficits avultam. Em vez de tornar nossos líderes mais eficientes e éticos, parece que o efeito foi contrário – as coisas parecem ter piorado. O governo americano e as empresas estão sofrendo de um quase colapso em sua capacidade criativa e colaborativa na implementação de políticas que tratem dos problemas mais prementes da nação.[6] Os níveis de confiança e aprovação dos líderes estão baixos. E observadores, como o colunista David Brooks, do *The New York Times*, refletem o clima do momento quando denunciam como "fundamentalmente de interesse próprio" não um líder em especial, mas toda a "classe de líderes".[7]

É obvio que não há qualquer correlação personalizada. Não é como se cada executivo e alto funcionário do governo tivessem feito um curso de liderança. Além disso, a maior parte dos que se dedicam a aprender liderança comprova, ainda que de modo subjetivo, a eficácia de sua experiência. Ainda assim, se os americanos são tão bons em desenvolver líderes, por que os Estados Unidos estão nessa confusão? Por que os políticos americanos são tão ineficazes e por que a economia é tão resistente à recuperação? Nós, da indústria da liderança, podemos dizer com honestidade que, nas últimas décadas, tivemos o impacto que queríamos e planejávamos?

Parte do problema está nas suposições erradas. Pensamos que a liderança é estática – não é. Pensamos que a liderança pode ser ensinada – o que, em face da escassez de evidências objetivas, pode ser verdade ou não. Pensamos que pode ser aprendida de modo rápido e fácil e que uma forma de liderança pode ser ensinada de maneira simultânea a pessoas diferentes, em situações diferentes – na melhor das hipóteses. Pensamos no contexto como de importância secundária ou mesmo terciária – e isso é um equívoco. Pensamos – de modo central – que é melhor e mais importante ser um líder que um seguidor. Errado de novo.

Este livro, portanto, conta duas histórias: a primeira, sobre liderança e mudança; sobre como e por que líderes e liderados evoluíram ao longo do tempo. E como e por que líderes e liderados continuaram a evoluir, principalmente nos últimos 40 anos. Minha ênfase está na experiência americana, mas incluo líderes e liderados do mundo inteiro.

A segunda é sobre a própria indústria de liderança. Explora o que a indústria é de fato, e quais são suas principais ideologias e pedagogias. Explica como se dá o aprendizado da liderança e, por fim, pergunta o que podemos concluir sobre seus vários esforços. Em outras palavras, como devemos avaliar a indústria da liderança e o que, de modo mais específico, ela conseguiu realizar ou não.

Porém, para começar, apresento alguns marcadores para posicionar minha prosa.

Primeiro, defino *seguidor* – palavra que uso com frequência – apenas por classificação. Isto é, seguidores são subordinados que têm menos poder, autoridade e influência que seus superiores, e que, portanto, de modo geral, mas não invariavelmente, se conformam.[8] Dividem-se em cinco tipos, de acordo com o nível de comprometimento: os *isolados* não se importam com seus líderes, nada sabem sobre eles, ou de alguma forma respondem a eles. Os *espectadores* se importam, mas tomam a deliberada decisão de ficar à parte, de se desobrigar dos líderes e de qualquer dinâmica de grupo. Os *participantes* de alguma maneira se envolvem, favorecendo ou opondo-se de maneira clara a seus líderes. Os *ativistas* têm fortes sentimentos sobre seus líderes, a favor ou contra, e comportam-se de acordo, investindo de modo pesado nas pessoas e no processo. E os *obstinados*, que estão preparados para morrer por seus líderes – ou, ao contrário, expulsá-los sejam quais forem os meios necessários.[9]

Segundo, considero o *contexto* tão importante quanto os líderes e os seguidores. Pensem em meu modelo como um triângulo equilátero – líderes, seguidores e contexto, cada qual ao longo de um lado similar. De acordo com esse modelo, na verdade, os três têm o mesmo peso em cada uma das páginas deste livro.

Terceiro, traço uma distinção entre poder, autoridade e influência. *Poder* é definido aqui como a capacidade de A em obter de B tudo que A mandar, seja qual for a preferência de B e, se necessário, à força. *Autoridade* é a capacidade de A de obter de B tudo que A quer, com base na posição de A, status ou posto. E *influência* é como soa: a capacidade de A de persuadir B em concordar com o que A quer e planeja, por vontade do próprio B.

Quarto, foco novamente de modo extensivo, mas não exclusivo, nos Estados Unidos. Tenciono que o argumento seja abrangente – abordar os padrões de dominância e deferência no mundo todo.[10] Assim, embora os Estados Unidos estejam no centro da ação, a suposição é a globalização: o que ocorre em um lugar afeta e é afetado pelo que acontece em outro.

Quinto, evito, como quem evita uma praga, as definições de liderança (na última contagem, havia cerca de 15 mil) e as teorias de liderança (por volta de 40).[11] Prefiro manter tudo simples: compreendo que o crescimento da liderança implica desenvolver bons líderes, e que bons líderes tanto são éticos como eficientes.

Finalmente, uma observação sobre o título deste livro: entenda-se como um aviso sobre o futuro da liderança no século XXI. Por quase toda parte, os líderes estão deixando a desejar, os seguidores se mostram impacientes e o contexto está mudando – às vezes em velocidade vertiginosa. Assim, se não soubermos lidar com isso, o prognóstico será sombrio.

"Liderar" é difícil, mas não é impossível. Como veremos, há maneiras de melhorar e fazer a indústria da liderança avançar – torná-la contemporânea com amplo fundamento (e não com foco estreito) e inclusiva, em vez de exclusiva. Além disso, há maneiras de educar mulheres e homens para que sejam bons e espertos seguidores, assim como bons e espertos líderes, e desenvolver uma grande capacidade tanto para a inteligência contextual como para a intelectual. A liderança, como agora sabemos, está diferente do que era, até em relação a uma ou duas décadas atrás. E à medida que muda, assim deve mudar a indústria da liderança, sob pena de ser relegada à lixeira da história.

Parte I

Troca de poder

1

Trajetória histórica –
reduzindo o poder

A liderança tem uma longa história e uma trajetória clara. Mais do que qualquer outra coisa, trata da transmissão do poder – dos que estão em cima para os que estão embaixo.

Em alta

No começo, tínhamos deuses e deusas. Eram heróis, ou heróis-líderes, provenientes de pessoas comuns e preocupações cotidianas, para serem venerados, emulados e fixados – não obstante um calcanhar de aquiles ou até uma falha fatal. Alguns dos heróis-líderes eram imaginados, por exemplo, o deus grego Zeus e sua filha Atena. Outros foram (ou se pensava que fossem) reais, homens como Abraão, Buda, Jesus e Maomé.

Heróis-líderes fazem parte de nossa psique coletiva – servem a um propósito psicológico. O mitólogo Joseph Campbell escreveu: "Freud, Jung e seus seguidores demonstraram de modo irrefutável que a lógica, os heróis e os feitos do mito sobrevivem nos tempos modernos.[1] Freud certamente estava fixado tanto na liderança quanto nos liderados, convicto não só de que "o líder do grupo ainda é o temido pai primordial", mas também que o próprio grupo, todos os grupos, anseiam por um líder forte. "O grupo", assegurava, "tem uma paixão extrema por autoridade"; e indivíduos têm "sede de obediência".[2] De modo semelhante, Jung desenvolveu um arquétipo herói, um herói-líder que aparece e reaparece em todo lugar, atravessando a história humana.

Os heróis míticos e lendários, sobrenaturais e, ao mesmo tempo, estranhamente familiares ostentam essa condição apenas após batalhar com demônios e sair vitoriosos, feridos ou inexoravelmente mudados. Campbell escreve: "Um herói se aventura saindo de um mundo comum para uma região de maravilhas sobrenaturais: lá encontra forças fabulosas e uma vitória decisiva: o herói volta dessa aventura misteriosa com o poder de conceder favores a seu semelhante."[3]

A fim de que essa viagem de ida e volta não pareça impossível, tão remota, separada e diferente de nossa própria vida mundana, pensem nos heróis-líderes mais recentes, como Martin Luther King Jr. e Nelson Mandela, que sobreviveram, ambos, a períodos de confinamento em solitárias e, no caso de Mandela, a um longo encarceramento, para emergir de suas provações como líderes mais poderosos que nunca. Ou pense no CEO icônico da Apple, o recém-falecido Steve Jobs, que, após ter sido demitido e, mais tarde, ter lutado contra um câncer de pâncreas – quase sempre fatal –, retornou várias vezes, até não mais poder fazê-lo, a fim de liderar sua companhia e fabricar produtos sempre mais fantásticos que os anteriores.

Nosso desejo por um herói-líder é, então, antigo e, ao mesmo tempo, contemporâneo.[4] Quando o filósofo do século XIX Thomas Carlyle escreveu sobre grandes homens, grandes líderes, invocou a palavra *herói* e exaltou o "heroico" na história. "Incumbi-me de discursar aqui... sobre o que chamo de veneração do Herói e do Heroico nos assuntos humanos."[5] E, quando inúmeros americanos gritaram e bateram os pés por Barack Obama durante a campanha presidencial de 2008, isso refletiu um desejo generalizado de que houvesse um herói para nossos tempos, um Grande Homem que havia superado grandes obstáculos (mais evidentemente, o fato de ser afro-americano) para criar mudanças e curar o que nos aflige. Numa cena típica, um mês antes da eleição, em Columbus, Missouri, filas se formaram cedo para um comício noturno. Milhares se reuniram para se aglomerar apertadamente à volta do palco no qual Obama apareceria e milhares mais rodeavam uma tela imensa, extraordinária, que prometia sua imagem. Câmeras de vídeo foram erguidas para captar o momento, enquanto a multidão se movimentava na esperança de vislumbrá-lo – a encarnação humana da "audácia da esperança".[6]

É claro que o herói-líder tem uma contrapartida: o monstro-líder. Nossa vulnerabilidade a líderes que vêm a ser tiranos é muito antiga – e permanece uma charada. Às vezes, o tirano é totalmente distinguível e reconhecível como uma ameaça. Campbell escreve que a "figura do tirano-monstro é conhecida das mitologias, tradições folclóricas, lendas e até dos pesadelos do mundo; suas características são essencialmente as mesmas em qualquer lugar. Ele açambarca o benefício geral. É o monstro ávido dos gananciosos direitos do "meu e meu".[7] Entretanto, há outros momentos da história em que o monstro-líder é menos óbvio, até oculto, porque ele e o herói-líder são um. Durante a década de 1930, Hitler era reverenciado, por um lado, como herói-líder por milhões de alemães em total escravidão ao poder de sua *persona*. Como simpatizante nazista disse após ouvir Hitler falar: "Minha faculdade crítica foi varrida... Vivenciei uma exaltação que só podia ser ligada a uma conversão religiosa... Eu havia me encontrado, meu líder, minha causa."[8] Por outro lado, havia os que logo reconheceram em Hitler o monstro-líder – a diferença do olhar de quem vê.

O próprio Freud (que foi forçado pelos nazistas a se exilar na Inglaterra) estava surpreso com o fato de que, no século XX, um líder como Hitler pudesse exercer tamanho poder, tamanha influência sobre seu povo. Em seu último livro, que claramente tratava de Moisés, Freud perguntou: "Como é possível que um único homem possa desenvolver eficiência tão extraordinária, possa produzir, a partir de indivíduos indiferentes e famílias, *um só* povo?" Responde às próprias perguntas: "Sabemos que a maioria do povo tem forte necessidade de uma autoridade a quem possa admirar... que os domine e, às vezes, os maltrate."[9]

Contudo, não obstante a aparente inclinação a venerar heróis, ao longo dos séculos nossas atitudes em relação à governança evoluiu. De modo geral, ficou mais fundamentada e pragmática, mais preocupada com este mundo e menos com outros, sejam quais forem. Além do problema de quem deveria liderar para manter a ordem e a paz, Confúcio e Platão, que eram praticamente contemporâneos (400-550 a.C.), tinham as mesmas soluções: encontrar homens extraordinários e dar-lhes uma extraordinária educação de modo a fazê-los liderar com sabedoria e bem.

Confúcio acreditava em cultivar líderes que eram "cavalheiros", que possuíssem *de*, que quer dizer virtude. O líder ideal de Confúcio era, em linguagem moderna, um modelo, um cavalheiro a ser imitado e, finalmente, seguido, porque era mais velho, mais sábio, melhor. Sua capacidade de liderar se baseava na persuasão moral: atraía seguidores dando o exemplo, ele próprio tão perto da perfeição quanto possível; e presidindo ritos e rituais que eram símbolos de estabilidade e segurança.

Foi perguntado a Confúcio: "Como alguém se qualifica para governar?" O Mestre respondeu: "Aquele que cultiva cinco tesouros e foge dos quatro males está apto a governar." Perguntaram-lhe: "Quais são os cinco tesouros?" Confúcio respondeu: "Um cavalheiro é generoso sem ter de gastar; faz as pessoas trabalharem sem gemer; tem ambição, mas não rapacidade; tem autoridade, mas não arrogância; é severo, mas não feroz."[10]

O líder ideal de Platão, o filósofo-rei, parece ter pouco em comum com o líder ideal de Confúcio, o cavalheiro, na superfície. Enquanto um cavalheiro é, sobretudo, virtuoso, o filósofo-rei é virtuoso – e mais. Produto de uma educação intensa, extensa e até vitalícia, o filósofo-rei é excepcional em todos os aspectos, um regente que é um filósofo, um filósofo que é um regente, um líder perfeito, treinado ao longo da vida para liderar com cautela e inteligência, com seriedade e sensatez, num reino de verdade e beleza.

Não por acaso, o filósofo-rei de Platão tem uma contrapartida plenamente realizada, um líder-monstro a quem Platão chama de tirano. Sobre ele, escreve: "Ele é um produto conjunto de sua natureza tirana e de seu governo déspota, e, quanto mais tempo governar, mais opressiva será sua tirania." Visto o tempo em que viveu, não é de se admirar que o filósofo-rei de Platão seja um ideal a ser conjurado, considerando-se que seu tirano é real, um homem a ser temido. E visto o tempo em que viveu, não é de se admirar que Platão acreditasse que, a menos que "os filósofos se tornem reis em nossas cidades, ou a menos que os que agora são reis e governadores se tornem verdadeiros filósofos... não haverá fim para nossos problemas".[11]

Não obstante as diferenças, o líder-cavalheiro de Confúcio e o filósofo-rei de Platão têm características-chave em comum: aproximam-se da perfeição; coroam um contexto que é líder-cêntrico; e pertencem a um momento histórico em que a boa governança parecia depender completamente da boa – e até da grande – liderança. Na história da liderança, portanto, eles pertencem a um tempo em que se acreditava amplamente que apenas líderes-heróis, grandes homens de virtude e realização singulares poderiam salvar-nos de nós mesmos.

Na terra

Após eras em que o poder-líder era ou parecia ser quase total, houve, por fim, um limite para a liderança. Em 1215, o Rei João da Inglaterra foi obrigado a assinar a Carta Magna, tendo de aceitar formalmente que sua autoridade não era absoluta e sua vontade não podia ser exercida de modo arbitrário. Foi um momento de virada na história da liderança – e uma virada na história dos liderados. O rei foi forçado a assinar o documento por alguns de seus súditos, nobres determinados a proteger seus privilégios pessoais e políticos, primeiro por meio de conselho e, mais tarde, por intermédio de um parlamento cada vez mais poderoso. A assinatura da Carta Magna foi uma linha divisória na história ocidental, na qual o líder foi forçado a sucumbir a seus seguidores, que se reuniram e assim ficaram até conseguir o que queriam de Sua Majestade.

A mudança foi lenta. Afinal, ainda se estava na Idade Média, em que a realeza governava na terra, e Deus, por intermédio da autoridade da Igreja Católica, governava o reino do céu (ao menos no Ocidente). Era ainda mais notável que, no início da Renascença, ali surgisse o indiscutivelmente maior teórico da liderança de todos, cujo secularismo e pragmatismo concernem aos dias de hoje.

O príncipe, de Nicolau Maquiavel (1513), tem sido chamado, com justiça, do mais famoso livro sobre política jamais escrito. O conselho implacável e astuto de Maquiavel a seu líder, seu príncipe, é produto de sua sobrenatural compreensão da condição humana, livre, assim, de afetação, para sempre universal em sua aplicação, uma das grandes obras da literatura a transcender tempo e lugar.

O príncipe também tem lugar especial na história da liderança: foi o primeiro tratado significativo sobre liderança a discorrer exclusivamente sobre o real, e não sobre o ideal. Maquiavel não ocupava, como Confúcio e Platão, o reino da perfeição. Na verdade, como Deus está ausente de *O príncipe*, também está o Estado de Direto e, portanto, a matéria é uma bússola moral de qualquer tipo. *O príncipe*, de Maquiavel, está incorporado no aqui e agora. Ele é autoconsciente e autônomo, impermeável à influência externa, incluindo a do alto. Ele é determinado e inflexível, interessado, sobretudo, em assegurar, primeiro, a preservação de seu poder; depois, a preservação de seu principado e, finalmente, a preservação da paz de seu povo. (A opinião de Maquiavel sobre a condição humana era muito ruim. Descrevia os súditos do príncipe como "ingratos, instáveis, fingidos, hipócritas, fugitivos do perigo, ávidos por ganho".)[12]

Mas por mais brilhante que fosse *O príncipe*, não foi Maquiavel quem afinal rompeu com o passado.

Foi Thomas Hobbes. Foi ele quem propôs um arranjo, novo e completamente diferente, entre líderes e liderados.

Como seus predecessores Confúcio e Platão, Maquiavel e Hobbes partilhavam uma única e dominante preocupação: como manter a ordem num mundo desregrado. Entretanto, Maquiavel era parte de uma tradição mais inicial, em que a fixação era sobre a pessoa no poder. Hobbes era mais expansivo: voltava a atenção daqueles com poder para os sem-poder, particularmente no que dizia respeito a seus direitos, nossos direitos, à vida. Isso representava uma mudança do tamanho de um oceano. Pela primeira vez na história do Ocidente, ao menos uma das reivindicações dos governados superou em importância a reivindicação do governante. Como o filósofo Leo Strauss observou, a mudança da orientação por deveres naturais para uma orientação para direitos naturais encontrou sua mais potente expressão nas ideias de Hobbes, que colocava o direito incondicional à vida no centro desse argumento.[13]

Como Maquiavel, Hobbes acreditava que não se devia confiar no homem – ele era temível, voraz, egoísta e perigoso. Além disso, como Maquiavel, a quem sucedeu por pouco mais de 100 anos, Hobbes acreditava que o melhor líder era autoritário, alguém com poder e autoridade suficiente para controlar os que, de outro modo, são incapazes ou não estão dispostos a se controlar. Mas diferente de Maquiavel, Hobbes tinha uma concepção embrionária do que, mais tarde, veio a se chamar contrato social. O arranjo proposto por Hobbes era: os seguidores garantiriam poder absoluto a um líder absoluto que lhes daria algo em troca. Por intermédio do Estado, ele lhes daria proteção – primeiro, para assegurar direito à vida; segundo, para lhes proporcionar uma vida bem vivida que, como Hobbes dizia, fosse "confortável" e, eventualmente, até "deliciosa".

Como todas as histórias, a da liderança tem intromissões e interrupções. Assim, o fenômeno sobre o qual escrevo – a troca de poder de cima para baixo – não seguiu um caminho linear. Passaram-se uns 300 anos entre a assinatura da Carta Magna em 1215 e o desafio histórico de Martin Luther à autoridade absoluta da Igreja Católica. (Por séculos, a Igreja controlou até o acesso à Bíblia, disponível na Idade Média apenas em latim. Desse modo, só sacerdotes eruditos que liam latim tinham o direito de lê-la; gente comum, que não lia latim, não.) Além disso, a primeira revolução moderna – a assim chamada Revolução Gloriosa da Inglaterra, que deitou por terra a ideia de que reis governam por "direito divino" – não ocorreu até 1688.

Do mesmo modo que as ideias de Hobbes sobre as relações entre o governante e o governado sinalizaram um rompimento com o passado, assim foi com a Revolução Gloriosa. Pontos a destacar: primeiro, revoluções reais são eventos raros e distintos, que alteram de modo fundamental o estado ou a sociedade em que ocorrem. Segundo, a intenção dos revolucionários é, em geral, redistribuir o poder, a autoridade e a influência, tirando parte, ou mesmo tudo, dos que têm e dando àqueles não têm. Terceiro, como Steve Pincus apontou, "a Revolução de 1688-89 foi a primeira revolução moderna não apenas porque transformou o Estado e a sociedade inglesa, mas também porque, como todas as revoluções modernas, era *popular*, *violenta* e *divisora*. Os revolucionários de 1688-89 eram milhares. Não eram uma pequena elite política".[14] Quarto, essa revolução, em particular, era a necessária precursora das grandes revoluções do fim do século XVIII, que ocorreriam nos Estados Unidos e na França.

A Revolução Gloriosa foi, assim, um momento decisivo na história da liderança e dos liderados, prenúncio das mudanças ainda maiores que viriam. O fato de essa revolta ter sido a primeira a ser razoavelmente descrita como "popular" – a primeira em que um grande número de seguidores foi compelido e determinado a diminuir seus líderes – faz dela um evento histórico importante por si só, assim como arauto de um futuro, para os seguidores, muito diferente do passado.

O diabo está solto

Enquanto a democracia na antiga Atenas tem sido, há muito, fictícia, a experiência grega de governo participativo, na verdade, durou pouco. Levou mais uns 200 anos para que os direitos dos liderados fossem codificados de modo irrevogável e duradouro na teoria e na prática política. Até os séculos XVII e XVIII, o líder era o centro da ação, assim como, até Copérnico, no século XVI, era a Terra, em volta da qual todo o resto girava.

John Locke nasceu em 1632, 50 anos após Thomas Hobbes. Porém, seu trabalho sobre a relação entre líderes e liderados foi um grande salto adiante. Como escrevi em outro lugar, "a lógica de Locke no que concerne ao direito de ter propriedade privada, sua concepção da teoria do contrato social, que alega que os governos obtêm sua legitimidade do consentimento dos governados, e sua insistência para que esse consentimento fosse aplicado ao líder assim como ao liderado, tudo isso representou progresso. Na verdade, a declaração de Locke de que se o líder não satisfizesse o liderado poderia ser destituído, se necessário à força, o põe em total desacordo com Hobbes, que, exceto em questões de vida ou morte, faria com que nos rendêssemos a uma autoridade absoluta, com poder absoluto".[15]

Mais que qualquer outro pensador, com a possível exceção de Montesquieu, Locke forneceu a base moral, legal e filosófica a um sistema de governança baseado numa distribuição razoavelmente equitativa de poder entre líderes e liderados. De particular interesse aqui é a contínua evolução da ideia de um contrato social. Locke argumentava que um contrato desse tipo deveria ser expansivo, indo muito além de Hobbes, ao conceder poder aos seguidores à custa dos líderes. O poder e a autoridade de líderes deveriam ser limitados, e pessoas que não estivessem em posição de poder e autoridade deveriam ter o direito, em certas circunstâncias, de desalojar aqueles que estivessem – se necessário, pela força.

Embora Locke não estivesse sozinho no desenvolvimento da doutrina da separação de poderes, esforçou-se tanto para equilibrar o poder do governo colocando diversas partes dele em mãos diferentes que solidificou a ideia da liderança distribuída em oposição à liderança centralizada. Por fim, Locke foi pioneiro em matéria de propriedade, no direito de pessoas comuns colherem o que haviam semeado. Isso já era um passo importante na evolução do pensamento político e econômico, um impacto adicional dos carentes sobre os direitos dos que não o eram.

Em lugar algum Locke era mais apreciado ou mais influente do que no continente norte-americano. No período pré-revolucionário, seus livros circularam amplamente e, quando da assinatura da Declaração da Independência, ela foi considerada tão derivativa que, na verdade, Jefferson foi acusado de copiar o Segundo Tratado sobre o Governo Civil de Locke.

Quando o Iluminismo estava em pleno vigor, Locke já havia falecido. Mas ele tinha prenunciado o que por todo o mundo ocidental viria a ser um tempo de grandes mudanças – nas artes e ciências, na cultura e no governo, e no pensamento político, especialmente porque pertencia ao padrão de dominância e deferência. Pois o Iluminismo lançava dúvidas sobre o que antes se presumia ser nosso lugar aqui na Terra e no reino dos céus. Valores antigos eram desafiados. Novos – em especial, referentes a quem tinha o direito de fazer o que a quem – assumiam seu lugar. O historiador Peter Gay argumentou que o Iluminismo rompeu o que ele chamou de "círculo sagrado", a relação interdependente entre aristocracia europeia e hierarquia da Igreja Católica. Foi precisamente a intromissão no círculo sagrado – e, enfim, sua dissolução – que anunciou o fim de uma era nas relações entre líderes e seguidores e o início de outra.

Havia presságios em todo lugar, especialmente na Inglaterra, na França e na América do Norte. E então vieram duas explosões: a Revolução Americana, cuja apoteose foi a Declaração da Independência, planejada em 1776; e a Revolução Francesa, cuja apoteose foi a primeira

República Francesa, declarada em 1792. Ambas subverteram os governantes a favor dos governados. Ambas forçaram a aristocracia a estabelecer uma aparência de democracia. E ambas distribuíam poder, autoridade e influência muito mais generosamente do que antes.

Ao contrário de seus equivalentes europeus, que tinham uma história de hierarquia, os americanos jamais tiveram um monarca, uma autoridade absoluta de qualquer tipo, exceto a uma grande distância. Não obstante, o nível do sentimento antiautoritário entre os colonos era tão elevado que respondiam com raiva crescente aos oficiais britânicos, sentindo-se tratados como súditos de segunda classe. Thomas Paine, autor de *Senso comum*, acendeu a centelha da chama que pôs fogo na revolução e refletiu essa raiva contra a Coroa. Ele acusava "o rei e seus parasitas" de todos os males, lembrando aos americanos que, ao deixarem a Grã-Bretanha, seus ancestrais haviam fugido "não dos carinhosos abraços da mãe, mas da crueldade do monstro". Tampouco, afirmava Paine, fora a Inglaterra feita com atos sujos: "A mesma tirania que tirou os primeiros emigrantes de casa ainda persegue seus descendentes."[16]

Os leitores de Paine eram mais receptivos. A Revolução Americana não tratava apenas de heróis-líderes, de fundadores como Washington, Adams, Jefferson e Madison. Era uma autêntica insurreição popular, da qual, afinal, um grande número de pessoas participava. T. H. Breen escreveu: "As provas de americanos comuns mobilizando-se em reação aos insultos parlamentares e à ocupação do exército, forjando laços comuns de simpatia através das 13 colônias e criando uma infraestrutura a fim de apoiar e impulsionar a revolução nos anos seguintes à Declaração de Independência é indiscutível."[17]

Os insurgentes eram pessoas simples, a maior parte de famílias de agricultores brancos, que perfaziam em torno de 70% dos habitantes livres da América colonial. Eram, em outras palavras, seguidores – Ativistas, Participantes e, em alguns casos, Obstinados –, pessoas comuns prontas, desejosas e capazes de investir um pouco ou até tudo que tivessem para destituir o poder do trono.[18]

A gênese revolucionária americana teve efeitos permanentes – moldou as ideias americanas dos liderados, bem como da liderança. Em tempos revolucionários, a resistência é uma virtude, e a obediência, um vício, razão pela qual, como o historiador Bernard Bailyn descreveu, a provocação no período revolucionário "derramava-se das imprensas coloniais e era proferida da metade dos púlpitos da Terra. O direito, a necessidade, a absoluta obrigação de desobedecer à autoridade legalmente constituída haviam se tornado o grito universal".[19] Uma consequência desse antagonismo foi o antiautoritarismo – uma atitude que persiste até hoje. Os americanos ainda tendem a suspeitar do governo e se mostram ambivalentes em relação aos que estão no poder.

O preconceito contra o poder e a autoridade está encravado no que o cientista político Samuel Huntington chamou de Credo Americano. Qual é a implicação de ideias como igualdade, liberdade, individualismo, constitucionalismo e democracia? Todas impõem limites ao poder. "Oposição ao poder", escreveu Huntington, "e suspeição sobre o governo como a mais perigosa encarnação de poder são os temas centrais do pensamento político americano".[20]

Naturalmente, a oposição ao poder não era, de modo algum, limitada à experiência americana. Durante o século XIX, tanto na Europa como nos Estados unidos, o sistema anterior estava subvertido em todo lugar ou, pelo menos, ameaçado. E mais importante: a sorte de dois grupos antes escravizados e oprimidos – negros e mulheres – mudou de modo dramático. A escravidão e também a servidão foram, por fim, abolidas na Europa e na América inteiras, e as mulheres estavam, aos poucos, exigindo com determinação direitos básicos, como direito a voto. Além disso, em quase todo o Ocidente, a classe trabalhadora, que agora se expandia com rapidez, formava os rudimentos de um movimento sindical. Enquanto esse movimento não acabava por amadurecer numa aliança internacional, ao longo do tempo os trabalhadores desenvolveram o sentido de autovalorização e interesse próprio.

Assim como os grupos expunham suas reivindicações, também os indivíduos o faziam. Em 1849, Henry David Thoreau publicou um texto, "Desobediência Civil", que tratava dos direitos e da responsabilidade dos indivíduos. Era sobre os meus direitos e os seus, para que fossem ouvidos, e sobre a minha responsabilidade e a sua, de não fazer nada de errado, não importa a instrução recebida de alguém em posição superior. "Penso que devemos ser primeiro indivíduos e, depois, súditos", escreveu Thoreau. "A única obrigação que tenho o direito de pressupor é fazer o que acho certo a qualquer momento."[21]

Mas foi o ensaio de John Stuart Mill "Sobre a Liberdade" que melhor celebrou o direito dos indivíduos – o direito de todos de fazerem o que bem desejassem, desde que não interferissem nos direitos alheios. Mill, como Thoreau, uma década antes, minimizou a importância ou até a necessidade de liderança. Mill traçou a trajetória do poder, observando que havia chegado a hora "no progresso das questões humanas, em que os homens deixavam de considerar uma necessidade da natureza que seus governantes fossem um poder independente, em oposição a seus próprios interesses". Mill argumentava que, embora isso fosse progresso, era tempo de se dar um passo à frente. Era tempo de autonomia quase total, liberdade quase total. "Não se justifica que nem uma pessoa, ou um número qualquer de pessoas, diga a outro ser humano maduro que não deve fazer com sua própria vida, em proveito próprio, o que escolher fazer."[22]

Liderança e liderados haviam percorrido um longo caminho – em apenas 150 anos. Por intermédio da evolução e da revolução, o equilíbrio entre aqueles que tinham poder, autoridade e influência e os que não tinham havia mudado de tal maneira que nunca, jamais, seria anulado.

De baixo para cima

Nos últimos 100 anos, as relações entre líderes e seguidores chegaram a um ponto de virada, se não a um ponto de ruptura. O poder do líder e o poder do seguidor se tornaram mais próximos. Heróis-líderes (Franklin Roosevelt, Winston Churchill) e monstros-líderes (Adolf Hitler, Joseph Stalin) ainda estavam em evidência. Mas, cada vez mais, pessoas comuns reuniam forças para compelir o mundo à mudança.

No começo da vida, Mahatma Gandhi era advogado. Mais tarde, a missão, a paixão de sua vida, passou a ser a libertação da Índia colonial do jugo britânico. Idiossincrática, a cruzada de Gandhi começou na África do Sul, onde, quando jovem, tivera uma experiência que o transformou para sempre. Pouco após sua chegada da Índia, em 1893, ele foi retirado de um trem em razão da cor. Essa humilhação o levou a seu crescente envolvimento político, seu crescente interesse na forma como os sem-poder podiam arrancar dos poderosos o respeito e tudo que isso implicasse. O resultado foi a *satyagraha* – "firmeza na verdade" ou "força da alma", um princípio político e prática disponível a todos, independentemente de seu credo.

Satyagraha envolve o uso da resistência não violenta com a finalidade de resolver conflitos por meio da conciliação, em oposição à subjugação. "Satyagraha", escreveu Gandhi, "não é força física. Um *satyagrahi* não inflige dor ao adversário; não busca sua destruição. Um *satyagrahi* nunca recorre às armas. No uso da *satyagraha*, não existe qualquer má vontade".[23] Não obstante o repúdio e os protestos de verdade e amor, não havia dúvida quanto às intenções da *satyagraha*. Era uma arma política ou, se preferirem, uma ferramenta ou tática política, uma das poucas disponíveis para o uso dos sem-poder contra os com-poder.

Quando Gandhi voltou para a Índia, em 1915, fez o que havia feito na África do Sul. Usou a *satyagraha* para provocar mudança, para acabar com o jugo colonial da Índia. O ponto de virada foi em 1930, quando liderou a lendária *satyagraha* do sal, um protesto em massa contra os britânicos, por imporem um imposto sobre o sal. Quando acabou, o raj britânico havia mudado para sempre. Embora o governo colonial da Índia tenha acabado formalmente somente em 1947, a decisão de Gandhi, 17 anos antes de lançar um protesto não violento nacional para explorar o poder do povo e reuni-lo contra o poder do Império Britânico, foi decisivo. Ficou evidente que, embora tivessem pouco poder, cada vez mais indianos estavam dispostos a se arriscarem a ser presos ou algo pior na luta pela independência.

Nelson Mandela começou como discípulo de Gandhi. No início, durante os anos 1940 e princípio dos 1950, ele acreditava que a resistência não violenta poderia funcionar na África do Sul, mudando as relações entre a minoria branca dominante e a maioria negra, deferente por necessidade. Mas após ter sido preso em razão da oposição política em 1956 e, novamente, em 1962, Mandela mudou. Em meados de 1960, foi preso e, depois de um julgamento de dois anos, foi condenado à prisão perpétua por atos de violência contra o governo da África do Sul.

Durante seu julgamento final, foi dada a Mandela a chance de falar na corte, e ele o fez longamente, no que acabou por ser o mais eloquente de todos os seus discursos políticos. Falou sobre como, mesmo quando as chances contra eles eram enormes, os fracos ainda podiam e deviam lutar contra os fortes. Falou sobre como ele e seus colegas haviam tentado a não violência – sem sucesso. Por fim, falou que não tinha escolha senão recorrer à violência, para forçar uma medida de igualdade entre as pessoas com poder e autoridade e as outras, as desprovidas.

Mandela foi libertado da prisão em 1990 e, em 1994, como resultado da primeira eleição multirracial democrática da África do Sul, tornou-se presidente. A opressão sul-africana acabou em consequência das pressões tanto externas quanto internas, sinalizando, afinal, o término de uma era. Por toda a segunda metade do século XX, movimentos de libertação como os da Índia e da África do Sul se tornaram lugar-comum, principalmente na Ásia e na África. As maiorias da Algéria ao Laos, de Gana a Rodésia, não queriam mais fazer o que haviam feito por tanto tempo – submeter-se a minorias que eram intrusas.

O impulso por independência não diminuiu à medida que o século ia chegando ao fim. O colapso da União Soviética levou a um bom número de novos estados independentes – Geórgia, Belarus e Cazaquistão, por exemplo – que, por décadas, haviam sido repúblicas socialistas soviéticas. Também outros países europeus, nominalmente independentes, não obstante sob hegemonia soviética, da Letônia à Romênia, separaram-se da mão de ferro da Rússia. Uma série de assim chamadas revoluções sem derramamento de sangue – da Revolução de Veludo da Tchecoslováquia (1989) à Revolução Laranja da Ucrânia (2004) –, todas foram produto do mesmo fenômeno. Zbigniew Brzezinski as descreveu como "um despertar global político", que era "socialmente massivo, politicamente radical e geograficamente universal".[24]

A mudança nos Estados Unidos assumiu uma forma diferente, mas, ainda assim, foi poderosa e consequencial. Como mencionado, o movimento de direitos civis foi apenas um dos que aconteceram da metade para o final do século XX, cada um deles de baixo para cima. Embora não fossem, em geral, revolucionários em suas intenções, a demanda por mudança estava no ar em todo lugar, e não era muito fácil repudiá-la. Resultado: mudança permanente nas maneiras e nos costumes americanos.

Como Mandela, King foi discípulo de Gandhi. Daí a inevitável tensão: por um lado, King e o movimento que inspirava tinham a intenção de evitar os incendiários; por outro, mostravam-se impacientes, num caminho sem volta. A "Carta de uma prisão em Birmingham" de King resume esse delicado equilíbrio. Primeiro: "Em qualquer campanha não violenta, existem quatro passos básicos: coleta de fatos; negociação; autopurificação e ação direta." Depois: "Sabemos, por meio de dolorosa experiência, que a liberdade jamais é concedida voluntariamente pelo opressor; ela precisa ser exigida pelos oprimidos... Chega um momento em que o copo do sofrimento entorna e os homens não estão mais dispostos a ser mergulhados no abismo do desespero."[25]

Em 1963, a carta de King e a *Feminine Mystique* já haviam sido publicadas. Seguiu-se a elas o movimento pelo "Free Speech" (Discurso Livre) na University of California em Berkeley; amplos protestos contra a guerra do Vietnã; a aprovação do Architectural Barriers Act (Decreto de Barreiras Arquitetônicas), que exigiu que todos os edifícios construídos, alterados ou financiados pelo governo federal fossem acessíveis a pessoas com deficiências; o primeiro protesto significativo pelos direitos dos homossexuais (no Stonewall Inn, na cidade de Nova York); e a publicação de *Libertação animal*, a "bíblia" do movimento pelos direitos dos animais, de Peter Singer.

Os anos 1960 e 1970 alteraram as relações entre líderes e seguidores para sempre; primeiro, nos Estados Unidos e depois em outros lugares. Indivíduos e grupos sem poder, autoridade ou influência – indivíduos e grupos antes à margem – experimentaram uma nova sensação de direito, da qual ninguém estava isento: mulheres ou afro-americanos, doentes, deficientes mentais ou físicos, homossexuais ou lésbicas, depois os transexuais, jovens ou velhos e até os animais.

Política radical, política social, política dos cidadãos, política participativa, protestos sociais, protestos de rua, ativistas sociais, ativistas cidadãos, organizadores de comunidade, ação comunitária, ação radical, ação afirmativa, ação política, democracia em ação – as antigas regras saíram pela janela. Líderes foram ameaçados, seguidores, incentivados, e filósofos como o brasileiro Paulo Freire puderam ser ouvidos em alto e bom som: "Quem está mais bem-preparado que os oprimidos para compreender o terrível significado de uma sociedade opressora? Quem sofre mais os efeitos da opressão que os oprimidos? Quem pode entender melhor a necessidade da libertação?"[26]

A virada do jogo

Com os seguidores em ascensão, líderes em declínio – enquanto a tendência pôde ser rastreada por mais de 100 anos, nos anos 1960 e 1970 ela acelerou, mais uma vez, de maneira relevante, nos Estados Unidos. Entre outras razões, nossos mais proeminentes líderes, em especial, mas não exclusivamente, nossos presidentes, estavam sitiados. O Presidente

John. F. Kennedy foi assassinado em 1963. Cinco anos depois, Robert F. Kennedy e Martin Luther King Jr. foram mortos a tiros. E a situação continuava: a hostilidade contra o Presidente Lyndon Johnson (por conta da Guerra do Vietnã) o obrigou a se retirar da política presidencial. Richard Nixon foi forçado a se demitir por causa do escândalo de Watergate. E apesar de suas várias virtudes, tanto o Presidente Gerald Ford quanto Jimmy Carter perderam as respectivas eleições presidenciais: Ford, para seu primeiro mandato completo, e Carter, para o segundo.

As urnas confirmaram o mal-estar. Entre 1958 e 1964, os números da confiança no governo eram elevados e raramente se alteravam. Mas durante a década subsequente, o sentimento antigovernista aumentou de modo significativo. Em 1974, o número de americanos que pensavam que (muitos dos) políticos eram desonestos tinha subido para 45%. Além disso, essa descrença nos líderes políticos era espelhada pela descrença nos líderes corporativos. Durante os anos 1950 e 1960, os negócios americanos estavam em alta. O setor corporativo era autossuficiente ao extremo; os líderes corporativos, por sua vez, eram percebidos como melhores, durões, resistentes e totalmente no comando. Em 1956, a revista *Fortune* descreveu Roger Blough, presidente da U.S. Steel, como "modesto" e "cuidadoso", com "uma mente de muita capacidade, fartamente abastecido de fatos diferenciados... Provavelmente nenhum homem tem conhecimento mais íntimo dos pontos fortes e fracos (da U.S. Steel) ou uma ideia mais nítida do que possa ser feito delas". De modo semelhante (também em 1956), Harlow Curtice, presidente da General Motors, foi descrito como o perfeito "profeta do expansionismo americano". Ele era "um homem arrumado, elegante, que se movimenta e faz gestos com uma graça atlética. Tem o grau apropriado de vibração para um homem de negócios... uma linha de mandíbula que sugere o perfeccionista agressivo que, certamente, é".[27]

Mas em 1970, assim como os líderes políticos americanos haviam sofrido danos, havia frestas nas armaduras dos líderes corporativos da

América. Por exemplo, a indústria automobilística que há muito estava no ápice dos negócios americanos, parecia, de repente, bastante vulnerável a outras companhias em outros países, principalmente na Alemanha e no Japão. A supremacia econômica americana estava sendo desafiada: ao longo do tempo, isso ocorreria também com sua supremacia política. Regulamentos de emissão de combustíveis, falta de gasolina e de inovações – tudo significava problema para os carros americanos, que nunca mais dominaram completamente o mercado de carros global.

Mas a indústria de automóveis era apenas um entre os problemas mais generalizados. Como detalhado por um artigo da *Fortune* em 1982, "tempos difíceis" haviam se apossado dos executivos em toda a América corporativa. Em 1970, os gestores de topo ainda estavam acostumados a "saudáveis aumentos salariais e banquetes de ricos benefícios". Agora, as companhias estavam congelando e cortando os salários, adiando e reduzindo os aumentos, suspendendo os bônus e o aumento de ajuda de custos. Além disso, os próprios líderes corporativos estavam sendo escrutinizados. O best-seller de Robert Townsend *Up the Organization: How to Stop the Corporation from Stifling People and Strangling Profits* deu início ao que veio a ser uma conversa contínua: como hierarquias corporativas tradicionais eram datadas, como grandes organizações eram, com frequência, incômodas e ineficientes, e como os CEOs estavam presos, agarrados a velhas maneiras de liderar ou administrar, quando era óbvio que isso não mais funcionava.

Até os seguidores – em particular, os trabalhadores de colarinho-branco – criavam maneiras novas e diferentes. Um artigo de 1971 publicado na *Harvard Business Review*, intitulado "Who Wants Corporate Democracy?", destacava que expressões como "controle de baixo para cima", "ativismo de empregados" e "democracia corporativa" eram ouvidas cada vez com maior frequência. "Todos os sinais apontam para um impulso crescente da parte dos funcionários a fim de participar mais da elaboração da política corporativa... As pressões estão aumentando com o propósito de mudar as regras da governança corporativa."[28]

Assim, seria possível argumentar que, tal como os Estados Unidos estiveram, de certa maneira, na vanguarda nas últimas décadas do século XVIII, também estiveram nas últimas décadas do século XX. Cerca de 200 anos após a Revolução Americana, verificou-se efervescência semelhante – os sem-poder combatendo os com-poder, exigindo, afinal, maior igualdade.

Então, o que podemos concluir sobre a trajetória histórica? Podemos dizer o que vimos: que, ao longo da história da humanidade, poder e influência foram transferidos de cima para baixo. Contudo, seja qual for a razão, a indústria da liderança ignora essa história crítica quase inteiramente, como se fosse irrelevante, insignificante – talvez ambos. Um dos vários resultados inevitáveis foi que os líderes continuam a ser supervalorizados, e os seguidores, subvalorizados. O mesmo pode ser dito do contexto contemporâneo – que continua com seu valor diminuído e pouco compreendido. Isso não favorece ninguém, muito menos aqueles que estudam como liderar.

2

Restrições culturais –
igualando as condições

Até há pouco tempo, uma pessoa como eu – professora numa instituição de ensino superior – seria chamada "Professora" ou "Doutora". Agora sou chamada, às vezes, de "Professora Kellerman", ou "Barbara". De modo semelhante, respeitávamos os médicos; tomávamos sua palavra como verdade absoluta e fazíamos o que mandassem. Agora, guardamos suas instruções e pedimos outra opinião, ou 10 mil opiniões na internet. Em outros tempos, obedecíamos às ordens de nossos superiores, líderes e administradores. Agora, inclinamo-nos a desafiá-los, encorajados pela propagação da democracia, da retórica da capacitação e da prática da participação. A prova do declínio do respeito pela autoridade está em todo lugar – e em todo lugar há líderes que trabalham para liderar. A mudança é cultural, contextual. Agora, os seguidores exigem mais – e os líderes sucumbem com mais frequência.

A velha ordem mundial

O livro completo de etiqueta de Amy Vanderbilt, publicado em 1952, descrevia a família americana de seu tempo como uma unidade ordenada. Os pais tinham a autoridade final, as mães davam as ordens quando o pai não estava e as crianças conheciam seu lugar. O marido devia "considerar-se um parceiro em casa, não um ditador", mas a palavra final era dele. Era instruído, por exemplo, a "dar à esposa uma parte de sua renda, para uso dela, sem nenhuma restrição". Portanto, ele controlava as finanças da família e dava à esposa uma mesada, a seu critério, presumindo-se que era "um marido agradável". "A esposa agradável", por sua vez, era aconselhada a fazer sua parte. "O último olhar para a esposa pela manhã, e o primeiro à noite" – após retornar do trabalho – "teriam de ser experiências aprazíveis", escreveu Amy Vanderbilt. Por fim, as crianças precisavam, antes de tudo, comportar-se, mostrar bons modos na presença de outras pessoas. A hora das refeições, por exemplo, devia ser harmoniosa: a criança "tinha de compreender que era um privilégio fazer as refeições com a família, e ninguém devia causar desconforto aos outros com rixas, barulhos, má postura à mesa, falta de higiene etc.".

As hierarquias implícitas – nesse caso, o pai no topo, a mãe no meio e as crianças embaixo – podem ser comprovadas por todo "guia para uma vida agradável" de Vanderbilt. Repetem-se em todo lugar: nas cerimônias da vida, no vestir, nas maneiras, na administração da casa e no trabalho. Relações apropriadas entre superiores e subordinados eram a pedra de toque da vida diária; às mulheres, sugeria-se "estabelecer uma relação digna entre empregado-empregador", com suas "domésticas", revisando seu trabalho e "distribundo censura, estímulo e elogios quando necessário". Fora de casa, os homens também tinham restrições. No escritório, a linha entre as posições inferior e superior era muito clara, e o homem era orientado a "dar um passo atrás, a fim de permitir a seu superior passar primeiro se também estivesse partindo ou, no caso de algum atraso, pedir permissão para passar antes".[1]

O trabalho era, na verdade, muito formal e intolerável. O best-seller de Sloan Wilson, de 1955, *O homem no terno de flanela cinza*, e o estudo de 1956 de William H. Whyte, *The Organization Man*, confirmaram o óbvio – que as organizações haviam se tornado brutamontes e a expressão individual fora sufocada. Em meados de 1950, o eminente sociólogo C. Wright Mills pintou um quadro mais amplo, mas a mensagem era a mesma.[2] Segundo Mills, um grupo de políticos, economistas e militares de elite controlava uma quantidade desproporcional dos recursos dos Estados Unidos, incluindo dinheiro e status, poder e influência. Mills achou isso contrário ao mito do Sonho Americano; os Estados Unidos eram como qualquer outro lugar: havia uma classe alta dominante e condições de igualdade cujo nível era mais baixo que o presumido. Em outras palavras, os que estavam embaixo provavelmente lá ficariam, e os que estivessem no alto possivelmente permaneceriam em posição privilegiada.

A literatura sobre liderança e administração de então estava em sintonia com os tempos – empregadores no topo e empregados no meio ou embaixo –, razão pela qual a disciplina de liderança se concentrava nas peculiaridades da liderança. Afinal, parecia que ninguém se importava. Era apenas o líder que tinha, ou parecia ter, a maior parte do poder, toda a autoridade e grande parte da influência. Pesquisadores achavam que os líderes estavam em lugar mais alto que seus seguidores, mais enérgicos e positivos, e seu discurso era superior. Além disso, eram atípicos na intenção de assumir responsabilidade e persistentes na busca de seus objetivos.[3] Dito de outra forma, os líderes eram diferentes de seus seguidores, que, para ser sincera, eram considerados exemplares menos excelentes da espécie.

Não era de surpreender que, nos anos 1950 e no início dos 1960, os líderes fossem considerados comandantes e controladores. Primeiro, decidiam o que deveria ser feito e como. Em seguida, declaravam sua decisão sem qualquer obrigação de prover explicações. A participação ou o compromisso dos seguidores eram mínimos e esperava-se obediência total.⁴ O sábio da liderança Joseph Rost chamava isso de "paradigma industrial" da liderança. Era orientado para a gestão e dominado pelo objetivo, autoritário e quantitativo, impulsionado por curto prazo e pela relação custo-benefício, hierárquico e técnico, racional, pragmático, materialista e masculino.⁵

Mas no fim dos anos 1950, a situação começou, gradualmente, a mudar, e o mundo arrumado prescrito por Amy Vanderbilt estava se tornando um pouco desordenado. A ideia de que os líderes poderiam apenas comandar e controlar, e de que sua vontade sempre seria atendida, deu lugar à lenta e sóbria compreensão de que os tempos estavam mudando. O livro clássico de Philip Selznick, de 1957, *A liderança na administração*, prognosticou o futuro ao desbancar a ideia de que líderes eram superiores e, portanto, necessários, que liderar era equivalente a exercer controle total e que a posição era tudo. O que Selznick encontrou foi o oposto: o fato de que, sob certas circunstâncias, a liderança era "dispensável", que, necessariamente, envolvia outros e que "não era equivalente a ter um cargo público, grande prestígio ou autoridade". Na verdade, concluiu Selznick, a liderança estava mais associada com a *persona* do que com a posição.⁶

Em um sinal dos tempos iminentes, em fevereiro de 1960, quatro jovens negros, aparentemente alunos da Agricultural and Technical College of North Carolina, viraram o mundo – ao menos, o mundo dos Estados Unidos – de cabeça para baixo. Tiveram a audácia de sentar no balcão de almoço da Woolworth, em Greensboro, North Carolina, que sinalizava claramente "Apenas Brancos". Um dia depois, reuniram-se a esse protesto mais 24 e, mais tarde, suas fileiras haviam aumentado para 300. Em pouco tempo, esses protestos se espalharam pelo Sul, com seguidores Participantes, Ativistas e até Obstinados, determinados a mudar o *status quo*, acabando com a segregação.

Menos de um ano depois, outro momento crucial ocorreu na história americana: o idoso e venerado general cinco estrelas que havia sido presidente por oito anos, Dwight David Eisenhower, entregou o Salão

Oval a um jovem e belo novo-rico católico de Massachusetts, John Fitzgerald Kennedy. Assim, como saber que um país está à beira de um tempo novo e diferente? Como saber quando a mudança é significativa, e não apenas rotineira? Com certeza, aqueles protestos no Sul e a eleição de John F. Kennedy eram arautos de algum tipo, sinais de que o início dos anos 1960 separava o velho do novo, o passado do presente.

O fato de uma mudança, até uma grande mudança, não ser sinalizada, em geral, pelo soar de gongos, não a torna menos real. Aqui está, de novo, David Brooks: "Eu me pergunto se, por volta de 50 anos atrás, uma grande onda mental teria começado a varrer o mundo. Antes da maré, as pessoas se viam em certos lugares fixos na ordem social. Aceitavam opiniões de autoridades confiáveis. À medida que a maré varria tudo, começaram a se ver de maneira diferente. Sentiam que deviam expressar seus próprios pontos de vista, pontos de vista que mereciam respeito. Erguiam-se, mentalmente, à primeira classe e tinham uma série de expectativas de como deveriam ser tratados."[7] Em outras palavras, por uma constelação de razões, "por volta de 50 anos atrás", o passado deu lugar a um futuro no qual os seguidores "começavam a se ver de modo diferente".

A nova ordem mundial

Durante o fim dos anos 1960, o Credo Americano de Samuel Huntington ressurgiu de forma significativa. Inspirado pelos ideais da Revolução Americana – igualdade, liberdade, individualismo e democracia –, no fim dos anos 1960, assim como ocorrera no fim dos anos 1760, o Credo criou uma cultura que não era de acordo, mas contrária à conformidade.

Escrevi em algum lugar sobre esse período sob o título "O mundo que os anos 1960 fizeram", porque, para muitos americanos, a vida diária transformou-se, durante o fim dos anos 1960 e início dos 1970, em algo totalmente diferente.[8] Enquanto os objetivos da mudança variavam – relações entre brancos e negros, entre homens e mulheres, a Guerra do Vietnã –, o resultado era sempre o mesmo: um país e uma cultura que lembravam mais o que Tocqueville descrevera 100 anos antes – havia "uma aversão geral a aceitar a prova de qualquer coisa, de qualquer homem" – do que os Estados Unidos dos anos 1950 e a tranquila e conformista "geração Eisenhower", que exemplificava essa cultura.

Como vimos, no fim dos anos 1960 e no início dos 1970, as revoltas estavam em toda parte. Com o benefício do distanciamento, foi um período do qual os líderes jamais se recuperaram de todo. Nunca mais desfrutaram seu poder e prestígio de antes, enquanto os seguidores nunca mais confiaram em pessoas em posição de autoridade, ou se dispuseram a lhes mostrar o devido respeito.

Judith Martin, que chama a si mesma de "Miss Manners", é a mais conhecida das várias sucessoras de Amy Vanderbilt, e tem uma concepção do que constitui o "comportamento correto", completamente diferente do que era 40 ou 50 anos atrás. Em contraste a Vanderbilt, Martin não apoia os que estão no plano superior, mas os que estão no inferior. Agora não são as crianças que ouvem como devem se comportar, mas os pais é que são informados que "agressividade com crianças conta como agressividade". Agora, o lar pode ser qualquer coisa, menos um modelo de ordenada perfeição: "Manter uma casa em que cada objeto, até o menor bibelô, está em perfeita ordem é chocante." E agora os pais, em vez de serem modelos de virtude em posição de autoridade, são explicitamente aconselhados a reconhecer suas falhas e fraquezas, a serem comuns, em vez de controladores. No caso de uma discórdia familiar, Martin escreve: "A admissão de que todos são culpados e sofrem com o ambiente resultante é a base sobre a qual sugiro que façam um novo começo." O local de trabalho tampouco está isento desse desenfreado igualitarismo. Por exemplo, uma mulher que tenha sido incomodada por um superior deveria lutar contra ele, por todos os meios, inclusive legais: "Recorrer à lei deve ser o último recurso, mas você deve lembrar a todos os envolvidos de que ela está disponível para você... E continue falando à cadeia de comando até que alguém tenha o bom-senso de se assustar."[9]

Mais uma vez, a literatura da liderança mudou, refletindo a mudança dos tempos. No fim do século XX, a liderança por meio de comando e controle estava morta e enterrada, e a liderança por intermédio da cooperação e da colaboração estava na moda. Claro, isso é um conjunto: o mundo que os anos 1960 produziram tinha implicação nos padrões de dominância e deferência em todos os setores da sociedade americana, inclusive na florescente indústria da liderança.

É importante notar que, embora a mudança estivesse distante do líder e indo em direção ao seguidor, o líder nunca tinha deixado o palco central. Na verdade, o líder era diferenciado do "executivo" comum, em particular do "gestor", sendo descrito, com certeza comparativamente, como o indivíduo mais fabuloso de todos. Warren Bennis foi um entre os vários proeminentes especialistas em liderança que, no começo dos anos 1970, diferenciaram o líder do gestor, favorecendo sempre o primeiro, que era uma espécie de herói fanfarrão em detrimento do último, que era um burocrata maçante. Bennis descreveu o líder como um inovador, enquanto o gestor era meramente um administrador. De modo semelhante, o líder era um "original", enquanto o gestor era apenas uma "cópia", e o líder inspirava confiança, enquanto o mero gestor tinha de recorrer ao controle.[10] Assim, não é surpreendente o fato de que ser um líder tenha se tornado um mantra – tampouco é surpreendente que houvesse, e ainda haja, um mercado aparentemente sem-fim para treinar e desenvolver a liderança.

Mas, agora, até Bennis e seus colegas que pensam da mesma forma moderam seu tom: eles se tornaram inclusivos em vez de exclusivos. Na virada do século, nenhum curso, texto ou consultor de liderança ousaria ensinar como ser um líder sem fazer referência, ainda que apenas de modo comedido e oblíquo, ao seguidor. Bennis escreveu sobre "levar as pessoas para seu lado", enquanto palavras e termos como *equipe, network, comprometimento, capacitação, cooperação, colaboração, participação* e *hierarquia achatada* passaram a ser pedras de toque em um tempo em que o poder e a autoridade estavam diminuídos, e a influência era, necessariamente, partilhada.

James Kouzes e Barry Posner, em seu livro *O desafio da liderança*, escreveram: "A liderança não é um ato solo, é um esforço de equipe." A "sempre crescente turbulência do mercado exige ainda mais colaboração, e não menos".[11] De modo similar, em seu livro *Liderança autêntica*, Bill George concluiu: "Não há dúvida de que CEOs têm uma grande influência no resultado das corporações. Entretanto, se examinarmos mais de perto as histórias de sucesso dos últimos 25 anos, veremos que cada uma foi construída por um time no topo, e não por uma única pessoa."[12] Na verdade, Goleman chegou a dizer que, em vez de os líderes serem aristocratas, deveriam, agora, ser democratas, "verdadeiros colaboradores", que trabalham como "membros de uma equipe, e não como líderes de cima para baixo".[13] Grandes líderes – escreveu ele – são grandes ouvintes: "Criam o sentido de que, de fato, desejam ouvir os pensamentos e as preocupações dos empregados."[14]

Por fim, para adicionar insulto à injúria, na primeira década do século XXI os líderes eram aconselhados a ser, entre outras coisas, simpáticos. Eles deviam estar tão preocupados com o que os outros pudessem pensar, tão vulneráveis aos ossos do ofício, que se sentiam pressionados a ser simpáticos. Um artigo do *BusinessWeek* resumia: "Executivos seniores parecem estar batalhando pelo prêmio da simpatia. Humildade, autenticidade e liderança responsiva são as novas palavras do momento. Muitos CEOs falam sobre ser servos-líderes e jogar em equipe. Preocupam-se abertamente com tudo: dos empregados à Mãe Terra. Em suma, estão mais simpáticos."[15]

Sabemos que a antiga ordem acabou porque pessoas em posições de poder e autoridade parecem semelhantes, em oposição às muito mais imponentes que não o são; porque são ridicularizadas, ignoradas ou evitadas rotineiramente por aquelas que não o são; e porque consideram cada vez mais difícil exercer um (poder) ou outro (autoridade).

Até certo ponto, a indústria da liderança leva em conta essa transformação de padrão de dominância e deferência. Na verdade, alguns especialistas chegaram a ponto de concluir que os líderes são completamente dispensáveis. (De maneira irônica, se isso fosse verdade, derrotaria o propósito da indústria da liderança.) "A ausência de estrutura, liderança e organização formal, no passado considerada uma fraqueza, tornou-se um trunfo importante", escreveram Ori Brafman e Rod Beckstrom em *A estrela-do-mar e a aranha*.[16] Mas, como um todo, a indústria está esquecida da história, do fato de que os ataques ao poder e à autoridade que caracterizaram os anos 1960 e 1970 tiveram efeitos tanto duradouros como contagiosos – ameaçando a liderança da classe dirigente não só nos Estados Unidos, mas em praticamente todos os lugares.

O poder do seguidor

Lembram-se do nome Monica Lewinsky? Menciono-o neste capítulo sobre liderança e cultura porque nada sinalizou de modo tão veemente a crescente capacitação dos seguidores e o concomitante apequenamento dos líderes como o escândalo sexual que dominou a política americana no fim dos anos 1990. Enfeitiçou o povo americano – enquanto enleou o chefe do Executivo, Presidente Bill Clinton, numa armadilha criada por ele mesmo.

Se a indignação contra a relação sexual de Clinton com uma estagiária da Casa Branca foi justificada, nada tem a ver com o que quero dizer. Ao contrário, estou abordando o debate nacional que resultou disso, impressionantemente inconveniente. Foi uma mistura tóxica: um presidente destemperado, uma jovem disponível, uma pletora de políticos excitados pelo cheiro de sangue, uma imprensa com licença para invadir a parte mais particular da vida de um presidente e um público insaciável, que não demonstrava qualquer arrependimento por espiar um presidente de zíper aberto.

Rumores sobre o fato de Bill Clinton ser mulherengo haviam permeado sua carreira política, e sua vida sexual estava nas notícias de primeira página mesmo durante sua primeira campanha presidencial. Ainda assim, ninguém pensou, de fato, que seus caminhos pouco virtuosos persistissem na Casa Branca. Ninguém imaginou que seu relacionamento sexual com Monica Lewinsky pudesse, um dia, resultar em seu *impeachment*, atrapalhar a presidência e terminar numa sórdida novela nacional.

O caso Lewinsky veio à luz em consequência de uma acusação anterior de assédio sexual, que acabou expondo o presidente ao escrutínio público, descrito, de modo apropriado, pelo biógrafo de Clinton, John Harris, como "grotescamente literal".[17] Quando a história se transformou em escândalo, e o presidente foi, por fim, obrigado a responder publicamente, o drama se intensificou, e o presidente foi ainda mais humilhado. Afinal, Clinton admitiu ter tido um relacionamento "inadequado" com Lewinsky e pediu desculpas. Mas o dano estava feito – e a história se tornou um misto de piada e embaraço nacional.

Entretanto, Bill Clinton não foi o único líder recente exposto a esse tipo de vexame. Na verdade, a lista de líderes em situações semelhantes é muito longa; incluem-se nomes conhecidos dos negócios e do governo dos Estados Unidos como Harry Stonecipher, Mark Hurd, Eliot Spitzer, Mark Sanford e Anthony Weiner. Stonecipher foi forçado pela diretoria da Boeing a renunciar à posição de CEO depois de sua relação romântica com uma funcionária ter vindo à tona. Hurd foi obrigado a renunciar à posição de CEO da Hewlett-Packard após uma investigação de assédio sexual ter revelado que ele mantinha laços pessoais com uma empreiteira, que também recebera dele "pagamentos inadequados". Spitzer foi compelido a deixar o governo de Nova York quando o *The New York Times* revelou que ele frequentava regularmente um serviço de prostituição. Mark Sanford conseguiu ir até o fim em seu mandato de governador da Carolina do Sul, mas o escândalo irrompido quando desapareceu por seis dias para fazer uma visita clandestina à sua "alma gêmea" na Argentina custou-lhe caro. Foi censurado pelo desvio de fundos governamentais e obrigado a renunciar à presidência da Republican Governors Association. E o deputado Anthony Weiner – que, após postar imagens obscenas dele mesmo no Twitter, tornou-se alvo de bilhões de piadas – foi, de fato, forçado a se demitir do cenário político após ser perseguido até por seu próprio partido. Claro, nos dias de hoje, os seguidores se sentem no direito de se intrometer na vida pessoal de seus líderes – e responsabilizá-los pelo que fazem. Quando John Kennedy estava na Casa Branca, o povo americano não tinha ideia de que ele era um incansável e temerário salafrário. Quando Franklin Roosevelt estava na Casa Branca, o povo americano não tinha ideia de que ele estava tão gravemente incapacitado por um derrame cerebral e que, nos últimos 18 meses de sua presidência, era a esposa, Edith Bolling Galt Wilson, quem de fato governava o país.

Naturalmente, não foi a primeira vez na história da humanidade que homens em posição de poder e autoridade tiveram relações sexuais com mulheres que não eram suas esposas; tampouco foi a primeira vez na história da humanidade que pessoas em posição de poder e autoridade ficaram, de alguma maneira, incapacitadas. Porém, foi a primeira vez na história da humanidade que a informação foi democratizada – que todos acessamos, de modo quase desenfreado e instantâneo, informações até sobre os poderosos. E agora é a primeira vez que a cultura é tal que a censura a lascivas invasões de privacidade, de modo geral, inexiste. A "Oprahlização" da cultura americana é a joia desta coroa – pensamos ter o direito absoluto de saber tudo, sobre quem quer que seja de nosso interesse.

É impossível calcular de maneira exata o impacto dessas regulares invasões na vida dos líderes. O que sabemos, no entanto, é que diminuem e aviltam os líderes e erguem e encorajam os seguidores. Quando estão expostos ao ponto de estar vulneráveis – não importa seu status ou posição –, a lacuna entre líderes e seguidores se reduz até quase desaparecer. Como consequência, a conversa se tornou grosseira. "Tá aí... o presidente está cheio de m...!", opinou o âncora de notícias populares na TV a cabo Keith Olbermann, referindo-se a George W. Bush, em 2008. Barack Obama é um "bosta", sugeriu o respeitado jornalista Mark Halperin, ao vivo, no ar, em 2011. Como resultado, o poder e a influência de líderes, de pessoas em posição de autoridade, diminuíram, enquanto o poder e a influência dos seguidores, das pessoas comuns, aumentaram.

Aliás, a prova desse nivelamento está em toda parte, inclusive na cultura popular. No passado, ninguém se importava com o que você pensava, ou com o que eu pensava, sobre qualquer coisa. Não tínhamos importância, nem nossas opiniões, em especial sobre temas que ignorávamos completamente. Considerava-se que os especialistas, pessoas com autoridade e credibilidade, tinham o conhecimento e a experiência necessários para fazer declarações – e assim faziam. Eram os que ditavam o que era bom e o que era ruim, enquanto nós nos submetíamos. Isso pertence ao passado.

Hoje, a vida diária é o equivalente aproximado do *American Idol* ou *Dancing with Stars*. Os vencedores desses shows de talentos televisivos, imensamente populares, não são escolhidos por especialistas, homens e mulheres cantores ou dançarinos, com alguma experiência ou competência. Os especialistas tomam parte nos processos – selecionam o talento que irá competir e criticam o desempenho dos competidores –, mas somos nós que damos a palavra final. Você e eu decidimos quem serão os vencedores, pessoas comuns que telefonam ou enviam torpedos ou usam outra tecnologia a fim de dar o voto que determina o resultado.

Esse tipo de democracia participativa já está em evidência em todo lugar. Damos declarações, registramos nossas opiniões, expressamos nossas preferências, necessidades, vontades e desejos. Às vezes, o efeito desse comprometimento é inteiramente simbólico. Por vezes, o efeito é real, de consequência. De qualquer maneira, é o ato de autoexpressão, em si, que importa. Estimula ainda mais o sentimento de direito e capacitação, e desvaloriza ainda mais os mais bem-educados ou credenciados, mais informados que nós.

No passado não havia algo como grupos de discussão ou *crowdsourcing*.* Agora são onipresentes os grupos de pessoas comuns, cujas opiniões e atitudes são, por várias razões, consideradas significativas. Por exemplo, grupos de discussão em marketing tornaram-se importantes ferramentas para conseguir feedback sobre produtos. Grupos de discussão em organizações tornaram-se importantes ferramentas para planejamento e avaliação. E grupos de discussão em política tornaram-se importantes fontes de informação sobre as preferências dos eleitores, tanto sobre políticas como sobre políticos que fazem proselitismo em seu nome. Em outras palavras, em determinadas circunstâncias, são os grupos de discussão – seguidores, não líderes – que estão conduzindo a ação. O *crowdsourcing* é, de algum modo, semelhante, um fenômeno em si, no qual as pessoas comuns se juntam virtualmente, não literalmente, para executar determinada tarefa ou servir a certo propósito. Por exemplo, o PepsiCo Pepsi Refresh Project, que subvenciona a "geração de ideias inovadoras e otimistas", como o melhoramento de parques e playgrounds, descreve-se como um movimento de *crowdsourcing* que usa várias plataformas sociais, inclusive Facebook e Twitter.

Não costumava haver nada como um feedback de 360 graus, que pede a subordinados, entre outros, que avaliem seus superiores em uma série de características, habilidades e capacidades antes consideradas acima da competência dos de baixo. Também não havia nada como um "feedback para cima", cujo único propósito é ter líderes e gestores criticados e avaliados por aqueles que se reportam a eles.

---

* *Nota da Tradutora*: Modelo de criação e/ou produção que conta com a mão de obra e com os conhecimentos coletivos, para desenvolver soluções e criar produtos.

De maneira semelhante, meio século atrás, quantos professores eram avaliados, em cada curso, por seus alunos? Praticamente nenhum. Agora, a avaliação dos alunos faz parte do processo, um ritual comum para aqueles familiarizados com o interior de uma faculdade e, sim, até com uma sala de aula do ensino médio. No Harvard Kennedy School, onde lecionei por mais de uma década, no fim de cada semestre os alunos classificam cada um dos cursos – e cada um dos professores. Seja qual for o rigor da avaliação, a questão é que, em instituições de educação secundária e superior, os subordinados julgam seus superiores regularmente – com consequências que podem ser consideráveis. Pois, até em nível universitário, muitas instituições agora promovem o corpo docente e recompensam a estabilidade não apenas com base em seu conhecimento, mas também com base em seu ensino, avaliado principalmente, se não exclusivamente, por aqueles que estão sendo ensinados.

Há, agora, fontes como Zagat's, Yelp, CitySearch e TripAdvisor – mais indicadores do poder de seguidores, de poder do povo. Zagat foi pioneira nessa tendência: começou, em 1979, a coletar avaliações de restaurantes não dos especialistas habituais, mas de clientes como você e eu, que, de repente, estávamos de algum modo qualificados a emitir uma opinião sobre o que constitui uma boa experiência de restaurante e o que não é. Desde então, esse site e outros parecidos (o Zagat foi vendido ao Google) passaram a ser onipresentes ao solicitarem opiniões de pessoas comuns numa grande faixa de experiências – hotéis, compras, viagens –, criando mais uma situação em que muitos esperam ser ouvidos, não apenas uns poucos selecionados.

Isso nos traz, por fim, às enquetes – aquelas inúmeras e incansáveis pesquisas que pedem às pessoas, em todo lugar, suas opiniões sobre tudo e todos. Nossa necessidade incessante de saber o que as pessoas comuns de todos os lugares pensam, acreditam, gostam ou não gostam é indicativa do impacto cumulativo dos seguidores nos líderes supostamente responsáveis.

Os limites do líder

O inverso do poder seguidor, seu necessário corolário, é o limite do líder: limites formais e informais, limites políticos, limites profissionais e limites pessoais. Há limites para a capacidade do líder para exercer poder, autoridade e influência. E há outros tipos de limite, como a habilidade de manter uma zona de privacidade, estender arbitrariamente seu mandato como executivos e proteger-se contra calúnias. O único líder completamente isento desses limites é o líder tirânico – aquele disposto e capaz de usar o poder da coação.

Com certeza, embora os líderes agora sejam limitados pela cultura em que operam, e por seguidores que se sentem mais livres do que antes para humilhar e rebaixar os que estão no topo, líderes ruins continuam onipresentes. Mas quando os seguidores sabem que seu líder deixou a desejar, e quando um número suficiente deles realmente se importar, e quando, de quebra, tiverem um mínimo de liberdade, os líderes serão vulneráveis de novo. Eis a questão: o prefeito da cidade de Nova York, Michael Bloomberg, que, apesar de ser, em geral, admirado, e ter garantido um excepcional (e antes ilegal) terceiro mandato, foi humilhado – pelo clima. Em dezembro de 2010, Nova York foi atingida por uma tempestade que tomou a cidade de neve, gelo e temperaturas glaciais. Os nova-iorquinos esperavam que suas ruas permanecessem transitáveis em todos os momentos, ao menos para veículos de emergência. Em vez disso, o serviço que tiveram foi muito pouco, tarde demais. O serviço de limpeza da neve foi adiado. A resposta foi previsível: raiva e indignação extremas. O incidente ameaçou macular, de modo permanente, a duradoura e bem polida reputação de inteligência e competência de Bloomberg.

Reclamações sobre o desempenho do prefeito começaram a chegar logo depois que o último floco caiu – por meio de telefone, e-mail, fax e Facebook –, com seguidores incrédulos e até furiosos exercendo sua liberdade de expressão. A situação não melhorou com a atitude inicialmente arrogante do prefeito, ao dizer aos nova-iorquinos sitiados que a sexta maior tempestade na história da cidade era apenas um "inconveniente" e ao insistir que seu governo "estava fazendo exatamente o que você esperava que fosse feito".

Tendo sido castigado e punido – o presidente do distrito de Brooklyn disse ao prefeito que a cidade fora "tratada de maneira horrível" –, Bloomberg, em geral o menos modesto dos servidores públicos, deu a mão à palmatória. Pediu desculpas várias vezes pela inépcia de sua administração e assegurou que todas as ruas seriam limpas e todos os veículos seriam tirados da lama e do estrume congelados. O prefeito reconheceu que sua administração não conseguira responder de modo adequado à crise, e prometeu que isso jamais voltaria a acontecer – o que, no restante daquele inverno atipicamente frio e cheio de neve, não ocorreu.[18] Além disso, quando, menos de um ano depois, Nova York foi atingida pelo Furacão Irene, a resposta de Bloomberg foi tão vigorosa que muitos acharam-na exagerada.

Mas de modo algum os líderes são vulneráveis apenas quando os fracassos são óbvios, clamorosos e têm consequência imediata. Os líderes do século XXI devem preparar-se para ser tirados de seus poleiros, mesmo quando estiverem indo bem, ainda que não tenham cometido erros, não importa o pecado original, mesmo quando não há uma razão clara e presente para demiti-los.

Considere o caso de Lawrence Summers, que, em 2001, tornou-se reitor da Harvard University. Embora Summers nunca tenha sido popular com o corpo docente de Harvard, em seus primeiros anos dirigiu a faculdade com competência e inteligência, incluindo o planejamento de uma ambiciosa expansão do *campus* e a revisão do programa de graduação. Porém, no momento em que cometeu um importante erro ao sugerir que poderia haver razões "intrínsecas" para as mulheres serem menos bem-sucedidas em Ciência e Engenharia que os homens, os membros do corpo docente – não todos, mas alguns, um número suficiente – ficaram indignados até o ponto de rebelião.

No ano seguinte, o corpo docente – de novo, não todos, apenas alguns, mas o suficiente – ficou cada vez mais amargurado e audacioso, atacando Summer com frequência em alto e bom som, questionando sua aptidão como reitor. Por fim, houve uma votação do corpo docente de não confiança em Summers, que não era obrigatória, mas foi uma estreia histórica. Nunca antes, na longa e complexa história de Harvard, o corpo docente havia mandado uma mensagem, humilhando pessoal ou profissionalmente um reitor em exercício. As coisas chegaram ao ápice em 2006, em outra reunião do corpo docente, dominada pelo assunto Summers. Quinze membros falaram contra ele; ninguém, pelo menos naquela ocasião, saiu em sua defesa. Ameaçaram uma segunda votação de não confiança – o que persuadiu o reitor de que tinha de pedir demissão. Numa carta dirigida à comunidade de Harvard, Summers reconheceu que seu mandato fora marcado por "tensões e momentos de rancor", e que as divisões entre ele e os professores haviam, por fim, tornado "inviável" sua permanência no cargo.

Summers não foi o único presidente de universidade nos anos recentes a ser coberto "de piche e de penas" – como Bob Kerrey, ex-governador e senador de Nebraska, então reitor da New School, seria o primeiro a atestar. Kerrey estava entre os mais admirados funcionários públicos da nação quando foi nomeado reitor da prestigiosa New School, em 2001. Cobrado pela diretoria para realizar grandes mudanças, Kerrey começou a fazer exatamente isso. Foi capaz de aumentar as candidaturas, inscrições e dotações. Mas, como ocorrera com Summers, seus eleitores, seus ostensivos seguidores, não gostavam dele. Consideravam-no desrespeitoso com a cultura acadêmica e responsável pelo que julgavam seu estilo arrogante de gestão. Com o tempo, os alunos protestaram e os membros do corpo docente aderiram à censura ao reitor com um voto de não confiança. Acusaram Kerrey de ter impossibilitado que o corpo docente se envolvesse no cuidadoso e eficiente planejamento acadêmico.[19] Ele conseguiu permanecer por mais algum tempo, mas seu mandato fora maculado de forma irrevogável e ele se viu, por fim, obrigado a renunciar.

Como sempre, os padrões de dominância e deferência tendem a convergir, ao longo do tempo. Assim, independentemente da tendência em uma área, é provável que afete os líderes e seguidores em outra. Em 2010, a Harvard Business Press publicou o livro de Vineet Nayar intitulado *Primeiro os colaboradores depois os clientes* (Bookman). O livro propõe uma alteração nos sistemas de gestão tradicionais, em que o líder está no centro, para novos tipos de sistemas, em que as organizações são autoadministradas e autorreguladas.

De modo curioso, assim como Amy Vanderbilt e Judith Martin (bem como Sigmund Freud), Nayar escreve sobre a família – sobre como hábitos desenvolvidos no início da vida persistem. Ressalta que, nas famílias tradicionais, "os pais eram as autoridades incontestáveis" e que, se as crianças não obedecessem, eram punidas. Entretanto, como Martin, ele sugere que hoje as famílias são diferentes. Os pais querem ser os amigos e mentores de seus filhos, e não figuras de autoridade. Portanto, de modo semelhante, atualmente as organizações são diferentes do que eram no passado remoto. Em razão da "economia do conhecimento" e das mudanças no "cenário da TI global", é fundamental, afirma Nayar, que organizações estruturais – tais como as estruturas de família que dizem agora espelhar – se adaptem aos novos tempos. Como? Fazendo o CEO recuar do primeiro plano para o fundo, para um ponto no qual seja mais um tipo de coach, facilitador ou cordial anfitrião de uma reunião familiar do que uma estrela guia em torno da qual tudo e todos giram.[20]

Este é o arco da história – as mais recentes encarnações da devolução do poder e influência e da diminuição da autoridade. Somos lembrados de que o contexto – nesse caso, a cultura – é tão importante para os padrões de dominância e deferência quanto os líderes e seguidores. E estamos preparados para os imperativos tecnológicos que melhor explicam a mudança.

3

Imperativos tecnológicos –
perdendo o controle

Em meados do fim do século XVIII, os jornais eram sustentados pela revolta americana. Persuadiam os leitores coloniais de sua posição pessoal nos protestos contra a Coroa inglesa.[1] Havia, claro, outros canais de comunicação – panfletos, por exemplo, e comitês de vários tipos, o que facilitava conversas olho no olho. Mas os jornais eram interações iniciais de uma tecnologia de comunicação com consequências. Facilitavam as ideias partilhadas e as informações que, afinal, alimentavam a revolução. Era uma mistura inflamável – informação, expressão e conexão – que levava à ação, à mudança de equilíbrio entre líderes e seguidores, tal como ocorre agora.

Informação

Sabemos agora que, como tudo mais, a liderança muda. Entretanto, nos últimos 30, 40 anos, as mudanças nos líderes e liderados resultaram de dois fenômenos em especial: o primeiro, a mudança cultural; o segundo, a tecnológica, avanços na tecnologia de comunicação que levaram a mais informação, maior autoexpressão e conexão expandida.

Embora uma vez tenha sido eminente, o falecido Harlan Cleveland foi esquecido. Ele teve uma carreira brilhante como diplomata, educador e, no final da vida, autor. Escreveu um panfleto intitulado *Leadership and the Information Revolution*, em que, com precisão e presciência, identificou, como ninguém mais conseguiu fazer, como a difusão de informação afetaria a liderança e os seguidores.

Anos antes de o celular se tornar onipresente e anos-luz antes do Facebook e do Twitter, Cleveland percebeu que a informação é um divisor de águas. Ao contrário de outros recursos, a informação se expande quando usada; e vaza. Além disso, a informação é partilhada (e não trocada) e, uma vez partilhada, disseminada e difundida, o potencial de impacto é significativo. Como Cleveland destacou, a disseminação de informações, naquele momento por meio da televisão e das copiadoras, foi responsável pelo "poder do povo", que mudou a história a partir de 1989.[2]

Cleveland referia-se, é claro, à icônica queda do Muro de Berlim e ao colapso do comunismo na União Soviética e no Leste Europeu. Compreendeu o impacto dos "sistemas de informação" não só sobre aqueles que tinham poder e autoridade, mas principalmente sobre aqueles que não tinham. Compreendeu as maneiras pelas quais informação e tecnologia operavam, capacitando pessoas que não as tinham. Ainda assim, isso se aplicava aos jovens, que sabiam melhor que os mais velhos como usar ferramentas novas, as quais, só recentemente, encontravam-se à sua disposição. Quase uma década e meia antes das revoluções na Tunísia e no Egito, Cleveland escreveu: "As ondas de mudança social em minha vida – sensibilidade ambiental, direitos civis para todas as raças, acentuado status das mulheres... *não* foram geradas por líderes estabelecidos do governo, negócios, religião ou até de educação superior. Elas jorraram do povo, com a ajuda dos novos, quase sempre mais jovens, líderes dos quais nada se sabia antes."[3]

A tendência continua. Os avanços na tecnologia da comunicação tornam a informação instantânea e, claro, disponível a praticamente qualquer um, em qualquer lugar: informações são enviadas de um para um (e-mail), de um para muitos (site, blog, Twitter), de muitos para um (Wikipédia) e de muitos para muitos (sites de redes sociais).[4] O efeito sobre os líderes é, mais uma vez, diminuí-los. Já vimos que pessoas em posições de poder são facilmente enfraquecidas pela divulgação de informações profissionais. Quanto mais sabemos como os líderes lideram e os gestores administram, mais eles tendem a encolher. São revelados nus, por assim dizer, imperadores sem roupa, enquanto olhamos, não mais surpresos ao descobrir que, como nós, eles são meramente mortais.

Já que se trata da divulgação e da disseminação de informação, observem Julian Assange, anarquista australiano que quebrou quase todas as regras. Assange, o homem por trás do WikiLeaks, é um estranho, audacioso, arrogante e impertinente ativista transnacional, para quem a transparência radical é o Santo Graal. Seu meio de comunicação é, por vezes, mas nem sempre, a colaboração com a mídia. E sua mensagem é: subvertam o jornalismo tradicional, sangrem a cultura do sigilo, deem às pessoas comuns acesso à informação retida e pressionem aqueles que estão em posição de poder e autoridade a adotar políticas e procedimentos em conformidade com as novas normas de legitimidade e justiça.

Em 2010, o WikiLeaks começou a publicar artigos de um cache de 251.287 telegramas diplomáticos dos Estados Unidos, antes secretos. Quaisquer que fossem as intenções específicas por trás do "despejo" de documentos, como diziam respeito, por exemplo, à Guerra do Afeganistão, também havia um propósito geral: "Abrir o funcionamento interno de um sistema fechado e complexo, chamando o mundo para ajudar a julgar sua moralidade."[5] É exatamente esta noção – a ideia de que pessoas comuns usam o acesso desenfreado à informação para julgar os que estão em posição mais elevada – que é revolucionária.

É impossível, claro, avaliar com precisão o impacto do WikiLeaks e as intromissões análogas no sigilo do governo e das empresas. De fato, seria possível alegar que os vazamentos, em si, mudam pouco – note-se a continuada, embora pequena, redução da presença americana no Afeganistão. Ainda assim, no mínimo, apequenam os responsáveis – uma posição que até os vazamentos seguintes parecem apoiar: sabemos agora que a Guerra do Afeganistão, durante todo o tempo, foi menos bem-sucedida que a administração tanto do Presidente George W. Bush quanto do Presidente Barack Obama admitiram em público; sabemos agora que a guerra no Iraque foi travada, em um grau sem precedentes, por contratados privados (mercenários) – que não usavam uniforme, tinham poucas regras de combate e cuja supervisão era frouxa; e sabemos agora que, qualquer que fosse a postura pública, o Irã, em especial, tem sido objeto de medo e ódio de seus vizinhos árabes, que, em segredo, pleiteavam atacar, com os Estados Unidos, o programa nuclear de Teerã.

Tampouco o setor privado está imune à curiosidade pública. Assange ameaçou "derrubar" ao menos um grande banco americano, revelando seus segredos desagradáveis. Em resposta à acusação de um "ecossistema de corrupção" – do qual Assange alegou não haver prova –, o Bank of America, que temia ser o alvo, jogou na defesa. Como relatado pelo *The New York Times*, 15 a 20 funcionários do Bank of America fizeram uma extensa investigação interna, examinando milhares de documentos para o caso de haver uma tentativa de torná-los públicos.[6] De modo semelhante, o WikiLeaks liberou informações que envergonharam a Royal Dutch Shell. Como descrito pelo *Wall Street Journal*, os executivos da Shell haviam demonstrado "desprezo" pelas autoridades nigerianas com quem faziam negócios e "estavam nervosos com as alterações pendentes na indústria de petróleo do país". Assim, para manter o controle sobre um governo nigeriano que a Shell considerava inepto e demasiadamente ansioso para fazer negócios com a China e a Rússia, a companhia colocou, secretamente, o próprio pessoal em "todos os ministérios [nigerianos] relevantes".[7]

É claro que alguns vazamentos são inofensivos, pura fofoca diplomática. Mas outros vazamentos, vazamentos que não eram da WikiLeaks, foram fonte de informação com a intenção de humilhar, irritar ou enfurecer as pessoas em posições de poder e autoridade. Em San Diego, alguns jovens jornalistas criaram um site (VoiceofSanDiego.org) que expôs alguns dos segredos mais sombrios da cidade: funcionários da cidade com conflitos de interesses e aumentos de salário ocultos, habitações supostamente modestas, que eram, na verdade, magníficas, estatísticas de criminalidade enganosas.[8] Na França, um site de notícias chamado Mediapart atiçou fogo com acusações de doações financeiras ilegais envolvendo os altos escalões do governo, inclusive o Presidente Nicolas Sarkozy. No Oriente Médio, documentos vazaram para a Al Jazeera revelando que, a despeito de seus antigos protestos públicos contra a construção de assentamentos judeus em áreas contestadas, os negociadores palestinos estavam secretamente dispostos a ceder a Israel extensas áreas de Jerusalém. (As revelações da Al Jazeera desencadearam uma onda de raiva dos líderes da Autoridade Palestina, que mantinham posições intransigentes em público mas pareciam "não resistir a Israel em particular".)[9]

Como, exatamente, a disseminação de informações enfraquece os líderes? Até este rápido relato sugere as seguintes degradações: líderes são expostos como mentirosos, dissimulados; líderes são expostos como fracos, tolos e ineptos; líderes são expostos como imoderados e corruptos; e líderes são arruinados pela revelação pública de planos secretos. Pode-se responder a essa lista, de modo razoável, indagando: "Então, o que há de novo? Quem, nesta época, se surpreende com o fato de que os líderes mentem, enganam e roubam? Não muitas pessoas. Ainda assim, o regular rufar de informações sobre líderes comportando-se mal pode ser deprimente, incentivando os seguidores, que, ao sentirem cheiro de sangue, atacam.

Colocar o gênio de volta na garrafa, interrompendo o fluxo das informações é, naturalmente, impossível, fato que alguns consideram um agravante desesperador. Apesar de os vazamentos on-line serem creditados como contribuições importantes – por exemplo, para o exercício do poder do povo na Tunísia –, com frequência também são objetos de culpa, como, por exemplo, colocando em risco a vida de Morgan Tsvangirai, primeiro-ministro do Zimbábue e líder da oposição democrática ao seu despótico Presidente Robert Mugabe.[10] Assange, de qualquer modo, tornou-se o bode expiatório para uma série de líderes, do Presidente Barack Obama, cuja secretária de Estado, Hillary Clinton, acusou o WikiLeaks de pôr a vida das pessoas em risco, ao coronel Muammar Kadhafi, que, ainda no poder, ficou indignado por não ser mais capaz de amealhar o que antes era sua reserva privada – informações. Além disso, o WikiLeaks está em apuros, correndo o risco de ser fechado pelo bloqueio de doações imposto pelas companhias de serviços financeiros como Visa e MasterCard. Ainda mais revelador foi o que aconteceu com Bradley Manning, o soldado americano acusado pelo governo americano de ter oferecido ao WikiLeaks uma imensa quantidade de documentos secretos. Manning, na casa dos 20 anos, foi mantido em confinamento solitário de julho de 2010 a abril de 2011, quando, afinal, foi transferido, provavelmente devido à crescente indignação pública causada por seu tratamento, para uma instalação de média segurança. É claro que muitos defendem a opinião contrária do WikiLeaks – para essas pessoas, defensoras da transparência radical, Assange é um herói.

No final, claro, não importa muito aquilo que penso, o que você pensa ou que qualquer um pense, esteja em que posição estiver. É o que é. Com certeza, os esforços para reprimir a disseminação das informações continuam, sem parar. Governos autoritários como os do Irã, da China e da Coreia do Norte censuram a Web, combatem os blogueiros e fazem qualquer coisa para interromper o diálogo. Na verdade, o governo iraniano está tentando desconectar seu ciberespaço do restante da Web, confinando, assim, seu povo à própria rede interna. Ainda assim, é impossível estancar todo o fluxo de informações, e é impossível cessar por completo sua difusão. Isso se aplica às informações que, para os propósitos atuais, podem ser rotuladas de "objetivos" – ou seja, informações ostensivamente factuais, obtidas de fontes ostensivamente independentes. E também se aplica às informações que, para os propósitos atuais, podem ser rotuladas de "subjetivas" – ou seja, informações pessoais sobre quem somos e sobre como nos sentimos. É para esse segundo tipo de informação – expressão – que agora me volto.

Expressão

A "liberdade de expressão" é considerada a pedra angular da democracia e dos direitos humanos. Pressupõe liberdade política – as pessoas precisam ter liberdade para dizer o que quiserem, quando e onde quiserem, desde que não chorem falsas lágrimas em um teatro lotado. Mas, no século XXI, a liberdade de expressão tem mais uma definição: liberdade de dizer qualquer coisa a qualquer um sobre qualquer coisa ou qualquer um, em qualquer lugar, a qualquer momento, em tempo real.

O impacto do que é dito, digitado, enviado por torpedo ou descrito depende, claro, de quem está prestando atenção – ou quem são seus ouvintes, telespectadores, leitores, "amigos" e "seguidores". Ainda assim, a quantidade pode ser menos importante que a qualidade: o ato de autoexpressão, de dizer o que quisermos, quando quisermos, é o que importa. O número de pessoas conectadas é tão imenso que supomos que ao menos uma pessoa, em algum lugar, esteja prestando atenção – razão pela qual fazer o que quisermos é tão importante.

Em 2012, o número de usuários do Facebook deve chegar a 1 bilhão em todo o mundo. Em geral, o Facebook é usado para propósitos descritos, de forma bem melhor, como absolutamente comuns – nós o usamos para nos expressar sobre coisas comuns de maneira comum. Partilhamos o que somos, o que queremos, o que fizemos, como fizemos, o que pensamos e sentimos. O Facebook fornece informações, estabelece conexões e cria comunidades – mas, acima de tudo, possibilita a expressão pessoal, proporcionando a todos que desejarem e tiverem acesso a possibilidade de postar apresentações de si mesmos. Não obstante haver alguns protestos periódicos causados pelas invasões de privacidade, o Facebook atesta, de modo incontestável, o aparentemente considerável prazer de ser conhecido.

O Twitter, em razão de sua brevidade (cada tweet tem, no máximo, 140 caracteres), gratifica ainda mais instantaneamente. Mas, como o Facebook, o que acaba sendo tão impressionante não é apenas a velocidade do Twitter, mas seu alcance – sua comunicação de conteúdo vai do completamente trivial ao absolutamente importante. Entre várias outras razões, o Twitter é muito rápido e fácil, ou, como o crítico de mídia David Carr disse: "O ato de publicar no Twitter é tão isento de atrito – digite alguns caracteres e clique em enviar – que você até esquece que há outros lá fora ouvindo."[11]

Pensem nisso como uma evolução de nossa compreensão do que Twitter, Facebook e outras redes sociais são capazes. Por exemplo, chegamos a um ponto em que os clientes (ou seja, os seguidores) obrigam as empresas (ou seja, líderes e gestores) a responder de imediato. Assim que alguém percebeu e publicou que a Amazon havia reclassificado os livros com temas homossexuais e lésbicos na categoria "adulto" – removendo-os, desse modo, de certas buscas e classificação de vendas –, os protestos eclodiram. Onde? Na blogosfera, é claro, e no Twitter, forçando a empresa a corrigir imediatamente a situação, embora estivéssemos na Páscoa. Da mesma forma, quando Kenneth Cole, líder da indústria da moda e usuário regular do Twitter, ultrapassou os limites ao diminuir a gravidade da Revolução Egípcia, foi violentamente atacado, acusado de não ter classe, ser ganancioso e politicamente insensível. Respondeu após uma hora – recuou e pediu profusas desculpas, primeiro no Twitter e, depois, no Facebook. Como Cole disse a Tavis Smiley após algumas semanas, ele aprendeu, com pesar, que "todos têm poder". E, quando o CEO da Netflix, Reed Hastings, enfrentou uma queda vertiginosa no preço das ações da empresa em consequência das dezenas de milhares de protestos on-line contra o aumento de 60% nos preços e a decisão de dividir a empresa, ele teve de se humilhar. Reverteu a decisão da divisão e desculpou-se. "Errei", Hastings escreveu aos clientes. "Devo-lhes uma explicação."[12] (O *mea culpa* de Hastings não adiantou. Sua empresa encerrou o terceiro trimestre de 2011 com 800 mil assinantes a menos, nos Estados Unidos, que no trimestre anterior. Mas a lição não foi aprendida. Apenas alguns meses mais tarde, a Verizon Wireless sentiu-se forçada, depois de os consumidores passarem o dia inundando a Web de comentários sarcásticos, a reverter o plano de impor uma taxa de US$2 para o pagamento de contas.)

A resposta dos Estados Unidos corporativo ao poder e ao perigo das redes sociais tem sido empregar algumas pessoas – em especial, convidando-as para atuar como "gerentes de mídia social". Petco, Panasonic, Citigroup e AT&T são apenas algumas das muitas empresas que contrataram (ou pretendem fazê-lo) gestores encarregados de responder, ou seja, de apaziguar pessoas comuns, com liberdade de expressão e capacidade tecnológica para fazê-lo, pela manhã, tarde e noite.

Mas por mais importância que os meios de comunicação social tenham para as pessoas em posições de poder e autoridade no mundo dos negócios, a história recente sugere que esses meios são mais importantes para as pessoas em posições de poder e autoridade no governo. Os tribunais têm sido afetados, com juízes sendo obrigados a anular sentenças, quando, em oposição às instruções, os jurados usam dispositivos eletrônicos para passar informações ou opinar sobre um caso.[13] A política foi afetada, de políticos quase totalmente desconhecidos tornando-se presidentes até eleitores que expressam suas opiniões mais alto e mais estridentemente que antes. Também os assuntos do mundo foram afetados. Às vezes, o efeito parece ser relativamente discreto: duas semanas após o Departamento de Estado dos Estados Unidos ter ajudado a criar uma rede social no Paquistão, mais de 1 milhão de mensagens de texto foram enviadas. Mas, algumas vezes, o efeito das mídias sociais no mundo dos negócios é enorme, quase esmagador: vejam a Revolução Egípcia.

O que ficou claro é que quem tiver usado mídias sociais para se manifestar sobre questões menores, caso haja oportunidade, está pronto, disposto e será capaz de usá-las para se expressar sobre questões importantes – questões significativas como governança.

Meses antes de qualquer das erupções no Oriente Médio, um artigo intitulado "When Arabs Tweet" foi publicado no *The New York Times*. O escritor Rami Khouri apontou para "uma contínua revolução social sobre como a juventude de todo o Oriente Médio usa os sites da Web, celulares, sistemas de chat, blogs, Twitter, Facebook e outros novos meios de comunicação em rápida evolução". Embora, na época, esses jovens estivessem se conectando por motivos triviais, como a promoção de um novo filme ou a organização de uma festa dançante, o importante era que estavam adquirindo o hábito de se expressar: primeiro, encontrando sua voz e, em seguida, percebendo que alguém, em algum lugar, estava ouvindo.[14]

É impossível falar de mudança quando nos referimos a liderança e liderados sem falar simultaneamente sobre mudança geracional. Isso ficou muito evidente no Oriente Médio, onde a Primavera Árabe foi iniciada e inspirada pelos jovens e inquietos, não pelos velhos e turrões, ou mesmo pelos de meia-idade. Esse também é um fenômeno doméstico, tão prevalente nos Estados Unidos como em outras partes do mundo. Tammy Erickson tem escrito amplamente sobre a Geração X, americanos nascidos nos anos 1960 e 1970; descobriu que diferem de seus idosos, particularmente no que diz respeito aos padrões de dominação e deferência. As pessoas da Geração X, em comparação com aquelas uma ou duas gerações mais velhas, desconfiam mais de indivíduos e instituições, têm mais conforto no mundo globalizado e digital, são mais autossuficientes e mais voltadas para o exterior, mais empreendedoras, inclinadas a "procurar um caminho diferente a seguir".[15] Também são mais propensas que seus antecessores imediatos a desafiar a autoridade, de forma indireta, através de mídias sociais; ainda é menos provável que, como seus predecessores imediatos, desempenhem, de modo não direto, o papel de seguidores passivos, ou que se adaptem facilmente às hierarquias tradicionais. Tudo isso se aplica mais à Geração Y (Geração Net, Geração Milênio), pessoas nascidas nas décadas de 1980 e 1990.

Começamos a ver a sequência: as novas tecnologias permitem a divulgação de informações; por sua vez, a mídia social possibilita a expressão dos geradores de informação. Assim, os maus líderes estão certos quando temem a liberdade de expressão. Depois que expressamos o que pensamos e sentimos, tendemos a pensar e sentir com maior fervor. Por sua vez, caso nosso fervor seja bem fundado, provavelmente não no tempo do Twitter, será aproveitado por outros, vivenciado por outros, imitado por outros. Além disso, a expressão incentiva os seguidores – eles têm o que dizer e, ao dizer, se animam. Como mais de 100 mil pessoas se uniram à página do Facebook criada em memória do programador egípcio de computação de 28 anos, Khaled Said, para expressar indignação por seu brutal assassinato pela polícia, o efeito foi contagioso e a raiva individual foi transformada em um movimento social. E o que aconteceu no Egito se repetiu mais tarde, em graus variáveis, em uma série de outros países, incluindo Síria, Jordânia, Iêmen, Líbia e Bahrein.

Conexão

Mais perguntas: se uma árvore cair numa floresta e ninguém estiver lá para ouvir, será que faz barulho? Se você tweetar, mas não tiver seguidores, suas mensagens importam? Alguma coisa pode existir sem ser percebida?

Uma coisa é ter uma mídia que possibilite a disseminação de informações; outra bem diferente é ter uma mídia que permita a autoexpressão. Mas estes são atos isolados – tanto a informação se espalha quanto a autoexpressão pode ser alcançada sem que requeiram a participação de qualquer outra pessoa. É por isso que as ferramentas de mídias *sociais*, como mensagens de texto, e-mail, compartilhamento de fotos e redes sociais, são algo completamente diferente. O que define as mídias sociais para além de outros meios de comunicação é que são projetadas para facilitar o envolvimento interpessoal, às vezes pessoa a pessoa, outras vezes em grupos.

O que me traz de volta ao seguinte: de modo geral, a terra da conexão é a terra dos jovens. Eles é que têm experiência em tecnologia, que se aventuram e familiarizam com a última palavra em mídias sociais, em geral de forma e em um grau que deixa os mais velhos no chinelo. Como o chefe das operações navais dos Estados Unidos, Almirante Gary Roughead, disse: "Se nós [os líderes] abraçamos as fundamentais mudanças de comunicação em curso ou não, nossa talentosa força de trabalho jovem não só a abraça, como também sabe muito mais."[16] O fato é que os líderes e gestores de todo o mundo, tanto nas empresas quanto no governo, têm sido surpreendentemente lentos para dar início ao programa. Há, claro, uns poucos que começaram cedo. Na América corporativa, por exemplo, Alan Mulally, da Ford, Tony Hsieh, na Zappos, e Howard Schultz, da Starbucks, adotaram a mídia social, e suas empresas, por sua vez, foram beneficiadas. Mas eles são exceções.[17]

Ainda recentemente, no fim de 2010, 64% dos CEOs americanos não usavam qualquer tipo de mídia social com a finalidade de se conectar às diretorias, aos funcionários e clientes, ou ao público em geral. Isso não quer dizer que os CEOs não queiram aproximação – eles querem. Mas a maioria continua a fazê-lo de maneira decididamente antiquada, sendo citada nas notícias ou falando diretamente a diferentes públicos em diferentes eventos. E resta apenas um terço dos CEOs que se envolvem com seus stakeholders, seus seguidores, por intermédio do emprego de tecnologias como seus próprios sites corporativos, podcasts, blogs ou canais do YouTube, ou através de redes sociais como Facebook, Twitter e LinkedIn.[18]

A razão disso é uma questão de conjetura e, embora a idade, o hábito, a insolência e a arrogância dos líderes precisem de controle (impossível na internet), tudo deve desempenhar papel relevante. Suas perdas

– evidências iniciais – sugerem que os CEOs conectados têm vantagem considerável. Os mais admirados têm presença on-line, e as empresas mais bem-sucedidas têm líderes e gestores que sabem pouco sobre conexão e construção de comunidades.[19] Como assinalou um observador, em face dos riscos e do tempo envolvidos, não surpreende o fato de tão poucos CEOs optarem por não se envolver em conversas em mão dupla. Mas surpreende que tão poucos CEOs estejam fazendo uso das mídias sociais para lidar com outros colegas de trabalho, partilhar informações e ideias sobre as empresas, e para capacitar sua força de trabalho a fim de se comunicar em nome da organização. Claramente, estão cometendo algo a que Roughead se referiu como "um erro estratégico da mais básica natureza".[20] Estão desperdiçando a oportunidade de liderar e gerenciar um ciberespaço.[21]

Claro, o risco para os líderes e gestores ignorantes dos caminhos da nova mídia é, em geral, maior no governo do que nos negócios, porque as apostas são mais altas. Pensem no que aconteceu na Tunísia e no Egito nos últimos anos, sob o radar, ou pelo menos sob os olhares curiosos das pessoas em posição de poder. Os jovens conectavam-se a fim de tramar e planejar, enquanto os mais velhos permaneciam absortos. Em particular, ativistas pan-árabes, quase todos jovens, estavam no Facebook anos antes de as revoluções ocorrerem. Estavam ocupados, logo debatendo tudo, desde o emprego da tecnologia para fugir da vigilância até a organização de barricadas. Uma vez tendo se juntado mais abertamente a outros, como o ativista egípcio Wael Ghonim, um executivo da Google de 31 anos, a capacidade de se conectarem a um público maior aumentou de modo exponencial. Como o *The New York Times* relatou, a página do Facebook que Ghonim criou em homenagem a Khaled Said "atraiu, afinal, centenas de milhares de usuários, construindo sua fidelidade por meio de exercícios on-line de participação democrática".[22]

A internet e as mídias sociais, em particular, desempenharam papel semelhante na criação de mudanças na China – que já não é totalitária ou mesmo comunista, tal como convencionalmente concebida. Como resultado de informações on-line, expressão e conexão, os líderes chineses, ansiosos como estavam por um desenvolvimento econômico rápido, não tiveram escolha senão fazer uma ligeira abertura. Como Guobin Yang disse em *The Power of the Internet in China*, as pessoas na China não são mais "público cativo". Ao contrário, são "atores qualificados" em um ambiente complexo de mídia. Assim, "a dominação política molda as formas de contenção, mas não pode impedi-las de acontecer".[23]

A China é singular, na medida em que combina repressão política com elevados níveis de desenvolvimento educacional e econômico. Assim, embora ativistas on-line na China sejam, em alguns aspectos, semelhantes aos ativistas on-line em outros lugares – tendem a viver em cidades, ser jovens e bem-educados –, são diferentes de outras maneiras. Obviamente, têm muito menos liberdade de expressão, e são muito mais vulneráveis à repressão e até à perseguição. No entanto, o ativismo on-line na China tem persistido, ocasionalmente equivalendo a uma campanha política sustentada "com bases organizacionais legítimas e independentes".[24] Isso levanta uma questão familiar e mais geral: o crescimento econômico depende da liberdade e da democracia? Ou pode ocorrer sem elas?

Para alguns, parece que a China encontrou uma terceira via – tem sido chamada de autoritarismo de mercado –, uma forma de combinar um grau relativamente elevado de crescimento econômico com um grau relativamente elevado de repressão política. Talvez – mas o nível de ativismo na China durante a última década, on-line e de outras formas, sugere um quadro mais nuançado. Na maior parte do século XX, a repressão na China, embora intermitentemente virulenta, só o foi até certo ponto – porque não houve ardor real para ir mais longe. Mesmo agora, a China é muito desenvolvida e tecnologicamente sofisticada para a repressão política estar livre de repercussão. Assim, os líderes da China, tanto os políticos quanto os corporativos, provavelmente continuarão, por algum tempo, seu ato de equilíbrio: paixão pela ordem política, por um lado, e paixão pelo desenvolvimento econômico, por outro.

Ação

A internet está, obviamente, causando impacto na relação entre líderes e seguidores nos Estados Unidos, bem como na China. O que está menos claro é a natureza desse impacto. De um lado, estão os detratores, como Malcolm Gladwell, que argumentam que as redes sociais são eficazes em aumentar a participação, justamente por *diminuírem* o nível de motivação exigida pelo engajamento on-line. Em um artigo que, em retrospecto, é vergonhosamente errôneo – foi publicado pouco *antes* das revoluções na Tunísia e no Egito –, Gladwell escreveu que o ativismo on-line "facilita a expressão dos ativistas e dificulta o impacto dessa expressão".[25] No outro lado, estão os que, como Clay Shirky, insistem, geralmente com razão, que, embora as tecnologias descentralizadas não tenham um único resultado predeterminado, tornaram-se, de fato, ferramentas de coordenação para "quase todos os movimentos políticos do mundo" e estão em quase toda parte, permitindo novos tipos de estruturas de cooperação, por exemplo, em ciência, negócios e artes.[26]

Da mesma forma, há um debate sobre as virtudes do mundo conectado. Em seu livro *The Net Delusion*, Evgeny Morozov argumenta que a internet, em vez de promover liberdade, muitas vezes a restringe.[27] No Irã, as autoridades aprenderam a usar a informação on-line e rastrear seus adversários; na China e na Rússia, o governo coopta ou paga a blogueiros para propagar comentários favoráveis ao Estado. O setor privado fornece um paralelo: os empregadores, em geral, mantêm o direito de monitorar os computadores usados pelos funcionários, que, por sua vez, devem ter mais cuidado que antes, caso sejam vigiados.

Claro, mais uma vez inúmeros outros defendem tese oposta: alardeiam as bênçãos da democracia digital, o efeito do nivelamento, a transparência e a conectividade, a alta taxa de participação de atores de baixo nível, e do meio que fornece para subverter pessoas em posições de autoridade. Embora seja cauteloso sobre se a internet, no final, realmente tornará a libertação política mais provável, o experiente jornalista

Steve Coll manifestou claramente sua opinião, igual à minha: as mídias sociais desempenharam papel significativo nas revoluções tanto da Tunísia quanto do Egito, bem como na turbulência política que logo se espalhou a outras nações árabes e muçulmanas.[28] Também desempenharam papel relevante nos distúrbios de rua em Londres, em 2011, o pior em uma geração, levando o primeiro-ministro David Cameron a declarar ao Parlamento (de maneira insensata) que seu governo estava explorando formas de banir as pessoas dos sites de redes sociais, caso houvesse possibilidade de estarem planejando alguma atividade criminosa. A mídia social também teve seu papel na Occupy Wall Street, protestos que começaram pequenos e localizados, mas que, em algumas semanas, tornaram-se grandes e globais.

Apesar das divergências sobre o nível de seu impacto, bem como sobre seus méritos e deficiências, é indiscutível o fato de que a internet envolve milhões de pessoas em conversas coletivas que antes teriam sido impossíveis. Nesse processo, difunde e dissemina recursos antes disponíveis apenas a uma pequena elite – primeiro, informações; depois, influência. Segundo um estudo de 2010 realizado pelo Pew Research Center's Internet & American Life Project, cerca de 25 milhões de americanos são "ativistas políticos on-line". Como são definidos esses ativistas? De acordo com o Pew, *todos os dias* eles se engajam na filtragem de notícias, partilhando preocupações e tentando mudar o debate.[29] Não são meros Participantes no processo político, mas Ativistas, seguidores que se sentem fortemente a favor ou contra seus líderes, e agem de acordo.[30]

Esse acentuado senso de direito – de ter o direito de participar – é um fenômeno mundial. Na China, as mensagens de texto e o envio de vídeos habilitaram os trabalhadores de uma fábrica da Honda Lock, de peças de automóveis, a entrar em greve. Primeiro, 1.700 trabalhadores deixaram seus postos de trabalho. Várias horas mais tarde, postaram um relato sobre a paralisação on-line, divulgando-a não só entre eles, mas também entre os trabalhadores rebelados em outras partes da

China. Em seguida, dispararam mensagens de texto por celular, instando os colegas a resistirem à pressão dos chefes de fábrica; finalmente, conectaram-se a um site controlado pelo Estado, que era um centro digital do movimento operário chinês. Armados de computadores de mesa, fizeram upload de vários vídeos, inclusive alguns que mostravam guardas de segurança da Honda Lock maltratando funcionários.[31] Ao longo de linhas semelhantes, vídeos detalhando corrupção policial na Rússia – subornos, extorsões e prisões ilegais – foram vistos mais de 2 milhões de vezes, causando sensação e incitando debate nacional, bem como indignação generalizada. Esse clamor veemente resultou em uma rara admissão pública: o Presidente Dmitri Medvedev reconheceu que a corrupção policial constituía um grande problema.

Na Alemanha, o ministro da Defesa, Karl-Theodor zu Guttenberg, um carismático aristocrata bávaro, que era o político mais popular do país, considerado um futuro chanceler, foi forçado a se retirar da política. Por quê? Porque ativistas on-line exigiram que pagasse por seu pecado – anos antes, havia plagiado uns três quartos de sua tese de 400 páginas de doutoramento. Zu Guttenberg lutou para manter o emprego. A Chanceler Angela Merkel o defendeu vigorosamente. E, pouco antes de ele, finalmente, ter concordado em renunciar (2011), uma esmagadora maioria dos alemães inquiridos (73%) mostrou forte preferência por sua permanência no cargo. Ainda assim, os ativistas da internet insistiam que zu Guttenberg fosse tratado da mesma forma que os outros e acabaram por prevalecer. A campanha on-line foi tão implacável que, finalmente, ele sentiu não ter escolha senão a de se retirar da vida pública, pelo menos por algum tempo.

Americanos que não têm poder, autoridade ou influência acostumaram-se a usar a internet para desafiar ou, pelo menos, frustrar os que detêm o poder. Há um exemplo que envolve o impacto do mundo conectado sobre a palavra escrita. Primeiro, um número crescente de escritores está ignorando editores em potencial. Como os escritores agora podem entregar seu trabalho aos leitores diretamente, via eletrônica, por que não dar aos editores um corte? Por que depender deles para a edição e a comercialização, e conceder-lhes certos direitos como o de negar ou retardar a publicação? Segundo, um número crescente de professores, profissionais, especialistas de todos os tipos, doentes e cansados do desgastante e, muitas vezes, humilhante rito de se sujeitar à revisão feita por pares, para ter seus trabalhos publicados em revistas de prestígio, tem sido levado a ignorar totalmente o processo. Apresentam suas pesquisas diretamente, on-line, atingindo, assim, um público muito maior, de maneira muito mais rápida e fácil que antes. Em terceiro, como todos nós já sabemos, o poder da velha mídia está seriamente enfraquecido e ameaçado pelo jornalismo on-line. A nova mídia substituiu a velha por completo, reduzindo-a a um simulacro do que era, ou pelo menos a complementou a ponto de muitos darem sua opinião enquanto jornalistas experientes, com sua "autoridade e competência" de importância diminuída, são obrigados a partilhar o palco.[32]

Mais uma vez, mudanças desse tipo podem ser boas ou ruins, dependendo do seu ponto de vista. De qualquer modo, o tráfego on-line de vozes exigindo diferença teve efeito corrosivo, embrutecedor, com o anonimato permitindo a todos esquivar-se muito mais do que antes. "Por que", pergunta o editor literário Leon Wieseltier, "a tecnologia consente o tipo de expressão chula que você não toleraria em qualquer outro lugar?".[33]

Enquanto a cultura americana tem sido complicada, se não corrompida, pela tecnologia, o que parece incitar aqueles que se encontram nos extremos, enquanto silencia os do meio, o mundo conectado é, obviamente, um fato corriqueiro do século XXI. Sobre seu efeito no sistema político, John Heilemann escreveu: "Não será fácil adaptar-se à nova era de transparência radical, em vez de resistir a ela... Mas o que Assange e [cofundador e CEO do Facebook Mark] Zuckerberg nos ensinaram é que essa nova era, prevista desde o início da Web, nos foi imposta."[34] E sobre seu efeito acerca do estabelecimento empresarial, Ori Brafman e Rod Beckstrom escreveram: "As implicações da internet para a descentralização são profundas... a internet não só facilita a comunicação das pessoas, como também proporciona um terreno fértil para inúmeras novas organizações descentralizadas."35

Como vimos, o uso da tecnologia de informação para derrubar o que é antigo não representa uma novidade. Martin Luther empregou um dispositivo moderno, a imprensa, para fomentar a revolta contra a autoridade do papado. Na América do século XVIII, eram os jornais que faziam esse tipo de trabalho, convencendo "os leitores coloniais de seus interesses pessoais nos protestos políticos contra a Coroa inglesa". E de meados ao final do século XX na Europa, especificamente no bloco soviético, os dissidentes utilizavam máquinas copiadoras e de fax para o incitamento contra os autocratas comunistas na União Soviética e no Leste Europeu. Assim, a internet é apenas a última interação das tecnologias, as quais, há séculos, têm sido utilizadas por aqueles que não detêm poder, influência ou autoridade contra os poucos que os detêm. Claro que isso não pressupõe que os *gatekeepers* – aqueles que estão no controle da internet – mantenham as portas abertas.

Em seu livro *O futuro da energia*, Joseph S. Nye Jr. vê o ciberpoder de uma perspectiva global: "A política do mundo não será província exclusiva dos governos." Outras pessoas e instituições estão agora habilitadas "a desempenhar papel direto na política mundial", habilitadas pela disseminação de informações, pela distribuição de poder e por redes informais que "minarão o monopólio da burocracia tradicional". Nye conclui que não faz qualquer sentido perguntar quem domina no ciberespaço, porque as barreiras à entrada no ciberdomínio "são tão baixas que atores não estatais e pequenos estados podem desempenhar papéis importantes com baixos níveis de custo".36

Nada disso, contudo, sugere que não restam setas nas aljavas dos líderes. Na verdade, como já indiquei, a independência da internet, a chamada neutralidade da rede, depende de pessoas com poder, autoridade e influência, e não daquelas que não têm. Ainda assim, os recursos anteriormente açambarcados pelos responsáveis estão sendo dispersos

– pois, à medida que foi mudando o contexto, também mudaram a liderança e os seguidores.

As implicações de tudo isso para a indústria de liderança – em particular, as mudanças no *contexto*, nas ideias prevalecentes (democratizantes), na cultura e na tecnologia, assim como as mudanças nos *liderados*, no que as pessoas sem poder, autoridade ou influência pensam, sentem e fazem – parecem-me claras. Em minha opinião, a intensidade com que a indústria continua focada no líder presta um desserviço a si mesma e àqueles que pagam uma boa quantia para aprender a liderar. Até a nomenclatura, ou pelo menos suas implicações, parece cada vez mais ultrapassada. Em um momento da história em que o líder está tão obviamente enfraquecido, ou maculado, ou ainda relativamente incapacitado; em que o que acontece no mundo em geral é tão obviamente consequente; em que tantos seguidores não estão minimamente inclinados a seguir, na verdade, a visão tradicional do "líder", a sugestão de que "o líder" é muito importante está fora de moda.

Parte II

Areias movediças

4

Contrato social –
minando a compreensão

A teoria evolutiva da liderança alega que, uma vez que os humanos vivem em grupos, e que grupos com líderes têm mais sucesso do que os que não os têm, liderança e liderados criticam tanto a sobrevivência dos seres humanos ancestrais quanto criticam seus iguais contemporâneos.[1] Com certeza, desde tempos imemoriais tem havido, entre líderes e seguidores, um *contrato social* – em que se espera que o líder, déspota ou democrata, controle a ação, enquanto os seguidores seguem junto. Às vezes, claro, esse contrato é violado. Ainda assim, para todos os efeitos práticos, estes têm sido os pressupostos sobre os quais a vida coletiva foi organizada – em grupos e comunidades, em instituições e organizações e no nível Estado-nação.

Mas, como vimos, tanto a liderança quanto os liderados mudaram. Os pressupostos nos quais o contrato se baseia estão sendo regularmente desafiados, não por poucos, mas por muitos, e em geral de formas tecnologicamente revolucionárias. A natureza do desafio varia, evidentemente. Em um extremo, está a expansão da democracia política – pessoas comuns que agora esperam ser ouvidas e participar das tomadas coletivas de decisões. No outro extremo, está a hostil tomada de posse – desafios ao poder e à autoridade ao longo do espectro de resistência oculta à rebelião aberta. O resultado, em qualquer caso, é a incerteza sobre se o contrato entre líderes e seguidores ainda se mantém e, em caso positivo, com o que, de fato, se parece.

Em tempos passados, o contrato entre líderes e seguidores baseava-se em fontes tradicionais de poder e autoridade. Incluíam, por exemplo, *poder*, porque poder dá direitos; *hereditariedade*, que dá direito ao filho de um rei um dia ser, ele mesmo, rei; e *carisma*, que dependia da capacidade pessoal do líder de atrair, até cativar, grupos de seguidores. Mais recentemente, o contrato evoluiu para algo mais equitativo. O poder já não dá direitos, certamente não na teoria, e com certeza não em países ou empresas considerados exemplos de boa governança. O nepotismo, quase obsoleto, é uma reivindicação muito menos legítima de poder e autoridade do que costumava ser. Hoje em dia, novamente por causas culturais e de tecnologia, o carisma dificilmente se sustenta.[2] Por sua vez, as pessoas comuns – seguidores – desde o Iluminismo, pelo menos, têm insistido cada vez mais em uma medida de equidade, tendência que, no último meio século, acelerou-se.

Assim, os pressupostos sobre os quais o contrato se baseia mudaram: primeiro, porque as antigas justificativas para ter poder, autoridade e influência não são mais tão persuasivas, e segundo, porque as pessoas hoje consideram-se mais importantes, com mais direito do que no passado. O que, então, é a base do contrato na segunda década do século XXI? Que motivos têm agora os seguidores para seguir junto com os líderes? Apenas dois: seguimos juntos porque *temos* (ou pensamos ter), ou seguimos porque *queremos*. Em geral, o primeiro se aplica ao local de trabalho. Subordinados seguem com seus superiores porque acham que devem evitar o risco de perder seus empregos. O segundo, quase sempre, se aplica à comunidade em geral. A boa governança, incluindo a boa governança corporativa, requer que o contrato entre líderes (governadores) e seguidores (governados) seja baseado no *mérito*: o mérito é a base de troca entre o presumivelmente estimado líder, por um lado, e o seguidor presumivelmente flexível por outro.

Na teoria, pelo menos, presumimos que as pessoas são eleitas presidente, primeiro-ministro ou prefeito porque *merecem*, porque suas capacidades atestam a legitimidade de suas reivindicações ao poder, à autoridade e à influência. Também presumimos que as pessoas são selecionadas para ser CEOs com base em sua excelência, numa história profissional que ateste sua superioridade como líderes e gestores. Além disso, acreditamos que líderes políticos cumprem sua parte do contrato quando o governo é funcional – quando protege contra ameaças externas e domésticas. E acreditamos que líderes corporativos cumprem sua parte do contrato quando o negócio é funcional – quando dá dinheiro e empregos.

Esse, então, tem sido o arranjo, pelo menos nos últimos 100 anos. Entre outras razões, à medida que os governos cresciam de tamanho, e à medida que as corporações se tornavam organizações, organizar o coletivo, de acordo com o mérito, era sensato. Mais trabalho precisava ser feito e mais pessoas eram solicitadas a fazê-lo. Então, era óbvio que a melhor maneira de se organizar o grupo era hierarquicamente, e as melhores pessoas a encaixar no topo eram as honestas e competentes. Em suma, por um século ou mais, a liderança democrática foi, ou a maioria presumia que fosse, uma *meritocracia*, razão pela qual concluímos que qualquer um pode ser um líder – desde que tenha o material certo.

Mas o que é, exatamente, o "material certo"? No que, precisamente, consiste a liderança meritória? A resposta é muito simples, pois, não importa quão rebuscada seja a língua, não importa quantos traços de liderança, habilidades, características e capacidades existam, a liderança é julgada por apenas dois critérios: *ética* e *eficácia*. Um bom líder deve ser considerado ético. E presume-se que um bom líder seja eficaz. Por outro lado, um mau líder é antiético, ineficaz, ou ambos. É simples assim – e esse é precisamente o problema.

Como a cultura mudou e, com ela, a tecnologia, os seguidores estão familiarizados com as falhas e fraquezas dos líderes como nunca antes. O que essa familiaridade gerou foi desprezo. Dito diretamente, quando o contrato entre líderes e seguidores se baseia no mérito, em oposição ao interesse próprio, o jogo muda. Ou seja, caso se perceba que não há mérito, seja porque o líder esteja sendo considerado corrupto, ou porque esteja sendo considerado inepto, o contrato perde o vigor e pode até ser revogado. Mais uma vez, seguimos com nossos líderes e gestores, em especial no local de trabalho, por quaisquer interesses próprios, inclusive os benefícios de recompensa material e o medo da punição profissional. Mas a melhor razão, certamente o motivo ideal para seguirmos, é que *queremos* seguir – porque realmente acreditamos na integridade e na competência daqueles que detêm o poder, a autoridade e a influência. Não é de admirar, então, que, quando o mérito é mais importante, e é visto como escasso e até ausente, a decepção e a desilusão se estabeleçam.

Em poucas palavras, isso explica por que a América política passou a ser considerada quase ingovernável, e por que a América corporativa é vista como pouco menos do que voraz. Como tantos líderes parecem, a tantos seguidores, ineptos, corruptos, infelizes ou avarentos, os americanos tornaram-se de maneira gradual, mas inefável, uma nação de descontentes: relutantes em apoiar os encarregados, a menos que sejam obrigados a fazê-lo, e incapazes de consertar o que está quebrado. Acresça-se a essa decepção o fato de que cada vez mais seguidores se sentem no direito de agir de modo audacioso e tem-se uma mistura difícil, um problema de definição para indivíduos e instituições, não só nos Estados Unidos, mas, como sabemos agora, em todo o mundo.

A Igreja Católica Romana – obrigada, nos últimos 10 anos, a tornar públicas informações antes mantidas em sigilo – apresenta um caso impressionante. Uma vez que esse material secreto se tornou de conhecimento público, a Igreja foi revelada como jamais fora, e a réplica foi, também, bem diferente. No desenrolar da história, observe a mudança no poder e na influência da hierarquia da Igreja tradicional, com o papa na parte superior, para aqueles que, nesse reino especial, tiveram, até agora, pouco ou nenhum poder ou influência: católicos leigos, sacerdotes comuns, imprensa e o público, tribunais e os milhares que foram abusados, mas que mantiveram silêncio por tanto tempo, pelo século XXI adentro.

Minando a compreensão – na Igreja Católica

Na última década, a Igreja Católica sofreu uma crise de confiança. Ter testemunhado juízes eclesiásticos, do papa para baixo, sucumbir às exigências do povo foi testemunhar a diminuição do poder institucional, a desvalorização da autoridade posicional e o declínio da influência pessoal.

No cerne do que aconteceu, está a informação – informação sobre o abuso sacerdotal que apenas recentemente se tornou de conhecimento público. Eis então a pergunta-chave: por que essa informação foi revelada somente agora, na primeira década do século XXI? Agora sabemos que esses abusos foram um fato da vida católica por décadas ou mais, e que dentro da própria Igreja esses abusos tanto eram conhecidos como eram encobertos. Então, o que há sobre este momento no tempo que o tornou tão propício aos seguidores enfrentar os líderes da Igreja?

Como vimos, sagas desse tipo não são sinalizadas pela batida de um gongo. Enquanto os casos de abuso sacerdotal nos Estados Unidos ocasionalmente vieram à tona no início dos anos 1980, a primeira grande história sobre esse tema altamente carregado não apareceu até novembro de 1992. Manchete do jornal *Boston Globe*: "Breaking the Silence: The Church and Sexual Abuse".[3] O artigo era sobre 500 padres que haviam se reunido em um seminário em Massachusetts para tratar de uma série de casos de abusos notórios, envolvendo principalmente o Padre James Porter, um ex-padre de Fall River. Ele foi acusado de ter, entre

1960 e 1972, molestado cerca de 200 menores, dos quais alguns haviam se apresentado recentemente para prestar queixa de "estupro violento, humilhação cruel e punição que só pode ser descrita como sádica".

Não obstante essa perturbadora e impressionante manchete, na década subsequente a verdade maior permaneceu oculta. Embora, com o benefício do retrospecto, possamos ver a tempestade se aproximando, no momento o problema parecia menor, uma rara maçã podre no barril. (A sequência de eventos prenunciava, quase exatamente, o escândalo dos abusos sexuais registrados uma década mais tarde, em Penn State.)

Janeiro de 2002 foi o ponto de virada. Outra manchete no *Globe* – "Church Allowed Abuse by Priest for Years" – mudou a Igreja de uma vez por todas. O artigo descrevia como mais de 130 pessoas haviam se apresentado para prestar queixa dos "horrendos contos de infância", novamente envolvendo um ex-padre, dessa vez John J. Geoghan, que supostamente as havia "acariciado ou estuprado" ao longo de 30 anos. Durante os meses que se seguiram, a longa história de transgressões de Geoghan se tornou tão óbvia quanto clamorosa, e as evidências de um longo encobrimento na Arquidiocese de Boston foram esmagadoras.

O Cardeal Bernard Law foi a suprema autoridade clerical na área de Boston por cerca de 20 anos. Sua resposta inicial à crise foi fria e distante, insuficiente para a natureza e a magnitude dos crimes – e, descobriu-se, para a disposição daquele tempo. Esse fracasso inicial, essa aparente falta de compaixão adequada e contrição, explica por que os seguidores, especialmente os leigos católicos, começaram, primeiro devagar, depois mais rápida e resolutamente, a tomar a questão nas próprias mãos. As pessoas comuns se transformaram em Participantes e Ativistas que, nos meses seguintes, protestaram contra Law, em particular, e contra a Arquidiocese, em geral. À medida que o inverno se tornava primavera, ficava evidente que Law, pelo menos, estava em apuros. Entre os opositores, estava um grupo que se autodenominava Voice of the Faithful – que era tão dedicado, bem organizado e hábil em mobilizar uma resistência civilizada à estrutura de poder eclesiástico então existente que, mais do que qualquer outro elemento do movimento de protesto, virou a maré.

Law vacilara entre negar e contestar, aceitar e desculpar-se. Mas, durante o verão e o outono de 2002, as linhas de batalha endureceram entre, de um lado, o cardeal, cada vez mais ineficaz, e, de outro, os resistentes, cada vez mais acirrados. Críticos de Law sentiram-se mais livres que antes para ridicularizar as respostas às terríveis revelações; ele, entretanto, voltou-se para dentro, acocorou-se. Em novembro, ficou claro que a crise estava chegando ao inexorável fim: os ativistas não aliviariam e, apesar de todo o poder, da autoridade e da influência, o cardeal foi derrotado.

O que acabou derrubando o cardeal foi, sem surpresa, a informação – a liberação de mais de 2 mil páginas de documentos secretos que comprovavam ainda que a imprudente e irresponsável manipulação dos evidentemente abusivos padres da Arquidiocese não era uma aberração, mas sim um procedimento operacional padrão. Em 10 de dezembro, relatou-se que 58 padres da região de Boston haviam assinado uma carta à Law instigando-o a deixar o cargo. Em 12 de dezembro, noticiou-se que Law e pelo menos cinco outros bispos haviam sido intimados a comparecer perante um grande júri. E, em 13 de dezembro, informou-se que o Papa João Paulo II, "no dramático reconhecimento dos danos causados à Igreja por repetidas falhas de Law na remoção do ministério de padres abusadores", aceitou a renúncia do cardeal.

Assim terminou uma série de eventos sísmicos na história da Igreja moderna – os católicos leigos haviam forçado a saída de um oficial de alto escalão da Igreja e uma verdade bastante feia veio a público. Revelou-se que, a fim de proteger sua reputação, a Igreja e, certamente, a Arquidiocese de Boston haviam ocultado crimes contra menores por décadas.

Mais uma vez, por que essa história, essa informação, vem à luz apenas na primeira década do século XXI? Porque, na época, o contexto no qual a história se situava havia mudado – os fiéis já não estavam mais dispostos a ser passivos, a mídia já não tinha medo de pisar em pés até então sacrossantos, os juízes não se intimidavam em ordenar o acesso aos arquivos há muito lacrados e porque, nesse caso, o contrato social entre a hierarquia da Igreja e os católicos leigos já não era mais considerado tão rigoroso.

A história – altamente contagiosa – não acabou em Boston. Muito pelo contrário. Um relatório de 2004 enumerou em torno de 11 mil denúncias de abuso, cobrindo 95% das dioceses católicas nos Estados Unidos. Além disso, nos anos seguintes, o escândalo disseminou-se pela Alemanha, pela Bélgica e pelos Países Baixos, com casos de grande repercussão em outros países como Grã-Bretanha, Itália, França, Malta, Suíça, Áustria, México, Nova Zelândia, Canadá, Quênia, Filipinas e Austrália.

Enquanto isso, o sucessor do Papa João Paulo II, Bento XVI, em parte por causa da situação que enfrentou quando assumiu o cargo em 2005, em parte por conta de sua embaçada reação frente à situação, ficou enfraquecido com a crise. Enfraqueceu em relação à autoridade de sua posição e no que diz respeito ao poder e à influência de sua *persona*. Para começar, seu registro era misto. Como Russel Shorto havia apontado, o papado de Bento XVI já havia sido cercado por polêmicas – e cada uma delas, de novo, sem precedentes na história moderna, acabou levantando objeções à sua liderança. Acrescente-se a isso a resposta, inicialmente débil, às revelações de abuso sacerdotal e teremos a impressão generalizada de um papa que, além de inflexível e conservador, mostrava-se insensível e distante.[4]

Em 2010, o papa parecia, finalmente, reconhecer a gravidade da situação; em março daquele ano, escreveu uma carta aos católicos irlandeses em que dizia "sentir muitíssimo" pela história de abuso sacerdotal da Irlanda. Em abril de 2010, o Vaticano emitiu um "guia introdutório" para explicar as regras da Igreja no que dizia respeito aos relatos de abusos. Em maio de 2010, em uma "marcante mudança de tom", o papa admitiu que o problema não consistia nas vítimas ou na mídia, mas no "pecado dentro da Igreja".[5] Em junho de 2010, pediu perdão a Deus e às vítimas de abuso sexual e prometeu que a Igreja faria "todo o possível" para evitar futuros abusos. Em julho de 2010, o Vaticano anunciou que havia tornado as regras para disciplinar casos de abuso sexual mais rigorosas, assinalando a primeira vez que uma lei da Igreja mudara em decorrência de um escândalo. Finalmente, em dezembro de 2010, o Papa Bento XVI reconheceu que o escândalo de abuso sexual havia atingido "um grau jamais imaginado". Em uma mensagem à hierarquia do Vaticano, acrescentou: "Devemos nos perguntar o que estava errado em nossa pregação, em todo o nosso modo de viver a vida cristã, para permitir que algo assim acontecesse."

Apesar dos esforços do papa para restaurar ao papado a legitimidade que tinha sob seu predecessor, João Paulo II, sua batalha está, provavelmente, perdida. Isso porque se constata que nem os líderes religiosos estão a salvo das mesmas forças do século XXI alinhadas contra líderes políticos e empresariais. Considerem o seguinte: primeiro, cabogramas obtidos em dezembro de 2010 pelo WikiLeaks confirmam os contínuos desafios dos bispos locais e autoridades civis às autoridades do Vaticano. Segundo, a tecnologia continua a minar a autoridade da Igreja, assim como mina a autoridade em qualquer outro lugar. Por exemplo, na Irlanda, onde a crise dos abusos foi especialmente terrível, com consequências importantes (o Primeiro-Ministro Enda Kenny repreendeu "a disfunção, a desarticulação e o elitismo" que "dominam a cultura do Vaticano"), foi criado um site, o "CountMeOut", a fim de guiar milhares de católicos através do processo de deserção da Igreja. Terceiro, o escândalo continua a se disseminar: em 2011, foi revelado que a Arquidiocese da Filadélfia tinha dado refúgio seguro a 37 padres acusados de se comportar de forma inadequada ou abusiva com menores de idade, e que a maioria ainda permanecia ativa no ministério. E um bispo de Kansas City foi acusado de não relatar um caso de suspeita de abuso infantil – a primeira vez em que o líder de uma diocese americana foi penalmente responsabilizado pelo comportamento de um padre que supervisionava. Quarto, o escândalo foi, literalmente, caro: em dezembro de 2010, foram concedidos US$30 milhões em danos compensatórios a um americano que disse ter sido sexualmente abusado mais de 100 vezes por um padre. Quinto, as explicações para o que aconteceu ainda parecem pouco convincentes a muitos – como a desculpa "culpe Woodstock", saída de um estudo de cinco anos encomendado pelos bispos católicos da Igreja Romana Americana. O estudo, publicado em 2011, disse essencialmente que o abuso havia ocorrido porque padres mal preparados foram afetados pela turbulência social e política dos anos 1960 e 1970.

Por fim, parece quase certo que o papa não teria, por vontade própria, respondido ao escândalo como fez, expressando, repetidas vezes, contrição. Ao contrário, ele o fez porque foi pressionado a agir assim – por alguns dentro da Igreja e por outros de fora. Conforme relatado pelo *The New York Times*, o "Vaticano adotou medidas somente depois de os bispos de nações de língua inglesa terem ficado tão preocupados com a resistência de oficiais superiores da Igreja" que houve uma reunião secreta com o propósito de ouvir suas queixas. A mudança foi, em outras palavras, resultado de pressão política "de prelados do mundo inteiro que, coletivamente, pressionaram seus superiores por reforma".[6]

Esses prelados dão testemunho do fato de que os padrões de dominação e deferência mudaram dentro da Igreja, como mudaram em praticamente todos os lugares. Em 2011, houve uma prova adicional, quando Bento presidiu a beatificação de João Paulo II. Normalmente, uma cerimônia assim ocorre sem conflitos – mas não dessa vez. Na ocasião, algumas questões foram levantadas não só sobre a exultação incomum com que João Paulo estava sendo beatificado, mas também sobre se sua beatificação era justificada. Levando-se em conta que João Paulo foi um dos muitos na hierarquia da Igreja que ignorou, minimizou ou ocultou os abusos, seu primeiro passo no caminho para a santificação foi polarizado porque suscitou novamente a questão do mérito. De tudo que agora sabemos sobre João Paulo, a questão era se ele era, de fato, um líder de Igreja que, por conta de sua ética incontestável e extraordinária eficácia, merecia ser santificado.

Minando a compreensão – na política americana

Tanto na política como na religião, o contrato entre líderes e seguidores é algo assim: eu, o seguidor, farei o que você, líder, quer que eu faça, desde que mantenha nosso acordo – desde que seja razoavelmente honesto e competente. Mas, se não for, o contrato entre nós está acabado. Sob tal circunstância, eu lhe devo pouca ou mesmo nenhuma lealdade, e tenho o direito de recusar meu apoio.

Há mais semelhanças: por exemplo, na política como na religião esperamos que nossos líderes espelhem, ao menos um pouco, nossas preferências ideológicas ou espirituais. (No mundo dos negócios, esses sentimentos são menos importantes.) Mas o que nos interessa aqui é a seguinte informação: o que acontece com o contrato entre líderes políticos e os americanos comuns, quando o que os últimos descobrirem sobre os primeiros puser em questão sua ética e eficácia? Vimos o que aconteceu na Igreja Católica quando os seguidores perderam a fé, não em sua religião, mas em seus líderes religiosos: houve oposição. Mais tarde, veremos como o povo americano se opõe em massa – contornando o sistema existente e iniciando um movimento social ou político. Como, porém, se opõem em nível individual? O que fazem – ou não – para demonstrar seu descontentamento com líderes que decepcionam?

A fim de responder a essas perguntas, faço o que tenho feito até agora: divido o todo em três partes *iguais:* o *líder,* os *seguidores* e o *contexto* em que estão integrados. Somente levando em conta, simultaneamente, os três, é possível compreender como o povo americano se opõe a seus líderes políticos, do presidente para baixo.

Para começar, vamos olhar a *persona* de um presidente: nossos principais CEOs jamais estiveram tão vulneráveis, pessoal e profissionalmente, como agora. Esquadrinhamos todos os seus movimentos, analisamos e criticamos não só o que fazem no presente, mas o que fizeram no passado. Assim, Barack Obama, por exemplo, tem sido analisado em todos os sentidos: onde nasceu; qual o impacto do pai negro africano e da mãe branca americana sobre ele; como é sua fé – e também seu casamento; como funciona sua mente e o que o motiva; qual o âmago de seu caráter; se é introvertido ou extrovertido; qual o estilo de sua liderança; e, dado tudo que sabemos, o que ele fará em seguida?

Isso nos traz à posição do líder. Independentemente de ser o presidente ou primeiro-ministro, chanceler ou rei, senador ou prefeito, o cargo do topo diminuiu – e é improvável que volte a ter a antiga glória. As armadilhas ainda estão lá, é claro: a Casa Branca, o Kremlin, 10 Downing Street, o Palácio do Eliseu. Mas o poder desses lugares, como símbolos, não se traduz mais em autoridade – o que o cargo de presidente dos Estados Unidos atesta.

George C. Edwards III tem escrito sobre os limites do poder presidencial no século XXI. Ele conclui dizendo que, não importa quem esteja no Salão Oval, os seguidores de todos os tipos são pouco inclinados, bem, a seguir. *Todos* os presidentes recentes tiveram dificuldade em liderar o público. "Confiar em ir a público com o propósito de pressionar o Congresso quando é improvável que o público se mostre sensível aos apelos do presidente é receita para o fracasso." E *todos* os presidentes recentes tiveram dificuldade em liderar o Congresso. "Não há um único estudo sistemático que demonstre que os presidentes podem persuadir, com confiança, os membros do partido da oposição a apoiá-los." Em resumo, "Barack Obama é apenas o mais recente em uma longa fila de presidentes incapazes de transformar a paisagem política através de seus esforços de persuasão" – que não tenham sido capazes de exercer influência.[7] Não importa a *persona* do presidente, ou mesmo as especificidades situacionais; seus seguidores, sejam eles a elite política ou o público em geral, estão mais dispostos a se opôr a ele do que a apoiá-lo. Essa síndrome ficou especialmente evidente durante as conversas sobre o orçamento do teto da dívida em 2011 – um fiasco. Ninguém foi *capaz* de liderar, certamente não o chefe da nação – e ninguém estava *disposto* a seguir.

Acontece que os tempos estão difíceis, não só para os líderes ditatoriais, mas também para os líderes democráticos. Nossa intimidade e desrespeito para com nossos líderes, unidos ao sentimento de encorajamento e de ter direitos, solapa sua autoridade, drenando seu poder e influência.

Ainda assim, nas últimas décadas, embora o nível de oposição política na América tenha sido elevado, tendeu, pelo menos em nível individual, a ser silenciado. Para o desânimo de observadores como o filósofo e ativista Cornel West, que esperam com impaciência que pessoas simples se preparem para "confrontos de vida e morte com os poderes constituídos", muitos americanos são Isolados – e optam por sair totalmente da política.[8] Muitos outros são Espectadores – ficam de pé e assistem, mas não participam. Os Participantes, por sua vez, às vezes, apoiam a oposição, envolvendo-se ocasionalmente em protestos, muitas vezes aliviando suas raivas e frustrações on-line, reclamando e gemendo de forma anônima, de um ciclo eleitoral ao próximo. Os americanos também votam, é claro – embora não em grande número. Apenas metade dos americanos eleitores se incomoda em sair para votar, mesmo para presidente. (Para outras autoridades eleitas, o percentual de eleitores é ainda muito menor.) Também participam de pesquisas – aquelas pesquisas aparentemente ubíquas, que refletem o sombrio humor nacional. Em agosto de 2011, pesquisadores da Gallup propuseram a seguinte questão: "Você está satisfeito, em geral, com a maneira como as coisas estão acontecendo nos Estados Unidos neste momento?" Apenas miseráveis 11% dos inquiridos responderam afirmativamente. (O Gallup começou a aferir a satisfação nacional em 1979. Os números no verão de 2011 foram os menores já registrados.)

Finalmente, existem inúmeros Ativistas que registram sua oposição em voz alta, clara e consistente, à maneira antiquada, ou seja, nas ruas. Em 2011, dezenas de milhares protestaram publicamente por semanas ou mesmo meses a fio contra projetos de lei que impunham controle aos sindicatos nos estados, incluindo Wisconsin, Ohio e Indiana. Em

Wisconsin, onde os eleitores irritados eram muito motivados e bem organizados, fizeram mais: impediram o candidato republicano, governador Scott Walker, de marcar uma fácil vitória eleitoral em uma corrida para a Suprema Corte de Justiça do estado e montaram um esforço de remoção do cargo contra o próprio governador. Mas, naturalmente, o exemplo mais gritante de protesto público dos últimos anos, da antiquada militância política, é Occupy Wall Street, que acabou se revelando uma manifestação maior e mais agitada do que inicialmente se previra. Como veremos no próximo capítulo, os esforços on-line para mudar o mundo podem ser extremamente eficazes. Mas eles não substituem, nem podem substituir de todo, a paixão de inúmeros ativistas políticos reunidos em um só lugar, marchando juntos, qualquer que seja a causa.

Tantos líderes enfraquecidos, tantos seguidores alienados e uma tamanha variedade de problemas aparentemente intratáveis – tudo isso constitui o rabugento contexto dentro do qual se espera que a liderança política nos Estados Unidos do século XXI seja exercida. Não admira que seja tão difícil. Pois, embora a democracia conte com a preferência em praticamente toda parte, em detrimento de outros tipos de acordos entre líderes e seguidores, a liderança democrática, em especial em um sistema estruturalmente fraturado como a dos Estados Unidos – federal, estadual e local; Executivo, Legislativo e Judicial –, não parece oferecer boas respostas para problemas difíceis, pelo menos não agora. É claro que, quando os tempos estão difíceis – quando o índice de desemprego está em alta e a cidade de Xangai tem uma taxa significativamente menor de mortalidade infantil do que a cidade de Nova York –, as dificuldades sistêmicas a que me refiro são exacerbadas.

Essas não são – devo acrescentar – questões que a indústria da liderança esteja preparada para enfrentar. Dada a fixação no líder, a rejeição ao seguidor e a fuga do contexto maior no qual líderes e seguidores de todo o mundo estão necessariamente integrados, a indústria não está pronta, disposta ou até capaz de assumir a mais irritante de nossas preocupações coletivas.

Com certeza, a imagem que pinto não deve ser vista como continuamente sombria. Há momentos em que seguidores na arena política, assim como seguidores em outras arenas, apoiam seus líderes – com entusiasmo, ansiedade e sem reservas. Isso não significa, no entanto, alterar fundamentalmente o modelo do século XXI: é menos provável que seguidores avaliem seus líderes como honestos e competentes; portanto, é mais provável que se sintam alienados e ajam com raiva. Embora essa condição crônica seja amplamente interpretada como reflexo das diferenças políticas, é mais bem compreendida como reflexo dos tempos, em que os seguidores estão insatisfeitos a ponto de se mostrarem desiludidos.

Minando a compreensão – no mundo dos negócios americano

Tal como o contrato entre líderes e seguidores da política americana, o contrato entre líderes e seguidores nas empresas americanas tem sido minado por uma simples e boa razão: com as informações a que os seguidores agora têm acesso, muitos líderes são julgados antiéticos ou incompetentes – ou ambos.

Por que lhes conceder minha lealdade quando não a merecem? Por que segui-lo quando não é digno de minha fidelidade? Em geral, seguimos quando é de nosso interesse – sobretudo quando nossos meios de subsistência estão em jogo. Mas, como atestam as pesquisas, não fazemos isso de bom grado: a maioria dos americanos saiu de sintonia ou foi desligada. Estamos – eles e nós – desanimados com nossos líderes, tanto corporativos quanto políticos, afligidos pelo que parece sua inabilidade crônica de fazer os Estados Unidos "se mexerem de novo", enquanto outros países, alguns só recentemente rotulados "em desenvolvimento", nos ultrapassam em quase todas as questões importantes.

Então, qual tem sido nossa resposta? Não tem sido no sentido de revogar de todo o contrato – isso, raramente. Na verdade, apesar do aumento da desigualdade de renda e do desemprego, os americanos nos últimos anos não têm, pelo menos em número significativo, se filiado a sindicatos, forçado a saída de maus líderes em razão de seu fraco desempenho ou mesmo, até recentemente, tomado as ruas. Não obstante algumas exceções, os americanos tampouco deixam as instituições e organizações das quais são membros, ou saem dos Estados Unidos em busca de pastagens mais verdes. Em vez disso, registram seu descontentamento de outras maneiras – tomando o caminho da menor resistência. Em nível individual, pelo menos, resistem em silêncio, ao invés de ruidosamente, com o intuito de não arriscar sua posição no trabalho ou na comunidade.

Na América corporativa, como soa esse baixo índice de resistência? Como subordinados corporativos resistem a seus superiores? E como outros – acionistas ou, digamos, especialistas e pessoas comuns – respondem à elite empresarial da América? Optam por um entre três cursos diferentes: atacam, voltam-se para a lei ou denigrem a reputação das pessoas mais poderosas que eles.

Há uma gama de ataques de seguidores contra líderes. Alguns desses ataques são relativamente inofensivos, pois ocorrem em condições equilibradas. Por exemplo, o site Glassdoor.com é uma nova seta na aljava dos empregados a ser usada contra os empregadores. Descrito como uma "comunidade para carreiras, em que qualquer um pode encontrar e partilhar, de forma anônima, uma consulta sobre empregos e empresas", o Glassdoor.com tem informações sobre mais de 1 milhão de salários, situação de empresas e outros materiais destinados a ajudar as pessoas comuns a administrar suas carreiras – assim como seus líderes e gestores.

Outros tipos de ataques dos fracos contra os fortes são mais graves, como os de acionistas ativistas. Por uma constelação de razões que eu, pelo menos, lamento – por exemplo, o tempo, o dinheiro e a pesquisa que se despendem para monitorar itens como a remuneração dos executivos –, o ativismo dos acionistas não conseguiu, até agora, ser uma força importante para uma mudança importante. Contudo, isso não quer dizer que os acionistas ativistas estejam enfraquecidos de todo.[9] O pagamento de executivos, por exemplo, está mais alinhado ao desempenho do que há 20 anos.[10] A Royal Dutch Shell é um exemplo: em 2009, os acionistas derrubaram o plano de remuneração dos executivos. E há outros sinais de vida, especialmente na Europa e nos Estados Unidos.[11] Lá, tem havido forte aumento no ativismo dos acionistas, especialmente para incentivar o investimento socialmente responsável. Segundo o *Proxy Review 2011*, "cerca de 400 resoluções ambientais e sociais dos acionistas foram apresentadas na última temporada, com questões que vão desde direitos trabalhistas e humanos até impacto sobre a cadeia de abastecimento e reciclagem".[12] Na verdade, só no setor de energia, o número de resoluções dos acionistas aumentou cerca de 50% na temporada de 2011.

Seguindo linhas semelhantes, empresas como General Electric e Walt Disney têm respondido às críticas de acionistas, ao concordar em mudar, ainda que apenas discretamente, suas práticas de remuneração. A GE anunciou que estabeleceria novas condições nos 2 milhões de opções de ações que havia concedido ao CEO Jeffrey Immelt há apenas um ano – o que, segundo o *Wall Street Journal*, ressaltou não apenas as "pressões sobre o Sr. Immelt para fazer a empresa crescer de novo", como também "a crescente influência dos acionistas sobre a questão de remuneração dos executivos".[13] E, poucos dias antes de um potencial "não", ao votar o pacote de remuneração do CEO Robert Iger, a Disney desistiu do plano de pagar a Iger e a três outros executivos impostos especiais sobre o dinheiro ganho, caso fossem forçados a sair. Isso levou os guardiões dos acionistas a mudarem a recomendação de remuneração de "não" para "sim".[14]

Finalmente, acionistas ativistas estão começando, aos poucos, a usar a mídia social. Até agora, a fim de conseguir apoio para alguma causa, investidores individuais e institucionais têm empregado sites como Twitter e Facebook apenas eventualmente – talvez porque as mídias sociais não sejam uma segunda natureza para os investidores, que, entre outros aspectos, tendem a ser mais velhos. Ainda assim, há indicações de que a impaciência nos negócios começará a se parecer com a impaciência na política; ou seja, acabará por encontrar uma saída na internet.

Investidores ativistas já estão usando tecnologias on-line, por exemplo, para se conectar e se reunir com outros acionistas, participar de reuniões anuais, coordenar votos por procuração e reclamar em voz alta, ainda que de um modo não muito eficaz sobre as políticas da empresa, incluindo a remuneração dos executivos. Alguns dos mais proeminentes atores de Wall Street estão atentos, incluindo David Rubenstein, cofundador do gigantesco Carlyle Group, de ativos privados. Em 2011, Rubenstein fez uma espécie de previsão: "Suponhamos que alguém queira comprar uma empresa e precise da aprovação dos acionistas", disse ele. "Os funcionários e acionistas poderiam usar o Facebook para se reunir contra uma aquisição."[15]

O recurso não seria sem precedentes. Em 2007, um investidor privado com o nome de Eric Jackson foi à internet para detalhar – e denegrir – a estratégia de gestão do Yahoo. Primeiro, conquistou pequenos acionistas; passou, em seguida, a grandes instituições, o que lhe permitiu desempenhar papel significativo na queda do CEO do Yahoo, Terry Semel. Claramente, para que ativistas acionistas individuais como Jackson criem uma mudança, precisam do apoio de uma massa crítica de investidores cujo desempenho seja semelhante. Mas, em circunstâncias corretas, os acionistas podem rapidamente passar de Isolados e Espectadores a Participantes e até Ativistas. Na verdade, o que uma série de sites faz é justamente facilitar esse tipo de transição. Um deles, o Moxy Vote, designado como "conselheiro substituto para o indivíduo", tem milhares de usuários e alega pelo menos um grande sucesso. Bloqueou uma oferta pública de aquisição inicial no On2 Technologies do Google reunindo o público-alvo dos pequenos acionistas. Por fim, o Google reduziu sua oferta em 25%.[16]

Sem formas óbvias para as empresas fracas enfrentarem as empresas fortes, especialmente levando-se em conta o declínio da sindicalização e a falta de protesto público significativo, ao menos até 2011 os indivíduos e grupos lesados foram aos tribunais para consertar o que está errado. Por várias razões – e o dinheiro é a mais óbvia –, o recurso legal é quase uma ocorrência diária. Mas quando a lei intervém por parte dos seguidores, as consequências podem ser significativas. Temos o exemplo dos trabalhadores contra a Wal-Mart – os primeiros acusaram a companhia de não ter provido nada aos funcionários, de descanso e intervalos para refeição a uma compensação adequada. Em última análise, para se ver livre de 63 processos diferentes, a Wal-Mart concordou em negociar, em 2008, a quantia de US$640 milhões. A empresa ainda concordou com a documentação eletrônica do cumprimento das leis trabalhistas, tendo concluído que a má publicidade era ruim para os negócios. Em uma declaração previamente elaborada, o conselho geral da Wal-Mart disse: "Resolver esse litígio é do interesse de nossa empresa, de nossos acionistas e colaboradores."[17]

E esse não foi o único caso em que a Wal-Mart foi processada por funcionários, convencidos de terem sido tratados de modo injusto. Na verdade, a Wal-Mart esteve na mira da maior ação popular de direitos civis da história dos Estados Unidos, expondo a empresa potencialmente a bilhões de dólares em danos. No caso federal de discriminação *Dukes* versus *Wal-Mart Stores, Inc.*, a empresa foi acusada de discriminar mulheres nas promoções, em salário e tarefas, em expressa violação à Lei de Direitos Civis de 1964. O caso foi apresentado por Betty Dukes, que alegou, em 2000, que, apesar de seus seis anos de árduo trabalho e excelente desempenho, a Wal-Mart lhe negara o treinamento necessário a fim de avançar para uma posição superior. Embora a Suprema Corte tenha decidido, em última instância, a favor da Wal-Mart, a história está longe de terminar. Dukes declarou: "Ainda estamos determinadas a avançar e apresentar nosso caso no tribunal", e seus advogados prometeram continuar a pressionar.[18] Enquanto isso, a fim de evitar e impedir, pelo menos em parte, a responsabilidade legal no futuro, o Wal-Mart passou à frente e instituiu algumas mudanças. Em 2011, anunciou novos e importantes programas cujo objetivo é ajudar trabalhadoras e empresas de propriedade de mulheres, planejando investir nesses programas um total de US$20 bilhões.

Além disso, a lei é usada pelos governos (federal e estadual), agindo em nome de pessoas comuns, para impedir futuros líderes empresariais de repetir a transgressão dos líderes empresariais do passado. Por exemplo, o Sarbanes-Oxley Act de 2002 – uma resposta aos escândalos corporativos envolvendo empresas como Enron, WorldCom e Tyco – foi aprovado, em uma tentativa de estabelecer normas mais rigorosas de governança corporativa e práticas financeiras. Conquanto o Sarbanes-Oxley não tenha evitado a crise financeira ocorrida poucos anos mais tarde, foi precursor de outro semelhante, o Dodd-Frank Wall Street Reform and Consumer Protection Act (Lei Dodd-Frank de Reforma de Wall Street e Proteção aos Consumidores) de 2010. Como previsto, desde então, muitas das melhores e mais brilhantes cabeças ridicularizaram esta lei, como haviam feito com a anterior, taxando-a de inadequada à tarefa. O Dodd-Frank, dizem, não impedirá os bancos de ser demasiadamente grandes para falir; nem evitará que novos instrumentos financeiros se destinem apenas a fazer dinheiro; tampouco impossibilitará a ganância como grande motivadora. Como o observador de Wall Street William Cohan afirma: "Não estamos mais protegidos contra o comportamento potencialmente imprudente dos banqueiros do que estávamos antes da última rodada de reformas."[19] Ainda assim, o Dodd-Frank surte algum efeito, munindo os consumidores de novas proteções, especificamente por intermédio do U.S. Consumer Financial Protection Bureau (Bureau de Proteção Financeira ao Consumidor nos Estados Unidos), e promovendo transparência.

A lei é usada para proteger o fraco do forte também de outras maneiras. A Comissão Europeia sugeriu prazos obrigatórios de prisão para crimes como informação privilegiada – e, nos Estados Unidos, indivíduos e instituições são, eventualmente, processados, condenados e sentenciados por irregularidades administrativas. Mais de dois anos após a implosão do Lehman Brothers, o procurador-geral do estado de Nova York processou a empresa de contabilidade Ernst & Young por se envolver em uma "massiva fraude contábil", enganando investigadores sobre a saúde financeira do banco de investimento. Uma ação judicial da Califórnia está à procura de uma ação coletiva de status, a melhor para acusar a Apple, o Google, a Intel e outras empresas de tecnologia por violar as leis antitruste conspirando para fixar os salários de seus funcionários e limitar suas oportunidades ao concordar com um pacto de "não aliciamento", que impede as empresas de contratar funcionários umas das outras.[20] Um casal de ativistas políticos, Nancy e Derek Casady, está processando o American International Group (AIG), a Goldman Sachs e o Deutsche Bank, acusando-os de se terem envolvido em transações fraudulentas e especulativas, incorrendo em bilhões de dólares em perdas. E ex-altos executivos, agora cumprindo longas penas de prisão, incluem Dennis Kozlowski (Tyco International), Jeffrey Skilling (Enron), Bernard Ebbers (WorldCom), Lee Farkas (Taylor, Bean & Whitaker) e Raj Rajaratnam (Galleon Group).

Finalmente, os seguidores reduzem ou até destroem reputações. Há aquele velho ditado que diz: "Paus e pedras ferirão meus ossos, mas nomes nunca o farão." Mas isso não é bem verdade. Os implacáveis ataques a indivíduos e instituições no setor empresarial têm um custo, embora em muitos casos seja não financeiro, mais difícil de calcular. Ainda assim, os ataques são pessoais e profissionais, aparecem nos meios de comunicação antigos e novos e são praticados por especialistas e por pessoas comuns – quem quer que esteja farto dos responsáveis. Em suma, em vez de encenar revoluções, arruinamos reputações.

Até o Oráculo de Omaha, o geralmente impecável Warren Buffett, serviu de matéria para discussão. Depois de parecer ter sido enganado e ludibriado por seu sócio, David Sokol, Buffett tornou-se, de um momento para o outro, objeto de escárnio. Claro, de certa forma, deu chance a isso, tendo declarado, há muitos anos, que preferia perder dinheiro a perder um fragmento de sua reputação. Buffett não foi poupado. O fato de não ter respondido à debacle de Sokol foi descrito por peritos e especialistas como inexplicável, repreensível e hipócrita. A situação ficou tão ruim que Buffett, afinal, se sentiu na obrigação de recuar. Após ser duramente criticado por seus acionistas na reunião de Berkshire Hathaway em 2011 – normalmente, esses encontros se constituem em demonstrações de afeto –, Buffett garantiu aos presentes, seus fiéis, quase adoradores seguidores, que Berkshire "tentará minimizar os erros que cometermos no futuro". Além disso, em resposta à pressão do público, mudou seu tom. Tendo insistido, mais cedo, que não considerava as ações de Sokol "de qualquer forma ilegais", Buffett agora as descrevia como "indesculpáveis" e admitia haver alguns "indícios muito prejudiciais" contra seu ex-sócio.

Deixando a compreensão de lado

Se estiver insatisfeito com um contrato do qual é uma das partes, e quiser mudá-lo unilateralmente, você pode alterá-lo ou contorná-lo. Os empresários escolhem a segundo opção: como nem líderes nem seguidores optam por sair, tentam algo novo e diferente.

Empreendedorismo – como em "empreendedorismo social" ou em "liderança empresarial" – nunca foi mais popular ou mais atraente aos jovens do que agora. De fato, enquanto antes se tratava de "tornar-se um líder", hoje tornar-se um empreendedor, ou um "líder empresarial", que seja visionário, bem como transformacional, está igualmente na moda. Escolas de administração, em especial, estão acomodando essa nova paixão, tendo acrescentado, nos últimos anos, inúmeros programas, cursos e outros tipos de experiência de aprendizagem, especificamente direcionados àqueles que serão empreendedores.

O empresário – alguém com uma visão de aventura de algum tipo, que depois passa a lançá-la – está por aí há séculos. Por que, então, só recentemente o empreendedorismo social se tornou uma alternativa tão atraente? Uma das razões é que o empreendedor opera fora da hierarquia organizacional tradicional em uma época em que ela não é mais tão atraente. O empreendedorismo implica a ausência de líderes e gestores como convencionalmente compreendido – assim como a ausência de seguidores. Em vez disso, conota algo mais exuberante e aventureiro, criativo e atípico, em oposição ao convencional e previsível. O empresário se recusa a assinar um contrato-padrão entre líderes e seguidores. Ele existe fora do contrato, não representa nem uma parte nem a outra, nem se sujeita a cumprir um contrato com partes mais dominantes e mais deferentes.

Outra razão para, agora, o empreendedorismo ser uma alternativa tão atraente é que se tornou óbvio que nem governo nem empresas, nem mesmo quaisquer outras instituições (como entidades sem fins lucrativos), são capazes de resolver o que nos aflige. Assim, os empresários intervêm – eles preenchem uma necessidade.

Empresários, sejam sociais ou corporativos, podem ser divididos em duas amplas categorias: são indivíduos ou são grupos – pessoas que agem em conjunto para resolver um problema que ninguém mais está disposto ou é capaz de resolver. Exemplos de empreendedorismo social são especialmente instrutivos, porque levam a situações que, em geral, outros consideram incrivelmente assustadoras.

Na primeira categoria – o empreendedor individual –, está alguém como Elizabeth Scharpf, cujo trabalho foi descrito em um artigo de *New York Times Magazine*: "Por que esperar por governos ou instituições de caridade estabelecidas para ajudar vítimas de estupro, órfãos ou mulheres pobres, se é possível dar início a uma ONG em seu porão?" Como o título indica, Scharpf "juntou-se a uma revolução até agora sem nome, porque está apenas começando. É sobre o que poderia ser chamado de 'Do-It-Yourself Foreign Aid', porque começa com a proposição de que não são apenas presidentes e funcionários das Nações Unidas que podem resolver os desafios globais. Indivíduos apaixonados, com grandes ideias, podem fazer o mesmo, especialmente na era da internet e das mídias sociais".[21] Também serve de exemplo John Prendergast, descrito como "o ativista americano mais influente nas regiões mais problemáticas da África" que conseguiu, praticamente sozinho, focar a atenção de uma série de atores influentes no Sudão devastado pela guerra, desde o Presidente Obama até o ator e ativista George Clooney.[22] E podemos citar ainda Ravindra Missal, nascido na Índia em uma família de trabalhadores de casta baixa, agora um *self-made man*, determinado a ser um "destruidor de castas" para eliminar o velho e inflexível sistema que quase o prendeu para sempre. Missal é um exemplo do "tipo de pessoa que vai transformar, de fato, a Índia: não é engenheiro ou financista, mas uma pessoa comum que se recusou a se satisfazer com o status no qual nasceu".[23] Num último exemplo, embora jamais se denominasse empreendedor ou líder, está Javier Sicilia. Sicilia é um poeta transformado em ativista, cujo Movimento pela Paz com Justiça e Dignidade busca acabar com a violência relacionada com as drogas no México. Em questão de meses, o Movimento fez marchas pacíficas em todo o México, inspirando dezenas de milhares de pessoas comuns a, finalmente, tomarem uma posição. Uma das razões pelas quais Sicilia foi capaz de mobilizar os mexicanos é porque ele próprio evita poder e autoridade. Como Enrique Krauze colocou: "O movimento é político, mas existe fora da política."[24]

Na segunda categoria, o grupo empresarial, há atores igualmente ousados e inovadores, inclusive, por exemplo, os seguintes: as "pessoas-tartaruga", um grupo de pessoas comuns, ambientalistas, que tomaram para si a responsabilidade pelo salvamento de tartarugas do mar no Golfo do México e no seu entorno; os membros do Enough Project, iniciado em 2006 por um pequeno grupo de dirigentes políticos preocupados e ativistas determinados a construir um eleitorado permanente a fim de impedir genocídio e crimes contra a humanidade; uma coalizão de grupos de direitos dos animais que está processando o Ringling Bros.

e o Barnum & Bailey Circus, acusando-os de manipular e maltratar seus elefantes; grupos de estudantes homossexuais do ensino médio em Utah que, a despeito da poderosa oposição local, convocou a primeira Gay-Straight Alliance (Aliança Homo-Heterossexual) da história de seu estado conservador, basicamente Mórmon; e mulheres no Oriente Médio, como Women of the Wall (Mulheres do Muro), que estão desafiando antigas tradições judaicas, rezando em público no Muro das Lamentações, ao lado dos homens; e outras, também mulheres, que estão desafiando antigas tradições muçulmanas em países como a Arábia Saudita, na tentativa de guiar, votar, ter um emprego sem a permissão de um parente do sexo masculino. (Em resposta à pressão de baixo, o Rei Abdullah, da Arábia Saudita, anunciou, em 2011, que, pela primeira vez na história do país, as mulheres estariam autorizadas a votar, embora apenas nas eleições locais de 2015.)

O empreendedorismo não está, aliás, limitado apenas àqueles que parecem estar lutando contra moinhos de vento. *Sair* do sistema parece, às vezes, a única maneira de se conseguir que algo seja feito – até por aqueles que estão *dentro* do sistema. A assim chamada gangue dos seis do Senado dos Estados Unidos é um exemplo. A "gangue" consistiu em três senadores democratas e três republicanos que, desesperados com a contínua incapacidade de Washington de reduzir a dívida nacional de modo significativo, resolveram trabalhar durante meses para elaborar um plano viável de redução da dívida. Jamais conseguiram um avanço real – momento mágico da união de todas as mãos. Mas a turma de seis produziu um modelo de cooperação, em vez de conflito, estabeleceu um território para diálogo contínuo e tentou, pelo menos, resolver um problema que outros haviam descartado como insolúvel.

Abandonar a compreensão ou anular o contrato social de qualquer modo não é, naturalmente, a regra. Líderes – sejam papas, presidentes, CEOs ou pessoas menos conhecidas – não são exatamente obsoletos. Seguidores não são necessariamente obstrucionistas. E o contrato entre eles, conquanto debilitado, ainda se mantém.

O que mudou, porém, foi a lógica do contrato. Desde o século XX, os seguidores seguem por apenas duas razões – por terem de fazê-lo ou porque desejam fazê-lo. E liderar é mais fácil para os que são líderes empresariais ou militares, em condições de ameaçar com uma vara ou prometer uma cenoura. O resto deve depender do mérito, de ser percebido como eficaz e ético – uma combinação de características cujo estoque parece estar muito reduzido no momento.

Isso traz, mais uma vez, a questão de como aprender a liderar no século XXI. Como aprender a liderar quando os líderes estão menores, reduzidos em relação ao que eram até o passado recente? Como aprender a liderar quando recursos como poder, autoridade e influência estão mais escassos que antes – e quando é provável que qualquer número de seguidores seja tão resistente quanto deferente? E, finalmente, como aprender a liderar quando o próprio contexto está carregado de complexidade e restrição?

Até agora, a suposição foi que, qualquer que seja a complexidade no aprendizado da liderança e da gestão, ela se encaixa de maneira conveniente no título "desenvolvimento de liderança". Mas já não é tão simples. Agora, aprender sobre liderança e aprender a liderar *precisam* envolver o aprendizado sobre liderados e sobre como seguir. Além disso, o desenvolvimento da *inteligência contextual*, o conhecimento e a compreensão do contexto passaram a ser de importância crucial. Trata-se, em suma, de uma mudança de paradigma, com implicações cruciais que devem ser exploradas.

5

A experiência americana –
fazendo o downsize de líderes

N os Estados Unidos, o exercício da liderança sempre foi difícil. Filósofos como John Locke contribuíram para essa condição, como fizeram os próprios Fundadores, que usaram a Revolução para construir um governo em que nenhum indivíduo ou instituição dominasse por muito tempo. Além disso, como historiadores do nosso tempo deslocaram a ênfase dos primeiros líderes americanos para os primeiros americanos seguidores, ou seja, para as pessoas comuns, compreendemos que os americanos desde o início eram resistentes a regras. Dois anos antes da adoção da Declaração da Independência, o povo do interior da Nova Inglaterra se desvencilhara de seus governantes reais, declarando-se, *ipso facto*, livre e independente da Grã-Bretanha.[1]

Agora se tornou evidente que as fúrias antiautoridade que alimentaram a revolução deixaram um legado duradouro. Também parece que, junto com o passado remoto dos Estados Unidos, seu passado recente tem tensionado as relações entre líderes e seguidores a ponto da disfunção. Como consequência, os americanos do século XXI podem estar recebendo a liderança que merecem – mas não a que querem.

Corpo político disfuncional

Em um mundo perfeito, seríamos abençoados com líderes transformadores e líderes servos que vivessem e respirassem em benefício de seus seguidores. Em um mundo menos perfeito, teríamos líderes que espelhassem seus seguidores, que os representassem honesta e autenticamente. A cientista política Jane Mansbridge escreveu que, nas democracias relativamente não corruptas, a vida política produz, em geral, líderes "intrinsecamente motivados", com os objetivos entre eleitores e seus representantes amplamente alinhados, e eleitores que, com facilidade, são capazes de se envolver em um razoável processo de seleção.[2] Mas no mundo em que, na realidade, vivemos, os líderes tendem a colocar o interesse próprio acima do interesse público. Em circunstâncias tais, ninguém admite que líderes sejam moralmente superiores, ou que se preocupem, com fervor, com seus seguidores. Pelo contrário, sabemos que líderes e seguidores são mais ou menos parecidos – ambos são gente simples, nem menos nem mais caritativa que as outras pessoas.

Tendemos ao otimismo: esperamos que aqueles a quem elegemos, selecionamos para cuidar dos negócios da nação, tornem as coisas melhores – não piores – e façam o país progredir, ao menos um pouco. Porém, mais do que antes, essa esperança parece deslocada. Em todos os recentes ciclos eleitorais, os americanos logo se desencantaram com seus líderes políticos, decepcionados com o fato de que a terra dos livres e o lar dos bravos parecem estar em desordem. Ainda atolados em uma guerra longe de casa, ainda se recuperando de uma recessão tão severa que a economia vai claudicar por muitos anos, oprimida pela dívida nacional, e carregada, em nível pessoal, de preocupações com dinheiro e trabalho, os americanos suspeitam de seus líderes políticos e estão céticos sobre se eles podem curar o que nos aflige.

O problema na política é tanto individual quanto institucional. Os eleitores americanos, seguidores, desconfiam dos líderes políticos em nível individual – fato confirmado por enquete após enquete, ano após ano. Mas também desconfiam de líderes políticos em nível institucional. Ou seja, quando líderes políticos individuais se agregam individualmente em instituições como o Congresso, são vistos como ainda menos éticos e eficazes do que quando estão por conta própria, em seus próprios distritos, entre seus próprios eleitores. Jogar limpo com os outros não é, em outras palavras, considerado seu ponto forte.

Especialistas políticos têm lamentado anos a fio o quase colapso de algumas de nossas instituições mais veneráveis, como, em um exemplo gritante, o Senado dos Estados Unidos. Sobre a Câmara, que já foi a joia da coroa do Legislativo dos Estados Unidos, Michael Tomasky escreve: "A verdade é que nenhuma instituição do governo americano é mais responsável por nossa incapacidade de resolver problemas nacionais do que o Senado e nenhuma outra instituição está mais necessitada de reforma."[3] George Packer conclui o mesmo dizendo que o Senado está enfraquecido a ponto de ser destruído: é incapaz de suportar a pressão de fora, em especial as relativas à captação de fundos; é hostil com membros que têm mentes independentes; não oferece mais qualquer incentivo para cooperar com o outro lado; e, longe de ser a "fonte de ideias" que costumava ser, o Senado é "a água estagnada do governo dos Estados Unidos".[4]

O Senado dos Estados Unidos está, em suma, disfuncional, na iminência de um escândalo nacional. A crise de liderança dos Estados Unidos atesta que os senadores, um pouco como seus pares da Câmara dos Deputados, são incapazes ou não estão dispostos a colaborar a fim de resolver nossos mais prementes problemas nacionais. Packer descreve cenas que, em outros tempos, teriam sido chocantes: senadores discursando para câmaras vazias, nenhum de seus colegas prestando a menor atenção; o presidente do Senado sentado em uma cadeira no estrado, desatento e distraído; chamadas de quórum para os matadores de tempo; a galeria da imprensa que, outras vezes já esteve repleta, agora está deserta; uma semana de trabalho essencialmente de três dias (sem segundas nem sextas-feiras), o que permite aos senadores retornar a suas casas a fim de fazer o necessário para permanecer no cargo, e se traduz, claro, em arrecadação de dinheiro.

A reputação do Senado tem aumentado e diminuído ao longo de mais de 200 anos da história americana. Mas, há pouco, um senador ainda era uma estrela, e o Senado, uma prestigiada instituição que atraía os melhores e mais brilhantes talentos políticos dos Estados Unidos. Packer olha para aqueles anos, os anos 1960 e 1970, em que "a intensidade do propósito senatorial" era tão acentuada e o nível de desempenho institucional tão elevado que isso "deve deixar os legisladores de hoje profundamente humilhados". Agora o contexto mudou, a cultura mudou e também mudou a maneira como o Senado trabalha.

O grau de obstrução no Senado – manobra que impede em vez de facilitar a ação do Legislativo – atingiu altura sem precedentes. O exemplo mais óbvio é o obstrucionista, que era raro. Mas agora, como Norman Ornstein observa, a ameaça de obstrucionistas é tão comum que, na verdade, inverte a regra da maioria, permitindo que o partido minoritário bloqueie ou, pelo menos, atrase qualquer legislação a que queira se opor.[5] A constante tentativa de obstruir a legislação, em vez de aprová-la, tem levado os observadores ao desespero das emendas. Tomasky conclui que, em razão da perspectiva de mudança ser tão remota, somos confrontados com um governo de minoria por um futuro indeterminado, deixando a maioria do Senado pagando o preço político do impasse, sem que os problemas e as crises sejam solucionados. Packer pensa que, se uma reforma obstrucionista fosse aprovada, o "Senado continuaria a ser um órgão esclerosado, desperdiçador e infeliz".

Existe uma relação entre o declínio do Senado, em particular, e o declínio da liderança política nos Estados Unidos em geral. Pois o Senado já foi conhecido como o maior organismo deliberativo do mundo. James Madison escreveu sobre o Senado nos *Federalist Papers*, deixando clara a pretensão de ter status e estabilidade suficientes para verificar a vontade popular – essa sendo a Câmara dos Deputados. Madison propôs que os membros do Senado, diferentemente dos membros da Câmara, fossem mais avançados em idade e tivessem um período de cidadania mais longo. Além disso, uma vez assinada a Constituição, foi decretado que os senadores atuassem por seis anos, mais do que qualquer autoridade eleita em nível nacional.

Assim, o declínio e a disfunção do Senado, e certamente do Congresso como um todo, refletem muitas das dificuldades e aviltamentos que, nas últimas décadas, estão associados à liderança nos Estados Unidos: o triunfo do interesse pessoal sobre o interesse público; a presunçosa importância do dinheiro na política; o endurecimento do discurso público, a recusa dos indivíduos na colaboração para o bem comum; o grau de intromissão da pureza ideológica no pragmatismo político; o grau em que os extremos enfraquecem e até governam o centro; o grau em que fazer algo é visto como fraqueza; e, finalmente, nossa absoluta incapacidade, pelo menos até agora, de consertar de forma correta o que está nitidamente quebrado.

Os membros do Senado quase sempre tiveram alguma dificuldade de trabalhar uns com os outros, e quase sempre tiveram alguma dificuldade de trabalhar com o presidente. No entanto, enquanto no passado essas dificuldades eram, em geral, superadas, vivemos numa época em que a colaboração entre os Poderes Legislativo e Executivo é ardilosa ao extremo.

Parte disso resulta do sensacionalismo da mídia, em especial o constante estardalhaço das TVs a cabo – canais como Fox e MSNBC, transfixados por tensões, trivialidades e o incansável jogo da sedução para seu lado acentuam o lado negativo, quase eliminando o positivo. Mas também é verdade que os americanos agora estão mais divididos que há 30 anos. Em 1984, 41% dos americanos se identificavam como centristas, enquanto 10% se descreviam como muito liberais ou muito conservadores. Em 2005, o número do meio caiu para 28%, enquanto o número nos dois extremos subiu para 23%.[6] Como essas infernais divisões ficaram maiores no último quarto de século, a cooperação política entre antagonistas tornou-se muito mais difícil, se não impossível.

Espera-se que o presidente americano concilie pelo menos algumas dessas diferenças – superar o partidarismo entre o povo americano e os que o representam. Espera-se, em outras palavras, que o presidente conduza a unificação – ao menos para atender aos negócios mais prementes da nação. Mas, para dizer a verdade, os presidentes mais recentes, George W. Bush e Barack Obama, consideraram a tarefa de liderança presidencial da América no início de século XXI assustadora. Pode-se dizer de Bush que, após oito anos na Casa Branca, saiu ereto, mas extremamente impopular. De fato, terminou o mandato como um dos presidentes mais impopulares da história dos Estados Unidos, com escassos 34% de aprovação. Os índices de Obama têm sido mais altos – especialmente no início, e logo após o assassinato de Osama bin Laden –, mas também perdeu força ao longo do tempo e vivenciou os tipos de humilhação agora rotineiramente suportados por líderes em altas posições.

O governo Obama tem tido importantes realizações, como a legislação dos serviços de saúde, um programa de estímulo, um tratado nuclear com a Rússia e a eliminação de bin Laden, entre outras. No entanto, o custo tem sido elevado, principalmente para o presidente, muito criticado por estudiosos por deixar a desejar, e humilhado pelo eleitorado, estando apenas dois anos na presidência. As eleições intermediárias de 2010 representaram uma grande derrota para a Casa Branca. Os republicanos conquistaram sete novas cadeiras no Senado, o mesmo número de governos de estado, e tomaram as cadeiras de 720 democratas nas legislaturas estaduais. Porém, a mudança mais significativa foi na Câmara dos Deputados dos Estados Unidos, onde 63 distritos trocaram de mãos, os votos de maior oscilação desde 1932.[7] Em retrospecto, tornou-se muito claro que essas eleições foram críticas: foram as necessárias precursoras da miserável debacle que se tornou a crise da dívida de 2011, que, entre outros efeitos debilitantes, tanto políticos quanto econômicos, aviltou ainda mais a já diminuída categoria de liderança de Washington.

Isso levanta uma questão: terá a presidência americana se tornado o trabalho mais impossível do mundo?[8] Além do contexto extremamente difícil dentro do qual o cargo está agora inserido e além do recalcitrante elenco de personagens que ostensivamente constitui os seguidores do presidente, o cargo do presidente inchou ao longo do século passado, assim como o número de problemas extremamente difíceis que se espera que, de alguma forma, o presidente resolva. Mudanças desse tipo explicam melhor nossa crônica insatisfação (salvo após uma espetacular façanha presidencial) com a performance presidencial, inclusive o desempenho presidencial *per se*. E ainda explicam por que observadores supostamente simpatizantes estão sempre encontrando falhas.

Frank Rich, antigo colunista de artigos opinativos do *The New York Times*, agora com a revista *New York*, é conhecido como democrata liberal. Mas após um ou dois anos de governo Obama, Rich começou, de forma regular e implacável, a criticar Obama. Escreveu, em certo momento, que o Obama original era "muito quente para não esfriar". E perguntou: "Como chegamos à derrocada tão depressa?"[9]

Eis como Rich viu o problema – Obama era um centrista, e não um democrata liberal tradicional. No que se referia à base democrática, o presidente era demasiadamente comedido e morno – sua resposta atrasada e calma à desastrosa explosão da plataforma de perfuração de petróleo Deepwater Horizon, na costa da Louisiana, em 2010, foi típica. Claro que, também para a direita republicana, a resposta de Obama ao desastre foi falha, embora por motivos diferentes. A direita atacou Obama por fazer demais – obrigar a empresa responsável, a British Petroleum, a estabelecer um fundo de caução de US$20 bilhões para as vítimas do derramamento, o que apenas confirmou aos conservadores sua crença de que "um incompetente socialista de gabinete se apoderara da Casa Branca para subverter os Estados Unidos e o sistema de livre iniciativa".[10]

Finalmente, os que procuravam falhas incluíram o próprio Obama, que, mesmo antes das humilhantes eleições intermediárias, sabia que algo tinha dado errado. Em sua própria versão, conquanto tivesse sido capaz de inspirar *durante* a campanha, foi incapaz de fazê-lo *após* seu término. Em outras palavras, uma vez tendo de governar, Obama percebeu a imensa dificuldade de exercer a liderança nos Estados Unidos – e suas próprias limitações como líder. Foi uma mistura assustadora: completa falta de experiência executiva de Obama, a cultura de Washington, mais propensa a resistir à mudança do que a facilitá-la; o povo americano, agora mais inconstante do que fiel, mais impaciente do que resignado; e desafios domésticos e no exterior que eram quase esmagadores.

Ken Duberstein foi um dos principais assessores de Ronald Reagan que não gostava de George W. Bush e, assim, votou em Obama em 2008. Mas depois de um par de anos de Obama na Casa Branca, Duberstein ficou desapontado. "Quando [Obama] falava sobre ser um presidente transformador, era sobre restaurar a fé do povo americano em nossas instituições de governo. O que sabemos agora é que isso não funcionou. As pessoas estão com dúvidas ainda maiores em relação a nossas instituições, especialmente sobre o governo."[11]

O poder do povo

À primeira vista, nossa principal reação parece ter sido a aceitação. Afinal, até o movimento Occupy, que ganhou força apenas no outono de 2011, o povo americano (diferentemente de povos de outras democracias ocidentais) não havia marchado em protesto, ou feito piquetes na frente da Casa Branca ou de qualquer outra instituição do governo. Tampouco tentaram impugnar funcionários regularmente eleitos contra quem tinham sérias objeções. Até os *campi* universitários, tradicionais bastiões de rebelião, estavam calmos. Com certeza, o tempo todo houve muito alarido, muitos gritos, choramingos, reclamações e dedos apontados, mas nos Estados Unidos, repito, até o Occupy Wall Street, a maioria das queixas aconteceu no mundo conectado, e não no mundo real.

Apesar de toda a conversa entre os estudiosos sobre "a raiva populista", não tinha havido uma indicação óbvia, explícita, de pessoas protestando como, digamos, em 1960 e 1970.

Várias explicações para a aparente passividade têm sido sugeridas, inclusive o fato de os indivíduos estarem menos comprometidos com suas comunidades, a falta de um propósito político maior, cidades menos apinhadas do que em momentos anteriores da história americana e a internet, que, como alguns argumentam, solapa a paixão em vez de alimentá-la. Como o sociólogo Sudhir Venkatesh colocou, a tecnologia "nos separa e torna nossa comunicação mais indireta, impessoal e sem emoção. Com fones de ouvido nas mãos ocupadas escrevendo mensagens, temos menos consciência de nosso comportamento no espaço público".[12]

Entretanto, como vimos, a tecnologia é uma faca de dois gumes. Pode separar-nos ou juntar-nos. A mídia social às vezes nos deixa *mais* conscientes do que os outros estão pensando e fazendo – inclusive no "espaço público". O que me traz a meu ponto: a tecnologia do século XXI permite que a resistência política doméstica e até o protesto político assumam formas diferentes. Citarei dois exemplos do poder do povo – o primeiro de esquerda, o segundo de direita – que mudaram a face da política americana. Nenhum deles é estranho, mas juntos, vistos como protesto político em roupagem contemporânea, dão provas claras de que a dubiedade a que Duberstein alude inspirou e incitou pessoas comuns a agirem. Dão provas claras de que, aos seguidores, americanos comuns, não faltam poder ou influência.

O primeiro exemplo, a eleição de Barack Obama para a presidência dos Estados Unidos, foi, de fato, um choque, um acontecimento que, poucos anos antes, teria sido inconcebível. Obama saiu do nada para desestruturar a política americana, destronando a então rainha do Partido Democrata – Hillary Clinton.

Obviamente, Clinton é uma mulher que, em campanha para a presidência dos Estados Unidos, foi – e ainda é – considerada um risco.

Mas em todos os outros aspectos, seu caminho para a Casa Branca ou, pelo menos, sua nomeação para presidente parecia segura. Entre outras razões, não havia concorrência. Havia outros na corrida para a chapa Democrata, é claro, mas ninguém com comprovado interesse pelo trabalho tinha o reconhecimento nacional do nome, a experiência política e os recursos financeiros para montar um desafio crível a Clinton, que, como ex-primeira dama e depois senadora por Nova York, era, claramente, a favorita. Quase ninguém, nem mesmo Barack Obama, imaginou que ele ultrapasse Clinton, pelo menos não no início. Como John Heilemann e Mark Halperin escreveram em um best-seller sobre a campanha, *Virada no jogo* (Intrínseca), Obama "estava bem ciente de que ainda era um calouro [senador] e, portanto, se encontrava às ordens da liderança de seu partido".[13]

No entanto, vários democratas seniores estavam nervosos com a candidatura de Clinton. Queriam um vencedor, um candidato que pudesse tirar a Casa Branca dos Republicanos, e não estavam convencidos de que Clinton fosse a melhor escolha para os Democratas. Suas avaliações negativas eram altas, ela continuava uma figura polarizadora, e não se podia confiar que seu marido, o ex-presidente Bill Clinton, se comportasse de modo impecável. Assim, em 2006, o Líder Majoritário do Senado, Harry Reid, convocou Obama a seu escritório para sugerir que desafiasse Hillary Clinton para a indicação Democrata à presidência dos Estados Unidos.

Mais uma vez, agora que Obama já é presidente por algum tempo, é difícil lembrar até onde esse cenário parecia implausível. Obama não tinha o nome conhecido de Clinton, sua experiência política era escassa e quase não tinha dinheiro para montar uma campanha crível contra uma adversária tão formidável. Além disso, tanto Clinton quanto o marido consideravam sua nomeação ganha. Segundo Heilemann e Halperin, "os Clinton viam-se como a Primeira Família do partido, *de facto...* como os únicos democratas na memória recente com capacidade consistente de ganhar as eleições nacionais. Figuras reverenciadas e amadas".

Então, quando Obama teve a temeridade de agarrar uma importante vitória nas primárias em Iowa, Bill Clinton ficou "com o rosto vermelho e fervente", enquanto Hillary Clinton mostrou-se "amarga e atônita". Por mais incompreensível que a vitória de Obama em Iowa tenha sido, ela sugeriu que um jovem negro, desconhecido e inexperiente, poderia eventualmente tornar-se presidente dos Estados Unidos.[14]

Apesar de alguns democratas seniores, entre eles o mais proeminente, Reid, terem socorrido Obama no início, o fato de ele ter derrotado primeiro Clinton e depois, na eleição geral, John McCain, era um tipo de triunfo completamente diferente. Foi um triunfo das pessoas de fora sobre as de dentro (isto é, sobre a maior parte do sistema Democrata), dos jovens sobre os mais velhos, dos recém-engajados eleitores negros sobre os tradicionais eleitores brancos, do poder popular sobre o posicional e das novas mídias sobre a antiga. Essa série de sucessos estonteantes de Obama durante 2008 era a prova da recente influência das pessoas comuns, de seguidores não mais dispostos a serem Espectadores – e mais do que dispostos, até ansiosos, a ser Participantes e Ativistas.[15] Esse é o tipo de transferência de poder e influência do aparentemente forte para o aparentemente fraco que, no século XXI, é especialmente significativo. E esse é o tipo de transferência que, às vezes, a indústria de liderança cuidadosa e consistentemente sequer considera.

Um componente-chave da campanha de Obama foi seu uso da nova mídia, que deixou tanto Clinton quanto McCain para trás. Com relação a dinheiro, Obama fez o impossível: primeiro, não aceitou financiamento público; depois quebrou todos os recordes anteriores de angariação de fundos. Como? Voltou-se à internet para levantar metade do dinheiro de americanos comuns, em incrementos de menos de US$200. Com relação à organização, Obama fez essencialmente o mesmo: sua campanha usou a tecnologia para transformar Isolados e Espectadores em Participantes e Ativistas.[16] A equipe de campanha de Obama tinha um nível de inteligência contextual incomparável. Compreendeu dois aspectos importantes não compreendidos pelos oponentes: que a cultura mudara e que a multiplicidade dos novos meios de comunicação era um divisor de águas. Mais uma vez, isso representava uma evolução (ou revolução da informação) que, em retrospecto, parece óbvia. Mas a campanha de McCain estava presa no passado, incapaz de se adaptar ao novo e diferente.

O Tea Party, iniciado apenas em 2009, é o testemunho de que as pessoas simples à direita, assim como as pessoas simples à esquerda, não serão silenciadas. Mark Lilla chamou o Tea Party de "erupção libertária" – deliberadamente, evocou a história revolucionária dos Estados Unidos e foi motivada por diversas queixas, entre elas o fato de Barack Obama estar na Casa Branca.[17]

O Tea Party não é, como alguns diriam, um simples produto artificial de interesses conservadores e corporativos. Pelo contrário: enquanto outros ideólogos americanos são financiados pelos ricos, os partidários do Tea Party tendem a não pertencer a qualquer elite. Menos da metade tem graduação universitária e apenas um quarto ganha mais de US$100 mil. Na verdade, o Tea Party resulta de um movimento popular genuíno que se aproveitou tanto do populismo antigovernamental quanto da ampla desconfiança não apenas do governo, mas de todos os sistemas que já foram inquestionavelmente admirados pelos americanos.[18] Além disso, tem sido um movimento sem líder ou, se preferirem, um movimento com muito menos líderes em muitos lugares diferentes, nenhum dos quais conseguiu reconhecimento nacional apenas por intermédio do Tea Party. Isso não quer dizer que grandes somas, grande mídia e grandes nomes não tenham lugar no Tea Party – eles existem como em qualquer outro lugar na política americana. No entanto, o movimento é, na verdade, composto, em grande parte, daqueles que chamo de seguidores, classe média e, sim, americanos brancos, que são, na maioria dos relatos, pessoas comuns se organizando em torno de questões que as energizam e motivam, e o que consideram ser de seu melhor interesse.

Em 2008, Amy Kremer e Jenny Beth Martin eram, segundo o *Wall Street Journal*, "umas suburbanas de trinta e poucos anos na área metropolitana de Atlanta, frustradas pela recessão, desanimadas com a eleição de Barack Obama e esperando pelo próximo capítulo de sua vida". No início de 2009, essas duas haviam ajudado a fundar a primeira grande organização nacional no movimento Tea Party. Por sua vez, Michael Patrick Leahy, um apagado consultor de tecnologia de Nashville, estava irritado com a habitual política partidária, e decidiu contribuir para o Tea Party com um conjunto de habilidades particulares: as novas mídias.

Mais uma vez, a tecnologia desempenhou papel-chave – com certeza, *o* papel-chave. Logo conectou pessoas como Kremer, Martin e Leahy, permitindo que o Tea Party rapidamente funcionasse. Desenvolvendo e depois expandindo as novas mídias tecnológicas do Tea Party, um homem como Leahy conseguiu causar impacto imediato sobre a direita política americana – assim como Stacy Mott, uma mãe caseira com três crianças pequenas, que começou um blog para mulheres conservadoras (Smart Girl Politics) e logo se juntou a Kremer e Martin. Foi assim que o movimento Tea Party se tornou uma bola de neve – com mais e mais pessoas fazendo cada vez mais conexões, principal mas não exclusivamente on-line, e logo chegando à massa crítica. Em pouco tempo, os ativistas do Tea Party haviam juntado as velhas táticas políticas (comícios e protestos) às novas (inundações de e-mails e blogs), criando, assim, do nada, uma força na política americana que tanto a direita quanto a esquerda tiveram de levar em conta.[19]

Nada disso quer dizer que o Tea Party será duradouro, que terá impacto sobre o discurso político americano ou sobre os resultados das eleições nos próximos anos. É bem possível, na verdade, que a velocidade e a facilidade com que sua presença se fez sentida tornem o Tea Party "mais efêmero e menos transformador".[20] Da mesma forma, é bem possível que, eventualmente, haja competição – outro movimento à direita ou à esquerda, um produto, talvez, do Occupy Wall Street, que ofereça uma dura concorrência aos partidários do Tea Party. Na verdade, já se tem discutido que, nos meses anteriores às eleições de

2012, o Tea Party "está, cada vez mais, nadando contra a maré da opinião pública".[21]

Entretanto, seja qual for o futuro do Tea Party, já se pode dizer de seu curto passado que seus efeitos têm sido transformadores. Reformulou o debate político ao colocar os problemas fiscais do país na frente e no centro, levando Washington a uma quase paralisação e a nação à beira da inadimplência. Confirmou, ainda, o seguinte: que os americanos comuns têm, potencialmente, grande poder político e influência, em especial no século XXI; que os americanos comuns têm a capacidade, no século XXI, de se organizar com notável entusiasmo; que a tecnologia mudou para sempre o jeito americano de fazer política; que uma minoria apaixonada pode dobrar uma maioria calma; que os líderes em altas posições podem ser exauridos por seguidores que se recusam a seguir; e que, nos Estados Unidos do século XXI, o novo e diferente pode colidir quase de imediato com o experimentado e verdadeiro.

Não por acaso, creditou-se ao Tea Party, inicialmente, o despertar do Partido Republicano, que em 2009 estava, como escreve Peter Boyer, "golpeado e exaurido".[22] Na verdade, John Boehner, o Republicano de Ohio que se tornou orador da Câmara em janeiro de 2011, dizia que os partidários do Tea Party haviam obrigado os Republicanos a se descaracterizar, o que, de outra forma, teria levado uma geração para se realizar. Por quê? Entre outras razões, porque, quando o 112º Congresso se reuniu, em janeiro de 2011, um terço dos membros Republicanos era composto de calouros que, de algum modo, se identificavam com o movimento Tea Party.

Mas o Tea Party provou que era difícil, se não impossível, a um Republicano mais centrista como Boehner liderar. O orador fez o que pôde: fez campanha para o Tea Party, passou milhões de seu próprio fundo de campanha para eles, adotou algumas de suas retóricas e deu-lhes um assento à mesa de liderança. Mudou suas próprias posições políticas para acomodar a deles, e tentou de tudo para minimizar as diferenças entre Republicanos importantes como ele e o pessoal do Tea

Party à direita. Em outras palavras, o homem fez o que pôde para conquistar e aplacar seus seguidores recalcitrantes. No entanto, seus consideráveis esforços foram em vão. A evidência sugere – evidência que, durante a crise da dívida, disparou – que o orador Boehner tinha mais problemas com seus próprios seguidores, com membros de seu próprio partido, do que com a oposição Democrata. Ainda assim, é preciso dar crédito aos partidários do Tea Party onde lhes é devido. Certamente, nessa situação, dobraram à sua vontade não só os líderes Republicanos, como também os Democratas, incluindo o chefe da nação.

Finalmente, há o Occupy Wall Street – que, com o benefício do retrospecto, será julgado o produto inevitável de mágoas acumuladas, de um colapso nacional percebido, por muitos, como político e também econômico. Como veremos no próximo capítulo, há anos os seguidores protestam contra as desigualdades em todo o mundo – em outras palavras, os americanos se atrasaram para a festa de protestos do século XXI. Mas o Occupy Wall Street contou com apoio, tomou vida própria e se espalhou com o entusiasmo que a tecnologia agora permite, usando a retórica populista para engajar o jovem e o inquieto, o desfavorecido e o desempregado, o alienado e o raivoso, o desencantado, o desiludido e o decepcionado.

Após seu começo obscuro – foi iniciado pelo Adbusters, um grupo baseado em Vancouver, inspirado na Primavera Árabe –, em apenas algumas semanas o Occupy Wall Street foi capaz de reivindicar o seguinte: que seu movimento popular representava 99% do povo americano (em oposição ao 1% que controla a riqueza dos Estados Unidos); que sua campanha se propagara a 1.500 cidades do mundo inteiro e 100 cidades do país; que tinha deixado Nova York de joelhos, ainda que intermitentemente; e que tinha começado a tomar bastiões de Wall Street como o JPMorgan Chase. (Chase defendeu-se, destacando que reembolsara os US$25 bilhões tomados por empréstimo ao governo, e contratado 13 mil pessoas no terceiro trimestre de 2011, inclusive 2 mil veteranos de guerra.)

Efetivamente, de forma significativa para a indústria de liderança, o Occupy Wall Street fez questão de salientar algo que outros grupos reivindicavam de maneira semelhante: estava "sem líder". Dito de modo diferente, a liderança, que, nas últimas várias décadas, esteve tão na moda, está, pelo menos em alguns círculos, fora de moda. Desde o primeiro dia, o Occupy Wall Street insistiu que não tinha uma hierarquia nítida, que tinha muitos líderes e não tinha líderes, e que "há poder sobre, poder sob e poder dentro. Estamos tentando nos livrar do poder sobre".[23]

Corpus corporativo comprometido

Um espectro ronda a América corporativa. O espectro é o da fome, dos líderes e gestores que procuram mais e mais dinheiro e poder à custa do resto. Isso não quer dizer que os executivos façam um trabalho ruim ou não recebam respeito; pelo contrário. Em geral, seu desempenho é bom, e são invejados e imitados. Ainda assim, algo está fora do lugar, algo deu errado nos últimos anos – a economia, o desemprego em especial, e os líderes empresariais têm grande parte da culpa.

O que explica esse misto de inveja e desprezo dirigido àqueles que estão no ápice das empresas americanas? A primeira razão envolve uma tendência que já dura algumas décadas: a diferença entre ricos e pobres tem aumentado, e o tamanho da classe média tem diminuído, ambos de forma constante. A segunda razão é a crise financeira, a pior desde a Grande Depressão, da qual os Estados Unidos ainda não se recuperaram. A terceira é que os líderes empresariais parecem líderes políticos – seus nomes e rostos são familiares, se não famosos. Não mais inclinados a se esconder atrás de uma cortina corporativa, não mais capazes de se manter anônimos em ternos de flanela cinza e suítes executivas, os capitães de indústria são agora conhecidos por muitos americanos, especialmente pelos fãs da interminável informação financeira alimentada por novas e velhas mídias, 24 horas por dia. Rick Wagoner, ex-CEO da General Motors, tornou-se o símbolo do declínio e quase desaparecimento da indústria automobilística americana, e, assim como Llloyd Blankfein, CEO da Goldman Sachs, que incorporou os excessos dos serviços financeiros – tal como Bill Gates e Steve Jobs, da Microsoft e da Apple, respectivamente, encarnaram o melhor da inovação americana. Finalmente, há a impressão de uma corrupção corporativa generalizada sem o castigo proporcional. O resultado é um grupo de líderes que, embora receba amplas compensações financeiras, é suspeito e detestado.

Uma pesquisa Gallup de 2011 confirmou o estado de descrédito dos Estados Unidos. A maioria dos americanos (62%) quer que as grandes corporações tenham menos influência no futuro do que têm no presente, 10% em relação à década anterior. Além disso, considera-se a América corporativa demasiadamente poderosa: 67% dos entrevistados disseram ressentir-se da influência das grandes empresas. Até os Republicanos, historicamente mais receptivos aos negócios do que os Democratas, estão céticos. Apenas 13% dos Republicanos acreditam que as corporações mais importantes deveriam ter mais influência no futuro do que têm agora.[24] Até a Fox News, conhecida como de centro-direita, foi obrigada a confirmar o que está cada vez mais óbvio. Quando realizou uma enquete sobre se certos indivíduos e instituições estariam ajudando ou prejudicando a economia, a menor pontuação foi dada aos CEOs de empresas. Os inquiridos, quase de 6 a 1, disseram que os líderes empresariais haviam prejudicado mais do que ajudado a economia – uma classificação pior do que a do presidente ou a do Congresso.[25]

Entre 2002 e 2007, 99% dos mais baixos rendimentos americanos cresceram 1,3% ao ano, enquanto a renda do 1% do topo cresceu 10%. Esse 1% foi responsável por dois terços de todo o aumento da renda daqueles anos. Além disso, até nesse 1% do topo os rendimentos ficaram mais concentrados. Com base nesses números, o colunista de finanças James Surowiecki fomentou a discussão: "Assim, ao mesmo tempo que os ricos têm se afastado da classe média, os muito ricos têm se afastado dos bastante ricos, e os muito, muito ricos têm se afastado dos muito ricos."[26]

Por causas óbvias, os salários dos executivos passaram a ser o centro do interesse.[27] Não nos conforta saber que, nas profundezas da recente recessão, em 2008, Larry Ellison, CEO da Oracle, recebeu um pagamento de quase US$193 milhões; Daniel Amos, CEO da Aflac, recebeu US$75 milhões, e Steven Burd, CEO da Safeway, recebeu US$67 milhões.[28] Tampouco ajuda descobrir que o salário médio para executivos do topo em 200 grandes empresas, em 2010, foi de US$10,8 milhões, um salto de 23% desde 2009; e que grandes somas estão sendo desembolsadas até para líderes empresariais com mau desempenho. Em 2010, a *Bloomberg Businessweek* estimou que um bom número de CEOs proeminentes – por exemplo, Antonio Perez, que não conseguiu recuperar a Eastman Kodak – estava sendo pago em excesso – no caso de Perez, em torno de 278%.[29] Um ano depois, quando Leo Apotheker, que foi CEO da Hewlett-Packard por menos de 12 meses, foi demitido, recebeu mais de US$13,2 milhões – além dos US$10 milhões que recebera só para assinar o contrato. O CEO da Gannett, Craig Dubow, permaneceu por seis anos; mas seu mandato foi descrito por David Carr no *The New York Times* como "um desastre". Ainda assim, quando pediu demissão, saiu com US$37,1 milhões em aposentadoria e benefícios – mais os US$16 milhões pagos dois anos antes.[30]

A remuneração de executivos se tornou foco de problemas institucionais, pois, além do pagamento, incluía incentivos vinculados a riscos, em especial em serviços financeiros, e a ausência de checagem e balanços corporativos para refrear a governança corporativa. Ainda assim, a maioria das queixas dizia respeito a salários como indicadores de injustiça. O economista ganhador do Prêmio Nobel Joseph Stiglitz explicou da seguinte maneira: "O 1% superior dos americanos está agora tomando quase um quarto da renda do país a cada ano."[31] (O slogan do Occupy Wall Street veio de Stiglitz: "Somos os 99%.")

Houve os mesmos problemas em nível individual, com os líderes empresariais que, em geral, não são considerados ineficazes, mas antiéticos, ou, pelo menos, gananciosos a ponto de serem indecorosos. A queixa contra os líderes empresariais não é apenas o fato de se terem tornado demasiadamente ricos, mas que isso se deu enquanto tantos outros lutaram, e lutam, para fazer face às despesas. E a divisão entre ricos e pobres não diz respeito apenas a dinheiro. É sobre classe, estilo de vida e valores. Isso não quer dizer que a revolução esteja próxima – dificilmente. Não há provas de que o povo americano, em sua atual encarnação, esteja massivamente preparado para protestar contra o capitalismo. Mas há um pessimismo generalizado – e um refrão recorrente sobre o desaparecimento do Sonho Americano.[32]

Portanto, a situação no mundo dos negócios é diferente da situação no governo. No governo, temos líderes que são considerados incapazes de fazer o que devem: liderar. Em negócios, temos líderes considerados capazes de fazer o que devem – liderar –, mas o fazem de tal modo que decepcionam e desanimam. Essa distinção é importante, mas não é feita pela indústria de liderança, que tende a acentuar o positivo e eliminar o negativo, e a ensinar a maneira de liderar como se um modelo servisse a todos. Com certeza, liderança no governo não é de todo diferente de liderança em negócios. Na verdade, bons líderes em uma área provavelmente serão bons líderes em outra. Entretanto, há diferenças, e algumas são importantes.

As queixas contra líderes do setor privado, de novo, especialmente nos serviços financeiros, são muitas, embora semelhantes. O Presidente Obama chamou os banqueiros de Wall Street de "vergonhosos" por darem a si próprios quase US$20 bilhões em bônus, enquanto a economia se deteriorava e o governo gastava bilhões para salvar seus negócios. Pesquisadores do Fundo Monetário Internacional alertaram para o fato de que "uma rara oportunidade está sendo jogada fora, a de resolver as profundas causas" da crise financeira global, porque as instituições financeiras não estão reestruturando sua forma de fazer negócios.[33]

Outros tomaram nota do fato de que, ao atribuir a culpa pela crise financeira, "os conselhos de administração corporativos permaneceram incrivelmente incólumes, embora dessem sua efetiva aprovação a estratégias que imolaram tantas empresas".[34]

Professores universitários acusaram CEOs de serem narcisistas a ponto de se mostrarem disfuncionais. "Todos, especialmente os líderes", observou o especialista em liderança Manfred Kets de Vries, "precisam de uma dose saudável de narcisismo... É o motor que impulsiona a liderança". Mas se o narcisismo for extremo – como temos visto repetidas vezes ao longo da história humana –, os líderes perdem o contato, enquanto aqueles à sua volta não querem ou não são capazes de aplicar medidas corretivas.[35] Outros alertaram para o que alguém chamou de "o moderno culto do heroico CEO", advertindo contra líderes dominadores que enchem as diretorias com seus apoiadores (pensem em Rupert Murdoch), e são capacitados por consultores e analistas interessados principalmente em seu próprio bem-estar.[36]

Especialistas ainda acreditam que líderes não só são menos importantes do que *eles* imaginam, mas também são menos importantes do que *nós* imaginamos. Um achou que, embora tenhamos "essa crença quase cega de que o gestor no topo muda tudo", na verdade não muda. Isso não é para argumentar que os CEOs são insignificantes. É para argumentar que, como "mudanças na liderança são responsáveis, em média, por [apenas] cerca de 10% da variância da lucratividade das empresas", elas não são onipotentes.[37] Minha própria opinião é que nós, em especial os que estão na indústria da liderança, tendemos a repetir o erro de atribuição do líder: achar que o líder está onde a ação estiver. Embora, em casos excepcionais – o icônico Steve Jobs me vem à mente outra vez –, isso seja verdade, não acontece com frequência.

Finalmente, há inúmeros ataques a CEOs individuais, apontados por seu péssimo desempenho profissional. Esses ataques são dirigidos não somente a candidatos a punições como James Cayne, ex-CEO da agora extinta Bear Stearns, e Richard Fuld, o ex-CEO da agora extinta

Lehman Brothers; também se dirigem contra alvos menos óbvios, como Jeffrey Immelt, CEO da General Electric que, de qualquer forma, provou com realizações o porquê de sua permanência no poder, e James Dimon, CEO do JPMorgan Chase, um dos poucos banqueiros do topo a sair da recessão com a reputação mais ou menos intacta. Immelt estava envergonhado pelo artigo do *Bloomberg Businessweek* intitulado "Can GE Still Manage?". A acusação, em resumo, era incompetência: "O CEO Jeff Immelt diz que sua empresa forma os melhores líderes empresariais no mundo. No entanto, eles não o salvaram de uma década infernal que cortou o valor da GE pela metade."[38] Dimon, enquanto isso, levou uma descompostura de Graydon Carter, editor da revista *Vanity Fair*, que o acusou de ultrajante arrogância. Carter atacou Dimon por tentar "elevar-se acima de seus companheiros banqueiros", para ser classificado como pensador e estadista. "É preciso admirar as ambições desse homem", criticou Carter, "fazendo rondas para angariar a simpatia de um grupo de pessoas cujos salões de apostas não regulamentadas levaram governos e empresas ao fundo do poço, deixando pelo caminho milhões de pessoas sem emprego... não é tarefa fácil".[39]

Justificados ou não, ataques desse tipo sinalizam um tempo em que líderes empresariais e líderes políticos são considerados dignos deles. Isso se aplica em alto grau aos maus líderes, aos CEOs malogrados, falhos, que agora são tantos que, às vezes, tem-se a impressão de que não são a exceção, mas a regra. Como Carter se queixou, muitos dos que foram demasiadamente gananciosos conseguiram escapar ilesos. Junte-se a isso o apetite voraz da mídia (nova e velha) por notícias ruins sobre pessoas más, e nossa insaciável curiosidade sobre poderosos e superiores que caem muito rápido, e teremos a explicação sobre nossa fixação naqueles que erraram. Não causa espanto, pois, que tantos achem que o problema não seja apenas de algumas maçãs podres, mas de alqueires inteiros delas.

Mas estão muito errados? O que sabemos com certeza é: apesar de nossa obsessão por ética (desencadeada pelo colapso da Enron), cursos de ética, treinamentos em ética, códigos de ética e autoridades éticas, as provas de corrupção corporativa ou, pelo menos, de artimanhas para fins lucrativos continuam a se generalizar. Uma importante enquete sobre as maiores corporações dos Estados Unidos na década de 1990 descobriu que dois terços estiveram envolvidas em atividades ilegais nos 10 anos anteriores.[40] Adicionem-se a isso os constantes relatos de corrupção – a Tyson Foods, por exemplo, concordou em pagar ao governo dos Estados Unidos milhões de dólares em multas e outras penalidades por permitir que seus galinheiros mexicanos subornassem os inspetores, embora nenhuma cabeça tenha rolado em consequência das infrações.[41] E adicione à longa lista de "piores gestores" "algumas pessoas que ajudaram a pôr a crise econômica em movimento, enquanto outros [que] conseguiram tornar uma situação ruim ainda pior" e líderes que são notoriamente incompetentes, ou imorais, se não ambos.[42] Pensem em Tony Hayward, por exemplo, antigo CEO da British Petroleum que, junto com seu antecessor, John Browne, ignorou os "presságios de desastre", sinais de calamidade chegados muito antes do maciço vazamento de óleo no Golfo do México. Após a crise tratada de modo tão inepto por Hayward, a diretoria não teve escolha senão demiti-lo de imediato. O que a indústria de liderança tem a dizer sobre isso? O que tem a dizer sobre o fato de que, mesmo após todos os recentes esforços para ensinar ética, particularmente nas escolas de administração, o objetivo – líderes empresariais que são comprovadamente mais éticos que seus antecessores – continua a nos escapar? Não muito – ou pelo menos nada importante.

E em relação a todos aqueles banqueiros de Wall Street – CEOs que se encarapitam nos serviços financeiros das empresas –, por onde começar? Juntos, eles terão maculado, por muitos anos ainda, uma indústria inteira. Juntos, tornaram-se sinônimos do engrandecimento de dinheiro e poder à custa dos que não têm nem um nem outro. Juntos, tornaram-se símbolos de um sistema no qual aqueles que fazem coisas erradas não só escapam ilesos, como também enriquecem. E, juntos, puseram em questão nada menos que a eficácia *e* a justiça do capitalismo americano.

Vejamos o caso de John Thain. Sua carreira era "encantada" e seu pedigree, impecável. Ele era "o Clark Kent da Wall Street", um executivo aparentemente "de maneiras suaves, com uma mandíbula quadrada e óculos, que tinha evitado que 'Mãe Merrill' [Merrill Lynch] seguisse o Lehman Brothers na falência". Mas quando a torre de cartas caiu, revelou-se que, na tentativa de salvar o Merrill, Thain vendera bilhões de dólares em maus investimentos por tostões sobre o dólar; que essa desvairada tentativa para se evitar um desastre havia sido, ela mesma, um desastre; que ele fizera uma renovação em seu escritório na ordem de US$1,2 milhão; e que, pouco antes de a porta da rua ter-lhe sido indicada, pagou US$4 milhões em bônus aos executivos da Merrill.[43]

Pelo menos Angelo Mozilo teve de pagar o pato. Na verdade, segundo o *The New York Times*, Mozilo foi o primeiro CEO proeminente a ser "pessoalmente responsabilizado por práticas de negócio questionáveis que contribuíram para a bolha imobiliária, as estonteantes maquinações financeiras que a cercavam e a ruinosa farra de empréstimos que, afinal, ameaçava minar a economia da nação".[44] Em 2008, Mozilo, CEO da Countrywide Financial, o maior emprestador de hipotecas da nação, recebeu US$102,84 milhões em pagamento. Dois anos depois, foi obrigado a acolher a acusação de informações privilegiadas e de fraude de títulos civis, embora jamais tenha admitido a prática de qualquer irregularidade ou passado um dia sequer preso. Além disso, conquanto tivesse de pagar US$76,5 milhões em penalidades e reparação aos investidores, e de ter sido permanentemente proibido de ser executivo ou diretor de qualquer empresa pública, US$20 milhões de multa haviam sido pagos pela Countrywide; o resto era uma fração de sua fortuna *self-made* – estimada em mais de US$600 milhões.

A história da crise está quase no fim – mas não completamente. Por exemplo, em 2011 o Federal Deposit Insurance Corporation processou três altos executivos da Washington Mutual, inclusive o CEO Kerry

Killinger, buscando responsabilizá-los por enriquecer, enquanto estavam "numa farra de empréstimos", cônscios de que o mercado de imóveis estava numa "bolha". Além disso, duas de suas esposas também foram processadas; alega-se que haviam ilegalmente passado dinheiro e casas para trustes a fim de proteger seus ativos de reivindicações legais. O que exatamente deu errado neste caso? Não foi por falta de conhecimento – altos funcionários sabiam perfeitamente bem, pelo WaMu, que o mercado imobiliário estava correndo um risco historicamente elevado. Ainda assim, continuaram a emprestar, pois seu modelo era o Countrywide Financial – o que significava que, se *não* emprestassem, perderiam sua quota de mercado, reduzindo, assim, seu pagamento. Por isso, como disse um senador, o WaMu tornou-se um modelo de "inépcia empresarial, ganância e irregularidades".[45] (Alguns meses mais tarde, o caso contra Killinger e seus colegas foi resolvido, mas custou-lhes apenas uma fração do que o governo pediu inicialmente.)

Beco sem saída

O Presidente Obama não mudou, magicamente, muita coisa. Nem o Tea Party ou o movimento Occupy. Da mesma forma, apesar dos relativos sucessos, o setor privado está tão interessado em si próprio que não pode ser a solução para um problema nacional tão significativo.

Assim, os Estados Unidos estão sem saída. Muitos líderes não querem ou não conseguem liderar eficaz e eticamente. E muitos seguidores não conseguem descobrir como responder razoavelmente, talvez se unindo a fim de formar um terceiro partido, apenas para dar um exemplo. (Um novo start-up político, Americans Elect, está determinado a usar a internet para fazer exatamente isto: identificar um terceiro candidato viável e centrista para a presidência em 2012. Mas se a história servir de guia, as perspectivas para tal candidato, pelo menos por enquanto, são débeis.) Além disso, o contexto está mais assustador que qualquer coisa, quase esmagador em sua complexidade e na magnitude de seus desafios. Em suma, nem governo nem empresas, nem indivíduos ou instituições, parecem preparados para curar o que nos aflige – desemprego, dívida nacional, escolas que deixam a desejar, planos de saúde inacessíveis, mudança climática, proliferação nuclear, deterioração de infraestrutura –, seja o que for.

Diz-se que Washington é "suicida".[46] Nossos líderes políticos estão "paralisados pelo pensamento de pedir aos eleitores para fazerem sacrifícios no curto prazo a fim de obter recompensas no longo prazo" – e nós estamos convencidos disso.[47] Além do mais, instituições de todas as categorias estão em acentuado declínio:

"Quase todas as instituições pilares da sociedade americana – General Motors, Wall Street, Congresso, Major League Baseball, a Igreja Católica ou a grande mídia – [nos últimos anos] revelaram-se corruptas, incompetentes ou ambas."[48] As coisas chegaram a um ponto no qual a própria democracia parece vulnerável, aberta (talvez pela primeira vez na história americana), a algumas questões. "Então agora temos um país", escreveu Kurt Andersen, "que está absolutamente repleto de paixões e deturpações artísticas, estimulado a uma altura e a um volume sem precedentes, fundamentalmente por intermédio de um novo cabo que funciona 24 horas por dia e de uma web hiperdemocrática".[49]

O resultado de tudo isso é um nível de decepção e desconfiança que ameaça minar ou até desfazer o que tem sido a singular autoconfiança do povo americano. Liderar na América nunca foi fácil. Mas agora está mais difícil que nunca – não só porque temos muitos *maus líderes*, mas porque temos muitos *seguidores ruins*. Muitos de nós sequer votamos, ou votamos de acordo com linhas ideológicas rígidas ou até extremas, tornando difícil aos líderes *políticos* fazer o que *devem*, ou seja, colaborar para o comprometimento. E muitos de nós somos demasiadamente tímidos, alienados e/ou desorganizados para falar alto e claro, o que torna fácil para os líderes corporativos fazerem o que *querem* – que é o melhor para eles mesmos e para suas contas bancárias. Seja o que for que nos aflige, em outras palavras, não se resume apenas ao fato de aqueles que estão no topo caírem nesse processo, mas também ao fato de aqueles que estão no meio e na parte inferior caírem junto.

6

Ímpeto mundial – *fazendo o upgrade dos seguidores*

Quaisquer que sejam as mudanças em casa – a lenta, mas certa deterioração no status de líderes –, foram substituídas por mudanças no exterior. Seria difícil exagerar o alcance das diferenças entre muitos, se não a maioria, dos países da Europa, Ásia, África e América Latina apenas três ou quatro décadas atrás, e as de agora. Em grandes áreas do globo, tem havido abalos sísmicos nas relações entre líderes e seguidores, tendo a maioria – não todos – deixado o primeiro mais fraco e o segundo mais forte. No entanto, ao contrário da experiência americana, em que o equilíbrio se deslocou por conta do líder apequenado, o equilíbrio mundial se deslocou por conta do melhorado e, em muitos casos, encorajado seguidor.

Fechando o livro negro do comunismo – Rússia e China

Uma das tendências geopolíticas definidoras dos últimos 25 anos tem sido a disseminação da democracia. Em 1975, 30 nações do mundo tinham governos popularmente eleitos. Esse número subiu para 119 em 2005.[1] Desde então, o ritmo de crescimento desacelerou ou parou em alguns países, inclusive Bangladesh, Venezuela, Nigéria e Filipinas. Em outros, como o Egito e a Tunísia, ela não é nem de longe tão robusta (embora, em 2011, a Tunísia tenha tido eleições livres pacíficas).[2] Ainda assim, as condições favoráveis à democracia – a modernização, por exemplo – estão em evidência em quase todo lugar, razão pela qual a participação política das pessoas comuns tem crescido até níveis antes inconcebíveis.[3]

Em alguns casos, os antes sem-poder queriam igualdade acima de tudo – por exemplo, na África do Sul, que, no início de 1990, fez a transição, afinal, do apartheid para a regra da maioria. Em outros casos, a mudança da antiga ordem para a nova centrava-se no desaparecimento do ditador comunista. Ditadores ainda existem, é claro, mas seu reinado tem diminuído nos últimos anos e ainda está diminuindo. Além disso, no lugar de um ditador em países como a Rússia e a China, um grupo de liderança é obrigado a considerar em seus cálculos personagens que incluem, entre outros, o próprio povo.

Embora as estimativas variem, sob o governo de Joseph Stalin, *por causa* da regra de Joseph Stalin, cerca de 20 milhões de pessoas morreram na União Soviética. E embora as estimativas variem, acredita-se que o número de mortes de chineses atribuídas a Mao Tse-Tung somente durante o Grande Salto para a Frente, de 1958 a 1962, foi de cerca de 45 milhões: por conta de excesso de trabalho, fome ou espancamento até a morte.[4] Esses números se repetem em outros países ex-comunistas, o que é uma prova não só da desumanidade do homem para com o homem, mas de nossa própria vulnerabilidade em sermos degradados ou até destruídos por aqueles mais poderosos que nós.[5]

Como o colapso do comunismo e o desaparecimento do ditador se concretizaram? No nível *macro*, foi uma combinação de aspirações políticas reprimidas, condições econômicas deprimidas e crescente oposição – Participantes, Ativistas e alguns bravos Obstinados, não mais dispostos a seguir submissamente.[6]

No nível *micro*, uma série de eventos iniciados com a morte do tirano (Stalin morreu em 1953 e Mao, em 1976) se estendeu primeiro à União Soviética e à Europa Oriental, e mais tarde até a China, num relaxamento gradual, moderado e sistêmico.

A União Soviética começou a mudar logo após a morte de Stalin, quando foi tomada por um de seus sucessores, Nikita Khrushchev. Após a morte de Khrushchev, a União Soviética começou a estagnar, enquanto vozes dissidentes – como a do falecido e grande Andrei Sakharov, junto com sua esposa, Elena Bonner, e Aleksandr Solzhenitsyn – cresceram, ficando mais altas, mais claras e em maior número. No final de 1980, não muito tempo depois que o Presidente Mikhail Gorbachev confirmou publicamente que a experiência soviética não passava de uma utopia, houve um evento icônico na História Moderna: a queda do Muro de Berlim.[7] Imediatamente após, veio o colapso do comunismo; primeiro, do bloco soviético e, depois, do baluarte do comunismo, a própria União Soviética.

Na China, a história foi semelhante de certa maneira, e diferente de outra. A China começou a se normalizar e se modernizar sob Deng Xiaoping, líder supremo por cerca de uma década e meia, começando no final dos anos 1970. Com Deng, a China continuou um Estado comunista, mas a concepção do que constituía o comunismo ampliara-se, tornando-se, por fim, autoritarismo de mercado. Dito de outra forma, a China tornou-se uma potência econômica, mas mantinha-se politicamente fechada. Ainda assim, ao fazer a transição do totalitarismo para o autoritarismo, os líderes chineses libertaram mais seguidores do que nunca.

Com certeza, tudo isso é relativo. Pessoas comuns tanto na Rússia quanto na China ainda estão amordaçadas, sem liberdade para fazer ou dizer o que querem, escolher seu sistema de governo ou seus governantes. Porém, eis o ponto que importa: como as histórias recentes foram maculadas por ditaduras sombrias, tanto a Rússia quanto a China chegaram muito longe, muito depressa. Apesar de sua história – pouco conhecimento da teoria democrática e nenhuma experiência em prática democrática –, os líderes e seguidores tanto na Rússia quanto na China sofreram transformações. Na verdade, na quase totalidade dos países antes comunistas, houve grande mudança na relação entre líderes e seguidores. Os primeiros evoluíram de tiranos para autocratas ou até para democratas, e os últimos, de terrivelmente oprimidos para algo mais suave – reprimidos. Essas mudanças representaram uma das transformações mais dramáticas da história da humanidade. Sinalizaram o começo de uma era, o último par de décadas do século XX, em que os líderes em todo o mundo foram reduzidos, e os seguidores, intensificados. Da mesma forma, prenunciaram um período em que o estudo da liderança já não era mais suficiente. Até por uma perspectiva intelecutal ou puramente teórica, não é mais possível entender a Rússia ou a China compreendendo apenas um homem, ou o que apenas uma ou duas gerações atrás nos referíamos como a elite política.

Mudando e continuando iguais – Rússia e China

Nas últimas décadas, as questões permaneceram as mesmas. Como podem Rússia e China ir daqui para lá, do totalitarismo ao autoritarismo, sem sacrificar líderes no altar de seus seguidores? Como Rússia e China podem incentivar o progresso econômico *transformador* sem permitir o progresso *político* transformador?

Enquanto Rússia e China são mais diferentes do que semelhantes no que se refere a padrões de dominância e deferência, as semelhanças entre elas não são acidentais nem sem importância. Tanto na Rússia quanto na China, a tradição de haver um único homem forte mantém-se até os dias atuais – e essa pessoa tende a predominar por um longo tempo. No entanto, os seguintes fatores dizem respeito a ambos os países. Primeiro, esse homem forte é agora observado e depende de outros. Segundo, pessoas comuns estão se esforçando para poder se expressar.

Terceiro, as autoridades governamentais continuam vigilantes na manutenção do controle político. Quarto, há um conjunto de regras que estabelecem como se portar no reino político, e outro conjunto de regras estabelecendo como se portar no econômico. Quinto, a mudança está sendo impulsionada pela cultura e pela tecnologia. E finalmente, há o contágio – as pessoas têm consciência dos eventos em outras partes do mundo e são, por sua vez, afetadas por sua consciência.

Os líderes da Rússia estão cercados por seguidores que se recusam a calar a boca. O Kremlin ainda sufoca a oposição: nem sob o homem forte (e primeiro-ministro) Vladimir Putin nem com seu sucessor como presidente, Dmitri Medvedev, tem sido permitido protestar além de certo ponto. Mas é expressivo o fato de que há alguma resistência na Rússia.

A maioria dos recentes protestos parecia, na superfície, insignificante, mas não era. Seu impacto foi cumulativo: motoristas irritados se reunindo numa das maiores demonstrações em Moscou, em anos, para protestar contra os altos preços da gasolina, estradas ruins e policiais corruptos; ambientalistas arriscando-se a ser presos ao tentar impedir a construção de uma estrada ao longo de uma floresta perto da capital russa; ativistas dos direitos dos homossexuais protestando em Moscou, apesar da proibição contra suas demonstrações públicas; protestos em Moscou, São Petersburgo, Kaliningrado e Vladivostok contra autoridades do governo que planejavam elevar as tarifas de automóveis estrangeiros usados; um protesto de 10 mil pessoas em Kaliningrado contra um governador impopular; e terrorismo, o último recurso de muçulmanos que vivem em regime de semifeudalismo em algumas das 83 províncias e regiões autônomas da Rússia. Na verdade, às vezes a dissidência ocorre até nos mais altos níveis. Quando houve o anúncio de que Putin planejava retornar como presidente em 2012, não só seu índice de aprovação declinou rapidamente entre o povo russo, como também o ministro das finanças da Rússia, Aleksei Kudrin, declarou que não faria parte do próximo governo. Finalmente, no final de 2011, houve uma surpreendente explosão de protesto público, com dezenas de milhares de moscovitas tomando as ruas para desafiar o poder de Putin.

Os líderes russos estão presos entre a modernidade, por um lado – inclusive expectativas e demandas crescentes –, e caos e repressão pelo outro. O *Wall Street Journal* descreve seu dilema: "A perspectiva de mais agitação representa o que poderia ser o maior desafio para o sistema autoritário construído pelo Senhor Putin. Também impõe uma escolha difícil ao Kremlin: reprimir os dissidentes ou aplacar os manifestantes para proporcionar algum tipo de vazão à pressão."[8]

Aleksei Navalny é um sinal dos tempos. Navalny, advogado por formação, tem sua base em Moscou, cujo site alcança entre 1 a 2 milhões de pessoas por dia. Conquanto, no início, seu site se destinasse a expor a corrupção nos negócios, mais recentemente tem exposto a corrupção no governo – algumas vezes, com grande êxito. Na verdade, quando Navalny denunciou uma fraude da ordem de US$4 milhões no caso da Transneft, uma empresa estatal de oleoduto, o próprio Putin foi obrigado a pedir uma investigação. Mais uma vez, a cautela é a ordem. Putin não tem piedade de seus inimigos, como no infame caso de Mikhail Khodorkosvky, que, em menos de uma década, deixou de ser o homem mais rico da Rússia para ser seu mais proeminente prisioneiro político. (Khodorkovsky cometeu o erro quase fatal de se tornar politicamente ativo e apoiar opositores de Putin.) Além disso, os jornalistas mais empreendedores da Rússia, advogados e sensacionalistas, todos viveram tempos difíceis nos últimos anos, com alguns dos melhores e mais valentes sendo espancados e assassinados em circunstâncias que sugerem envolvimento do governo. Mas como os níveis de fraude, suborno e de vergonhosos roubos na Rússia são tão famosos, Navalny obteve alguma condescendência.[9] E agora tem um network. Se algo lhe acontecer, seu trabalho continuará.[10]

Na verdade, Navalny foi preso durante a onda de protestos no final de 2011. Mas, em silenciosa homenagem à sua extraordinária influência, foi libertado da prisão após apenas 15 dias.

A China é um exemplo ainda mais notável da tensão entre líderes que ainda pretendem comandar e controlar, e seguidores que, cada vez mais, se recusam a entrar nos eixos.

Não muito tempo atrás, no Ocidente concentramo-nos em "quão não comunista [a China] estava se tornando".[11] Mas o partido continua surpreendentemente vital: influencia a teoria de história da China, e sua prática política, econômica e militar. Ian Johnson escreve que, apesar de muitas das políticas do Partido não serem comunistas, ainda são "leninistas na estrutura e na organização, resultando em instituições e padrões de comportamento que seriam reconhecíveis nos líderes da Revolução Russa". Além disso, o partido dirige o governo – exerce controle, nos bastidores, sobre os oficialmente encarregados. Na verdade, o Partido faz sua presença ser sentida em todos os setores da sociedade, incluindo a lei, com juízes interpretando as decisões tomadas pelo Partido Comunista em deliberações judiciais.

Por fim, em vez de apenas privatizar a economia, o governo transformou empresas públicas estatais em empresas de acionistas, em que o governo mantém o controle acionário. E as empresas chinesas são geridas em conjunto – por CEOs e secretários do partido. Como Johnson salientou, em todas as grandes questões, "as reuniões do conselho têm prioridade sobre as reuniões de diretoria, que, rotineiramente, aprovam as decisões do partido".

Além disso, na última década, a China tem se caracterizado por crescentes e rápidas expectativas – especialmente entre os mais jovens e inquietos. São mais educados e ambiciosos do que as gerações anteriores, mais exigentes e fluentes nas tecnologias que os conectam a pessoas de mentes semelhantes. Nem os jovens operários chineses estão dispostos a trabalhar longas horas por salários extremamente baixos. As consequentes disputas trabalhistas, quase inexistentes no passado, tornaram-se bastante frequentes. Como um jovem ativista disse, "somos diferentes da geração de nossos pais. Seus desejos eram simples – ganhar algum dinheiro e voltar para suas cidades. Queremos permanecer nas cidades e desfrutar nossa vida aqui. Mas exigimos respeito".[12]

Por algum tempo, toda essa agitação – que incluiu uma série de trabalhadores suicidas, protestos passivos de trabalhadores de colarinho-branco e caminhoneiros em choque com a polícia – contou com um governo disposto a fazer concessões. Em 2010, no plenário anual do Partido Comunista Chinês, falou-se em reforma política: o Governo Central cederia poder a autoridades locais; haveria novas leis para proteger contra más condições de trabalho; um sistema de arbitragem seria estabelecido; e aumentos salariais, em alguns casos, superiores a 30%, seriam dados. Em outras palavras, durante a primeira década do século XXI, o Partido Comunista Chinês aparentemente concluiu que a inquietação, quando cuidadosamente contida, era uma válvula de segurança que prevenia mais agitação.

Esse relativamente elevado grau de liberdade para protestar se fez acompanhar por um relativamente alto grau de liberdade para acessar a internet. Mas os líderes da China também temiam um futuro que combinava uma contínua concorrência do exterior (política, econômica, militar e ideológica) com uma crescente resistência à autoridade e ao acesso à tecnologia em casa. Entre outras coisas, agora sabemos (pelo WikiLeaks) que os líderes chineses haviam desconfiado da tecnologia por anos, a ponto de estar "quase obcecados pela ameaça à sua permanência no poder representada pela internet".[13]

Assim, enquanto a China se manteve relativamente reprimida até a última década (afinal, Liu Xiaobo, escritor e ativista, ganhador do Prêmio Nobel da Paz 2010, estava preso desde 2009, e cumprindo pena de 11 anos por incitar subversão ao Estado), foi a Primavera Árabe que a fez voltar a ser mais opressora. Temendo que a agitação pudesse espalhar-se – o medo de qualquer coisa que pudesse sugerir uma "Revolução do Jasmim" –, os líderes chineses entraram em cena e apertaram duramente o cerco. Primeiro, um importante pronunciamento do Presidente Hu Jintao sobre estabilidade social, em que citou três pontos principais: as informações tinham de ser mais bem controladas; a "sociedade virtual" tinha de ser mais bem regulamentada e a opinião pública tinha de ser guiada em "direções saudáveis", diferentes. Isso foi seguido de maior segurança: restrição a ativistas, mais prisões e detenções de dissidentes, inclusive Ai Weiwei, artista de renome internacional (ele foi liberado mais tarde), e o maior policiamento das chamadas de telefone celular e outros meios de comunicação, inclusive, claro, todas as atividades na internet.[14] Um pesquisador relatou: "A repressão foi a mais grave que vimos em anos."[15]

Rússia e China mudaram para sempre. Mas permanecem países idênticos em muitos aspectos – repressivos em vez de progressivos. Portanto, a questão-chave é: podem seus líderes conter seus seguidores indefinidamente? Eu diria que não: a natureza da liderança e dos liderados é tão drasticamente diferente de antes que uma repressão extrema e prolongada em países desenvolvidos é impossível. Nada disso é para dizer que o liberalismo democrático estará no futuro da Rússia ou da China. Ao contrário, a não ser controlando com o recurso da brutalidade, seguidores nos países em modernização não podem mais ser sufocados ou suprimidos de todo, ou, pelo menos, não indefinidamente.

Em outra parte da Europa

As pessoas protestam em toda a Europa. Ainda assim, a França pode ser considerada a criança do pôster para a dissidência política – um país no qual os seguidores há tempo fizeram da vida de seus líderes vidas miseráveis. Para os franceses, a resistência é algo a ser valorizado e apoiado, não denunciado e suprimido.

Comecemos com o time nacional de futebol da França – o mesmo que foi à África do Sul em 2010 para os Jogos da Copa do Mundo com um novo lema: "Todos juntos rumo a um novo sonho." Embora, no papel, fosse um dos melhores do mundo, o time jogou mal em Joanesburgo, resultando em tudo que se segue: um dos melhores jogadores foi mandado para casa por insultar seu treinador e se recusar a pedir desculpas; o preparador físico foi expulso de campo devido ao confronto com um dos jogadores; os jogadores se opuseram a seus treinadores, recusando-se a treinar; o capitão do time alegou que havia um traidor no time; o gerente-geral da Federação Francesa de Futebol deixou, desgostoso, a África do Sul e tomou um avião de volta a Paris; os jornais franceses chamavam os jogadores franceses de "desertores"; e o ministro francês das Relações Exteriores descreveu o fiasco como "patético" – o que, na verdade, foi. Mas também foi emblemático.

No passado recente, os franceses atacaram verbalmente seu presidente, Nicolas Sarkozy, alegando, entre outros pecados, que ele obtivera dinheiro de campanha ilícito de uma herdeira bilionária. E protestaram, de forma turbulenta, contra um projeto de lei por ele proposto que se atrevia a cortar seus direitos, incrivelmente generosos.

Sarkozy estava sangrando politicamente pelo que veio a ser conhecido como o "caso Bettencourt" (nome da herdeira da L'Oreal Liliane Bettencourt). Para impedir sua já baixa classificação de afundar ainda mais – uma proeza que foi incapaz de realizar –, apareceu na televisão em horário nobre e respondeu a perguntas da imprensa. Parecendo exausto e subjugado, Sarkozy sentou-se no terraço do Palácio Élysée no verão de 2010 a fim de responder a interlocutores e insistir que havia se "comprometido a criar uma república acima de qualquer reprovação, e é isso que estamos fazendo".

Sua aparição, é claro, não evitou que o escândalo continuasse on-line – um lembrete de que os franceses ainda são pegos de surpresa pela sensibilidade dos tabloides no mundo conectado. Além do caso Bettencourt, uma constante corrente de vídeos on-line mostrou políticos franceses em posições comprometedoras – alguns inebriados, outros rudes e até obscenos.[16] Mais recentemente, Dominique Strauss-Kahn, o francês que foi diretor do Fundo Monetário Internacional, foi enredado em um escândalo que começou em um hotel de Manhattan, onde uma camareira o acusou de tentativa de estupro. Embora as acusações contra ele tenham sido, afinal, retiradas, Strauss-Kahn não foi poupado de profundas humilhações, que não passaram despercebidas pelas mulheres francesas. Elas aproveitaram a oportunidade para finalmente falar contra chauvinismo e assédio sexual no local de trabalho.

Os protestos contra o projeto de lei que ameaçava aqueles incrivelmente generosos direitos tiveram lugar em 2010 e foram maciços. Em um único dia de setembro, *2 milhões de pessoas* participaram de greves em toda a França. Além disso, em dias diferentes, ocorreram perturbações diferentes – na viagem de trem e avião, nas escolas, nos sanitários públicos e no acesso ao abastecimeno de carros e caminhões. Um grande número de alunos e trabalhadores se reuniu, suspendendo o trabalho, protestando nas ruas e jogando coquetéis Molotov. Em última análise, o combatido e aparentemente eterno impopular Sarkozy foi capaz de declarar vitória, mas não antes que a situação se tornasse tão ameaçadora que o chefe de um grande instituto de pesquisa francês advertiu: "Estamos em uma situação em que o governo e os sindicatos estão perdendo o controle e, se acontecer alguma coisa grave, tanto enfraquecerá os sindicatos como será uma catástrofe para o governo."[17]

Claro que os franceses não eram os únicos europeus, nos últimos anos, protestando contra o aumento do desemprego e a austeridade. Na Grécia, havia greves e protestos, que continuaram por meses, enquanto a crise da dívida se tornava crítica. Na Irlanda, houve as maiores manifestações de rua em anos. Na Espanha, houve uma votação chocante contra o governo socialista no poder, uma greve geral, protestos incessantes e um ambiente de mal-estar descrito como transformativo.[18] E Letônia, Lituânia, Bulgária, todos esses países vivenciaram a agitação social e política em resposta aos tempos difíceis. Nem os britânicos ficaram isentos. Descrita inicialmente como "calma" e "superada", apesar dos cortes orçamentários, veio a época em que a sorte virou. Em resposta às propostas do governo para reduzir os gastos com educação e aumentar a instrução, cerca de 50 mil manifestantes se reuniram em Londres, alguns usando da força para invadir os edifícios que abrigam o Partido Conservador, e outros atacando o Príncipe Charles e sua esposa, Camilla, duquesa de Cornwall, quebrando seu carro e salpicando-o de tinta. E no verão de 2011 havia, é claro, tumultos de rua em várias das principais cidades da Inglaterra, de longe os piores, em décadas.

Embora a Alemanha tenha tido, nos últimos anos, um desempenho admirável, a Chanceler Angela Merkel não foi poupada da humilhação por seus pares europeus. Durante o verão de 2010, seu índice de aprovação estava em mínimos históricos, uma tendência que persistiu até 2011, quando mais de dois terços dos alemães acreditavam que ela estava "minando a influência da Alemanha no exterior".[19] Merkel foi criticada por ser demasiadamente conciliatória (a respeito de um pacto fiscal para a Zona do Euro), por ser divisionista e sem direção e por seu estilo pessoal. Josef Joffe, proeminente editor, declarou: "Merkel não inspira, ela não agrupa, não tem uma estratégia, a não ser a de permanecer no poder e fazer as coisas da melhor maneira que puder."[20] Além disso, ela e outros membros da política alemã ficaram atordoados, em 2011, quando o renegado Partido Pirata, um grupo supostamente marginal, focado apenas em liberdade na internet, ganhou cerca de 9% dos votos nas eleições estaduais em Berlim. Seriam os Piratas, os alemães se perguntaram, meramente o ponto principal da piada, ou uma experiência nova e excitante da democracia on-line?[21]

Finalmente, note-se que a Rússia não foi de modo algum a única ex-república socialista soviética em que Participantes, Ativistas e até Obstinados fizeram ouvir suas vozes. Em 2009, dezenas de milhares de georgianos foram às ruas para tentar forçar seu presidente a renunciar. (Ele não o fez, e os protestos continuaram.) Em 2010, 20 mil bielorrussos invadiram o edifício principal do governo e entraram em confronto com a polícia para protestar contra fraude eleitoral. (Um ano depois, um membro líder da oposição bielorrussa foi condenado a cinco anos de prisão.) E, em 2011, a oposição do Azerbaijão, claramente encorajada pelos acontecimentos do Oriente Médio, intensificou sua oposição ao governo autoritário, apesar da inevitável repressão policial.

Nos últimos anos, em toda a Europa os seguidores foram encorajados, e os líderes de toda a Europa foram atacados, humilhados, enfraquecidos ou rejeitados sem rodeios. Na verdade, a própria União Europeia está mais ameaçada do que nunca, minada por tensões políticas e econômicas que surgiram apenas nos últimos anos, particularmente entre o norte e o sul e entre nações mais ricas *versus* as mais pobres.

Há, naturalmente, irregularidades nas trajetórias e exceções à regra geral. Por exemplo, os países escandinavos, abençoados tanto por altos níveis de desenvolvimento quanto por altos níveis de igualdade, têm, em geral, estado livres da discórdia entre aqueles que lideram. E há a Itália, país cuja economia estava bem atrás das economias da Alemanha e da França, e onde o antigo líder era tão corrupto quanto inepto, mas cujos eleitores eram curiosamente passivos e inexplicavelmente tolerantes até o fim inevitável de sua história de delitos. Refiro-me, naturalmente, a Silvio Berlusconi, o primeiro-ministro com o segundo mandato mais longo da Itália (depois de Benito Mussolini), cuja carreira política resistiu (até 2011) a uma série de acusações legais, inclusive conexões com a máfia, fraude fiscal, falsa contabilidade, suborno e pagamento de uma menor para a prática de sexo. Mas a Itália, por questões que me escapam inteiramente, foi uma exceção. Em geral, os líderes políticos têm sido muito mais vulneráveis no século XXI do que no século XX.

Isso vale para líderes de negócios também. Marcel Ospel, ex-presidente do United Bank of Switzerland (UBS), e Klaus Kleinfeld, ex-CEO da Siemens, são apenas dois exemplos de executivos europeus forçados, nos últimos anos, a renunciar. Na verdade, na primeira década do século XXI, a rotatividade entre CEOs europeus era alta, até 15,3%. Além disso, os CEOs em todos os outros lugares têm agora, comprovadamente, menos tempo para provar sua competência do que aqueles há uma ou duas gerações.[22]

Em março de 2011, o primeiro-ministro de Portugal, José Sócrates, renunciou, porque a oposição rejeitou seu pacote de austeridade. Claro, nenhum líder poderia ter desenvolvido um pacote de austeridade aceitável, porque nenhum líder poderia ter criado um que fosse suficientemente rigoroso *e* politicamente aceitável. O resultado inevitável foi que, em abril de 2011, Portugal juntou-se à Grécia e à Irlanda, tornando-se o terceiro país da Zona do Euro a procurar ajuda fora (da União Europeia, do Fundo Monetário Internacional) como resultado da incapacidade de resolver a crise financeira. Assim, os portugueses e outros que me vêm à mente, como, por exemplo, os americanos, não tinham a vontade e a habilidade necessárias para pôr sua situação fiscal em ordem.

Nem o governo, nem empresas, nem líderes, nem seguidores poderiam salvá-los de si mesmos, até que, finalmente, em junho de 2011, os portugueses elegeram um novo primeiro-ministro. O tempo contará a história de seu desempenho, mas sua curva de aprendizado será íngreme. O primeiro-ministro de Portugal nunca tivera uma posição no governo – e, até o final de 2011, nada menos que oito governos europeus haviam caído nos dois anos anteriores.

Na Ásia

Aqui, pode-se dizer que as diferenças superam as semelhanças. Há pouca semelhança entre os padrões de dominação e deferência na Coreia do Norte e no Japão. Mas, na realidade, a Ásia é como as outras partes do mundo – existe o mesmo conflito entre como o poder, a autoridade e a influência foram exercidos no passado e como o são no presente. A mudança é evidente em praticamente todos os lugares, e as duas exceções confirmam a regra.

Desde o início como Estado comunista, em 1948, não houve, na Coreia do Norte, qualquer mudança significativa nos padrões da liderança e dos liderados. Após a Guerra da Coreia, ela foi isolada de seu vizinho cada vez mais livre e próspero, a Coreia do Sul. É principalmente por essa razão que a Coreia do Norte é um caso singular, o único país de grande importância no mundo ainda identificado como totalitário. O líder exerce total controle, enquanto seus seguidores têm seus direitos suprimidos e são oprimidos e reprimidos. Claro, o modo como a Coreia do Norte evoluirá após a morte, em dezembro de 2011, de seu governante de longa data, Kim Jong Il, ainda precisa ser averiguado.

A outra exceção está no outro extremo: o Japão. É impossível saber como líderes e liderados serão afetados no longo prazo – se forem – pelos terremotos, tsunamis e as crises nucleares de 2011.

Basta dizer aqui que, pelo menos até 2011, o Japão, nesse caso semelhante à Coreia do Norte, também estava imobilizado, incapaz de se livrar dos padrões de autoridade, poder e influência com que atendiam, de maneira precária, seu povo. Não só as grandes companhias do passado foram levadas a caminhos que, pela primeira vez, as deixaram vulneráveis – a Toyota, impermeável a faltas durante décadas, foi obrigada em 2010 e 2011 a fazer um recall de milhões de veículos, mas o governo do Japão foi definido como "desfile de primeiros-ministros". Em cinco anos, de 2006 a 2011, o Japão teve nada menos que seis primeiros-ministros, um dos quais permaneceu por apenas oito meses. Por motivos relativos mais à história política e cultural do que a qualquer outra coisa, os problemas do Japão incluem partidos políticos ultrapassados e uma classe encravada de líderes. Mas o problema principal agora se tornou conhecido: o crescente fosso entre o que os seguidores querem e o que os líderes são capazes de oferecer, sobretudo economicamente. Os eleitores japoneses querem um líder "que compreenda suas preocupações e ofereça visão e coragem para apontar uma saída. Em vez disso, eles têm primeiros-ministros que se preocupam principalmente com a política partidária interna, a construção de consenso e a conciliação entre os interesses dos vários grupos da nação".[23]

A maioria dos outros países na Ásia, a começar pela Malásia, incluindo mais recente e surpreendentemente Mianmar (Birmânia), é diferente da Coreia do Norte e do Japão, caracterizados muito mais por mudanças (democráticas) do que por estagnação.[24] A explosão das redes sociais na Indonésia é um bom exemplo. Em 2010, a Indonésia tinha mais usuários registrados no Facebook que qualquer outro país no mundo, salvo os Estados Unidos e a Grã-Bretanha – e o maior número de usuários do Facebook e do Twitter de toda a Ásia. Dada a breve história da Indonésia com a democracia, é digna de admiração a rapidíssima expansão da participação on-line que desencadeou uma acirrada discussão entre alguns indonésios que veem a rede social como uma ferramenta para democratizar ainda mais o corrupto sistema político do país e outros indonésios que se preocupam com a regra das massas e a perda dos valores tradicionais.

Embora esses debates tenham importância, a questão parece estar praticamente resolvida. Descontentes por terem colocado a estátua de um Barack jovem em um parque de Jacarta, os indonésios não levaram suas queixas às ruas, mas ao Facebook. Após mais de 56 mil protestos on-line, os líderes da cidade cederam aos cidadãos e concordaram que, no parque, só indonésios seriam homenageados.[25]

Na Índia, as mudanças nos padrões de dominação e deferência são particularmente impressionantes, especialmente aquelas relativas à antiga hierarquia de castas. Finalmente, alguns intocáveis romperam com o passado e subiram na sociedade indiana, especialmente no sul. Como disse um expert, "a desagregação da hierarquia de castas quebrou as tradicionais ligações entre casta e profissão e liberou grande energia empreendedora no sul, o que explica, em parte, por que, nas últimas décadas, o sul abriu tanta vantagem sobre o norte".[26] O rico empresário Chezi Ganesan é um protótipo: moderno em todos os aspectos, dirige uma companhia de chips de computador com lucro de US$6 milhões por ano. Mas ele se lembra de seu avô – apenas um grau acima dos intocáveis – sendo proibido de entrar em algum templo hindu ou de ficar perto de alguém de casta superior. Embora as divisões segundo castas não tenham sido de todo superadas, atenuaram-se em quase todos os lugares na Índia, mais uma vez testemunhando a evolução dos padrões de dominação mundial e deferência.

A Índia está dizendo de outra forma que, como acontece no restante do mundo, quando as pessoas que ocupam posições de autoridade deixam de fazer o que se espera delas, outras entram em cena. A Índia tem um primeiro-ministro eleito, um parlamento e uma grande burocracia. Mas dado o nível de indignação pública contra a corrupção, e dada a percepção generalizada de que o país não é bem dirigido, a Suprema Corte, composta por 29 pessoas, tornou-se hiperativa, envolvendo-se na formulação de políticas e governança.[27] Embora a Índia não seja o único país em que os tribunais estão precisando intervir, com o estabelecimento até de políticas públicas, é um exemplo excepcionalmente vívido do tipo de intromissão a que, hoje, os líderes são rotineiramente submetidos. No entanto, os indianos não estão isentos do ativismo político tradicional. Liderados à moda jejuante de Gandhi por Anna Hazare, dezenas de milhares de indianos foram às ruas no verão de 2011 a fim de apoiar sua campanha pessoal contra a corrupção generalizada que macula o sistema indiano.

Além disso, há o inimigo implacável da Índia, o Paquistão, um dos países mais perigosos do mundo, que combina extrema instabilidade política com um considerável arsenal nuclear. Durante os anos 2001-2008, o governo paquistanês foi liderado por Pervez Musharraf, que deu um golpe militar e tomou o poder de um governo democraticamente eleito. No entanto, seis anos depois, Musharraf foi longe demais. Em 2007, demitiu sumariamente o presidente do Tribunal Superior, dando início a uma tempestade política. Num vívido testemunho do poder dos seguidores na Ásia, ao menos na última década, essa ação desencadeou protestos antigoverno, protestos antiMusharraf, liderados inicialmente por advogados em vestes negras e, mais tarde, acompanhados por milhares de outros, absolutamente determinados a depor o homem que consideravam um ditador – o que fizeram em pouco tempo.

Desde então, os eventos no Paquistão evidenciaram, entre outras coisas, riscos associados a líderes que são fracos e seguidores que farejam sangue. Os líderes paquistaneses não têm sido apenas contendores a ponto de ser disfuncionais, mas os seguidores paquistaneses têm estado muito ansiosos por aumentar os desentendimentos políticos a ponto de disparar uma crise política. O Paquistão conta uma história de advertência – de pessoas comuns cujo alcance ultrapassa sua compreensão.

A "Primavera Árabe" – revoltas no Oriente Médio

É muito cedo para concluir algo sobre as recentes convulsões no Oriente Médio. Conquanto saibamos que elas mudaram para sempre o desenho do poder regional, ainda não sabemos com precisão de que maneira. No entanto, é possível dizer com segurança: as revoltas do Oriente Médio têm alguma semelhança com as revoluções europeias de duas décadas atrás. Embora os eventos que causaram a ruína do comunismo europeu não tenham produzido uma transformação completa – várias ex-repúblicas socialistas soviéticas ainda são ditaduras e a Rússia de Putin continua autoritária –, alteraram a Europa para sempre, econômica e politicamente, algo que, em consequência da Primavera Árabe, provavelmente aconteça no Oriente Médio. E, a exemplo das revoluções na Europa, as do Oriente Médio fornecem ainda mais provas – caso necessário – da trajetória do poder do líder ao poder do seguidor.

Como essa mudança na parte de baixo aconteceu? Antes, discuti a Internet, a importância de sua capacidade de criar mudanças no Oriente Médio, especialmente no Egito. Isso não quer dizer que a internet seja uma causa ou um explicador de eventos à medida que esses foram se desdobrando no que parecia o mais improvável dos lugares. Afinal de contas, antes de o mundo estar conectado, a humanidade estava conectada, em certas circunstâncias, à revolta. Então, o que aconteceu desta vez? Como aconteceu que, "aparentemente, do dia para a noite", primeiro na Tunísia e, depois, no Egito, tenha ocorrido uma alteração tectônica – da antiga ordem para a nova, de uma difundida passividade política a uma frenética atividade política?[28]

Simon Sebag Montefiore destacou que, embora as revoluções sejam desencadeadas por acontecimentos dramáticos, também "refletem uma depressão econômica antiga, para não mencionar o aumento das expectativas e as tentações de comparação". No Oriente Médio, em particular, "a diferença de gerações entre os faraós enrugados e a juventude obcecada pelo Twitter agravou a crise, que ainda pode marcar o fim do antigo paradigma de domínio árabe, o sábio e forte xeque, el Rais, o Chefe."[29] Acontece também que os levantes no Oriente Médio não foram de todo imprevistos: *houve* avisos. Por exemplo, um artigo intitulado "Can Social Networking Turn Disaffected Young Egyptians into a Force for Democratic Change?" apareceu no *The New York Times Magazine* dois anos antes da revolução no Egito – deixando claro que essa revolta estava ao menos no reino do possível.[30]

Ainda assim, qual foi a faísca que acendeu as revoluções? Para essa pergunta, há uma resposta amplamente acordada: um vendedor ambulante de frutas da Tunísia chamado Muhammad Bouazizi. Após sofrer o que acabou por ser sua última indignidade nas mãos de um inspetor municipal na cidade de Sidi Bouzid, Bouazizi comprou uma lata de gasolina, caminhou até a praça central, encharcou-se e riscou um fósforo. Dezoito dias depois, estava morto.

Quase imediatamente depois da autoimolação de Bouazizi, as pessoas saíram às ruas para protestar. Um dia depois, as manifestações aumentaram, tornaram-se mais organizadas e inclusivas, com políticos da oposição, sindicalistas e ativistas de direitos humanos. Rapidamente, manifestantes trabalhadores também se juntaram e, ao final de dezembro, duas semanas após Bouazizi ter ateado fogo em si mesmo, a Tunísia estava em tumulto. O Presidente Ben Ali respondeu enviando milícias, apenas para encontrar resistência organizada. Mais ataques do governo acabaram por incitar mais pessoas contra as autoridades, inclusive blogueiros e cinegrafistas de telefones celulares, muitos dos quais haviam sido dissidentes on-line por anos. A maioria, inclusive, estava ansiosa por, primeiro, documentar e, depois, divulgar as provas de abuso de autoridade. No início de janeiro, "o sindicato dos trabalhadores, e os organizadores político-partidários chamaram, on-line, os cidadãos tunisianos à Avenida. Eles chegaram aos milhares, e o comandante-geral do Exército tunisiano... se recusou a emitir ordens para atirar nos manifestantes... Após 28 dias da autoimolação de Bouazizi, Ben Ali fugiu".[31]

O resultado desse derramamento de compaixão por Bouazizi foi o que o jornalista Max Rodenbeck descreveu como "um vulcão de fúria juvenil". Não mais do que seis semanas depois da morte de Bouazizi, o presidente da Tunísia por décadas, Ben Ali, estava deposto, assim como o presidente do Egito por décadas, Hosni Mubarak. Esses movimentos foram imitados, em vários graus, em todo o Oriente Médio, inclusive no Marrocos, na Jordânia, no Iêmen, em Bahrein – e na Síria.[32]

Não obstante a previsão do presidente sírio Bashar al-Assad – em janeiro de 2011, ele dissera ao *Wall Street Journal* que a situação em seu país era diferente –, a Síria acabou por ter uma vulnerabilidade a protestos populares parecida. A revolta começou em março, quando a polícia prendeu alguns garotos de escola rabiscando grafites antigovernamentais nas paredes. Em resposta às prisões, protestos eclodiram e a polícia abriu fogo.[33] Assim começou o que acabou se revelando um ciclo crescente: seguidores fazendo demonstrações e líderes retaliando, com violência, quando necessário.[34]

É evidente que nem todas as rebeliões são bem-sucedidas – ou sem sangue. O Irã é o exemplo número 1 do que acontece quando os líderes enfrentam, por qualquer meio necessário, seguidores não mais dispostos a seguir. Em 2009, na esteira da contestada vitória eleitoral do Presidente Mahmoud Ahmadinejad, protestos pacíficos eclodiram em todo o país – protestos conhecidos pela maioria como a Revolução Verde e, para outros, por razões óbvias, como a Revolução Twitter. Em última análise, é claro, a força foi usada para silenciar a oposição, razão pela qual o Irã (junto com a Síria) serve agora como um sóbrio lembrete do que pode acontecer a seguidores quando os líderes contra-atacam.

A resposta de Muammar Gaddafi a rebeldes pró-democracia na Líbia foi igualmente dura. Antes que fosse finalmente derrubado, foi capaz de resistir aos ataques por um tempo surpreendentemente longo, embora fossem em número considerável e tivessem o peso atrás deles – inclusive apoio militar – da comunidade internacional. Cenas mais ou menos iguais – uma mistura de resistência, caos e violência – desenrolaram-se em todo o Oriente Médio, mais uma vez testemunhando esta simples proposição: uma vez que revolucionários, seguidores, se lançam às ruas, a capacidade de detê-los ou, pelo menos, de abrandá-los depende quase completamente da disposição do líder em isolá-los na passagem, derramando sangue, se necessário.

Então, o que se pode dizer sobre eventos como estes, sejam na Europa ou no Oriente Médio, que mudam as relações entre líderes e liderados para sempre – seja qual for o resultado provisório? Aqui estão minhas conclusões:

Primeiro, no século XXI, com certeza, essas convulsões políticas estão associadas não só à derrubada do velho pelo novo, mas também do velho pelos jovens. Isso se aplica tanto aos velhos que estão literalmente esclerosados quanto aos velhos que já ocuparam o poder e a autoridade por um tempo incompreensivelmente longo. Segundo, as revoluções ocorrem quando o solo foi preparado por seguidores – seguidores que se sentem sem esperança e estão furiosos, que se sentem deprimidos e oprimidos, e que estão preparados em um nível ou outro para a ação política. Terceiro, as tecnologias não precisam ser novas para permitir o contágio. Os eventos no Oriente Médio não se propalaram apenas por intermédio das novas mídias, mas por meio da velha, como o Al Jazeera, um canal de satélite baseado no Qatar, cuja agressiva cobertura televisiva ajudou a difundir emoções insurgentes de uma capital para outra. Como um especialista notou, "a noção de que há uma luta comum atravessando todo o mundo árabe é algo que a Al Jazeera ajudou a criar".[35]

Quarto, a resposta inicial do líder aos seguidores rebeldes é, com frequência, inconsistente: ele começa fazendo um elogio; depois, se necessário, critica. Para acabar com qualquer instabilidade, o Rei Abdullah da Arábia Saudita derramou o equivalente a bilhões de dólares em seus súditos em 2011, incluindo aumentos salariais, perdão de dívidas e dinheiro para comprar casas e abrir empresas. O Presidente Sírio Assad primeiro prometeu a seu povo que rescindiria uma lei draconiana de cinco décadas, que permitia ao governo deter pessoas sem acusá-las e as proibia de se manifestar, a menos que lhes fosse expressamente permitido. A primeira resposta do presidente do Iêmen, Ali Abdullah Saleh, à raiva demonstrada contra ele foi anunciar concessões, incluindo sua disposição de deixar o cargo em algum momento (em vez de ser presidente por toda a vida), e a promessa de que seu filho não o sucederia. Até os reis fizeram concessões: o Rei Abdullah da Jordânia considerou prudente responder a semanas de manifestações contra o governo dispensando seu gabinete; e apenas alguns meses após as revoluções na Tunísia e no Egito, o Rei Mohammed VI do Marrocos anunciou propostas de mudanças constitucionais que reduziriam seus próprios poderes quase absolutos.

Finalmente, as revoluções acontecem em etapas – não durante a noite. Um dos sinais da probabilidade da queda de um líder político é quando seus associados-chave, antes seguidores, começam a desaparecer: na Tunísia e no Egito, oficiais do Exército escolheram o povo, e não o potentado; no Iêmen, o presidente sob ataque ficou enfraquecido quando funcionários de alto escalão desertaram a favor dos que pediam sua expulsão, e na Líbia, Gaddafi foi abandonado por alguns dos que antes eram os mais próximos e queridos, inclusive o ministro das Relações Exteriores Moussa Koussa, que fugiu de Trípoli para o exílio, em Londres. Tudo isso é uma variante do meu tema principal: a "dinâmica magicamente espontânea" da revolução é, por definição, impulsionada não por aqueles lá de cima, mas por aqueles mais embaixo, seguidores que dirigem a ação.[36]

Trabalho em progresso

Não obstante a opressão persistente, a repressão regular e a regressão intermitente, a trajetória da história se movimenta, em geral, em uma única direção: a democratização. Ainda assim, não há fim para esta história – nenhuma conclusão para encerrar ou gravar o contrato social em pedra. Pois enquanto a tendência geral é a diminuição do poder do líder em favor da expansão do poder do seguidor, resultados no longo prazo, em situações específicas, permanecem desconhecidos por extensos períodos. Além disso, não quero exagerar ou romantizar a trajetória histórica. Até em democracias fortes, agendas políticas e econômicas tendem a ser controladas por uns poucos poderosos, e não pelos muitos impotentes. Ainda assim, no século XXI mais pessoas estão propensas a desempenhar papel mais ativo do que em qualquer outra época da história humana.

Por necessidade, a presente discussão tem omissões – o que, por exemplo, tem acontecido em Cuba e na República dos Camarões? E tem havido mais ênfase em algumas partes do mundo, como na Europa, na Ásia e no Oriente Médio, do que em outros. Mas a América Latina não está mais imune à mudança do que a África. Protestos estudantis destruíram *campi* em Porto Rico (2011); segmentos da sociedade do Chile, apáticos até recentemente, inclusive estudantes e sindicatos do trabalho, atacaram as elites políticas e corporativas (2011); no Brasil, ambientalistas têm tentado há anos, em vão, deter o desmatamento; e o governo comunista de Cuba está afrouxando. De modo semelhante, não obstante a ditadura de décadas de Robert Mugabe, do Zimbábue, o presidente de Madagascar, Marc Ravalomanana, foi forçado a renunciar em 2010, após semanas de agitação política; na África do Sul, em 2010, os pobres protestaram porque estavam sendo negligenciados, e greves nacionais paralisaram hospitais e escolas; na Costa do Marfim, o antigo homem forte, o Presidente Laurent Gbagbo, foi finalmente capturado após ter se recusado, por meses, a ceder o poder ao adversário democraticamente eleito; e o presidente de Uganda por 25 anos, Yoweri Museveni, está sentindo a inquietação depois de protestos contra o contínuo aumento dos preços dos alimentos e do combustível.

Eventos em nível nacional estão sendo espelhados no nível internacional. Potências emergentes estão se afirmando, desempenhando papéis cada vez mais importantes na política e nos mercados, diminuindo, por sua vez, a importância dos Estados Unidos, considerados há não muito tempo a "única superpotência remanescente". De fato, o poder e a influência de Washington têm declinado nos últimos anos, enquanto o poder e a influência de outros países como Brasil, Rússia, Índia e China (coletivamente conhecidos por BRIC) têm se intensificado. Além disso, os presidentes americanos não podem mais apenas negociar com seus homólogos em outros estados sem levar em conta as emoções da rua, as preferências políticas das pessoas comuns.

Alguém poderia ver esses vários eventos como isolados, separados e distintos uns dos outros. Mas eles não estão. O arco da história conecta os levantes na Europa em 1989 e os levantes no Oriente Médio em 2011. Além disso, neste mundo globalizado, conectado, com skypes e smartphones, há uma conexão contemporânea: entre os protestos de 2011 na Bielorrússia e os protestos em 2011, em Uganda, por exemplo. Além disso, há um padrão: um link entre passado e presente e entre o que acontece em um lugar e o que acontece em outro. "As linhas da causalidade", escreveu Timothy Garton Ash, "incluem a influência dos Estados individuais sobre suas próprias sociedades, sociedades sobre seus próprios estados, estados sobre outros estados, sociedades sobre outras sociedades, estados sobre outras sociedades... e sociedades sobre outros Estados".[37]

O que leva à seguinte pergunta inevitável: Levando-se em conta que tudo se conecta a tudo mais – que os líderes de quase todos os lugares estão menos eficazes que antes e que seguidores de quase todos os lugares estão menos incentivadores –, como a indústria da liderança tem se adaptado a este novo e diferente contrato social?

Não muito bem. Isso não quer dizer que a indústria não tenha se adaptado de todo – como vimos, de fato, baixaram a arrogância dos líderes em um ou dois graus, e os seguidores, "membros da equipe", tiveram sua vaidade aumentada em um ou dois graus. Entretanto, dadas as profundas decepções associadas a líderes tanto nos negócios como no governo, uma mudança incremental me parece inadequada ao desafio. O que precisamos é de uma grande mudança – uma revisão completa.

Parte III

Troca de paradigma

7

A indústria da liderança –
liderança como um mantra

Tornar-se líder passou a ser um mantra. A indústria da liderança explodiu nos últimos 30 ou 40 anos – em parte, resultado das seguintes tendências: primeiro, a trajetória histórica, uma mudança para líderes debilitados, seguidores mais vigorosos e contextos mais complicados; segundo, uma aceleração dessa mudança, logo depois das revoltas sociais e políticas do final dos anos 1970 e início dos 1960; terceiro, a queda real ou percebida dos Estados Unidos em comparação a outros países como o Japão (nas décadas de 1970 e 1980) e, mais recentemente, a China.

A indústria da liderança agora é global. Mas, na origem, foi um fenômeno americano, que estava de acordo com a atitude "posso-fazer" dos americanos, que, no passado, baseava-se na suposição de que qualquer problema poderia ser resolvido e que qualquer um consegue aprender a fazer qualquer coisa – inclusive como liderar. Há também a presunção de que ser líder – em nítido contraste com ser seguidor – é bom por si só. Considera-se um caminho para se ter poder, autoridade e influência, e, de modo geral, dinheiro. Também é considerado um caminho para a realização pessoal e profissional, bem como para a realização de um objetivo, em especial a criação da mudança.

Como resultado dessas agora sabedorias convencionais, nas últimas poucas décadas a formação de um líder tornou-se uma indústria em que mais de US$50 bilhões são gastos anualmente, apenas em treinamento corporativo e desenvolvimento.[1] Durante os anos 1980, eu mesma escrevi e editei cinco livros com a palavra *liderança* no título. Eu fazia parte de uma tendência crescente: no início de 1980, uma média de três livros sobre liderança era publicada a cada ano; no final da década, esse número estava em 23. Agora, naturalmente, o número de livros sobre liderança (e outros materiais correlatos) está na estratosfera (uma pesquisa no Google de livros sobre liderança mostrou mais de 84 milhões de resultados),[2] com a maior parte do material baseando-se em algumas premissas simples: que liderança é um tipo de habilidade que todos, em toda parte, devem desejar adquirir; que liderança pode ser aprendida por todo tipo de pessoas, de origens diferentes, experiência e áreas de especialização diferentes; que, não obstante as diferenças entre elas, a liderança pode ser aprendida por muitas pessoas simultaneamente; que a liderança pode ser aprendida com rapidez e facilidade – ao longo de um período de meses, semanas ou mesmo durante um fim de semana; que, em comparação com os líderes, os seguidores são menos importantes, bem menos valiosos; que o contexto é de consequência secundária ou mesmo terciária; e que líderes controlam os resultados – e é por isso, argumenta a indústria, que líderes importam mais do que qualquer outra pessoa.

Começar cedo

Apesar da ascensão do seguidor – ou, como sugeri, *por causa* dele –, o líder ainda é a estrela. Em um nível, isso não surpreende: os líderes sempre foram e sempre serão centrais. Mas nosso foco se transformou em fixação, uma obsessão em ser um líder que, certamente, no século XXI, é contrafatual. Está mais do que óbvio que os líderes agora têm menos poder, autoridade e influência do que antes, e vivemos em uma época em que outros elementos são determinantes. Pode-se dizer, então, que é precisamente por isso que aprender a liderar tornou-se uma indústria em ascensão – como uma forma de compensação pela falta de um "grande homem". Ainda assim, ver como o mundo agora trabalha implica ser atingido pela justaposição entre a contínua centralidade do líder em nossa consciência coletiva e a crescente prova de que os líderes no mundo real agora importam menos, não mais.

Quando Lawrence Summers tornou-se presidente da Harvard University em outubro de 2011, declarou em seu discurso inaugural: "Neste novo século, nada importará mais do que a educação dos futuros líderes e o desenvolvimento de novas ideias."[3] Nessa única frase, Summers fez três suposições: que muitos homens e mulheres, entre 18 e 22 anos, podem ser ensinados a liderar, que podem ser ensinados a liderar num período de quatro anos e que podem ser ensinados a liderar bem e com sabedoria.

A referência de Summers a "futuros líderes" era um ponto de partida, pois a declaração de missão do Harvard College não faz menção a líderes ou liderança. A declaração de missão do século XXI do Harvard College baseia-se na declaração de missão do século XVII (a carta) do Harvard College, que era "para produzir conhecimento [e] abrir a mente dos alunos para esse conhecimento". Assim, ao afirmar no início do século XXI que nada importava mais em Harvard que a "educação dos futuros líderes", Summers estava vendendo algo novo: a ideia de liderança, o ideal de liderança e a presunção de que, se os alunos de Harvard têm de ser bem-educados, devem ser educados para liderar.

O fato de esse tema repercutir não só no Harvard College, no nível de graduação, mas na Harvard University em geral representa muito. Acontece que as palavras *líder* e *liderança* estão nas declarações de missão de praticamente cada uma das escolas profissionais de Harvard. (Os grifos que se seguem são meus.)

- Harvard Law School: "Para educar os *líderes* que contribuem para o desenvolvimento da justiça e o bem-estar da sociedade."

- Harvard Medical School: "Para criar e educar uma comunidade diversa das melhores pessoas comprometidas com a *liderança*, aliviando o sofrimento causado por doença."

- Harvard Divinity School: "Para educar as mulheres e os homens para servir como *líderes* no pensamento e na vida religiosa..."

- Harvard Business School: "Educamos *líderes* que fazem diferença no mundo."

- Harvard Kennedy School: "Nossa missão é treinar *líderes* públicos iluminados..."

- Harvard School of Education: "Preparar *líderes* em educação e para gerar conhecimento..."

Harvard não está sozinha nessa atenção implacável à liderança – ela permeia o ensino superior. A missão do Dartmouth College é educar "os alunos mais promissores" e prepará-los para uma "vida de aprendizagem e liderança responsável". Um dos "objetivos da missão" do Medgar Evers College é "preparar os alunos para papéis de liderança em um mundo em mudança". A declaração de missão de Bryn Mawr College incentiva os alunos "a serem cidadãos responsáveis, que proveem... liderança para um mundo cada vez mais interdependente". E assim por diante.

Entre as implicações desse líder-centrismo, está a de que quem não é líder não tem muita importância. Por que, por exemplo, a Harvard Law School é tão insistente em educar líderes? Será que já não basta destacar-se no que faz? Para ser um consumado profissional, nesse caso um advogado, quem escolheria, por qualquer motivo, esforçar-se para, digamos, ser um estudante de Direito, em detrimento de liderar outros? Por que a escola de Harvard da Educação prefere "preparar líderes", em vez de, digamos, preparar *professores* para brilhar na sala de aula? E, da mesma forma, por que os estudantes americanos nos níveis de graduação e pós-graduação são impulsionados tão duramente a ser líderes por indivíduos e instituições, quando ser seguidores, colaboradores, membros da equipe e até pessoas que atuam sozinhas pode ser muito construtivo?

Parece-me óbvio que essa obsessão por liderança, aparentemente contagiosa, soa mais como coisa de liderados – modo, moda ou rebanho – que qualquer outra coisa. O que é menos óbvio é a que ponto o grau de aprendizado de liderança se infiltrou no programa de ensino. Às vezes, começa na escola. E, outras vezes, isso é liderança apenas no nome, porque a marca é atraente.

O Instituto de Liderança da Brown University está aberto a estudantes do ensino médio da nona série até a pós-graduação. Sua missão é ajudar os alunos a desenvolver "uma liderança eficaz e socialmente responsável". A Georgetown University tem um programa de verão para alunos do ensino médio chamado "Leadership and Ethics". Os alunos o frequentam a fim de desenvolver sua "própria capacidade de liderança, seu estilo e código de ética, ao mesmo tempo aprendendo a alavancar parcerias e construir coalizões". Na University of Virginia, o Sorensen Institute for Political Leadership tem um Programa de Líderes para alunos do ensino médio que promete "preparar futuros líderes para cidadania, ética, cidadania responsável e serviço público". E na Duke University há o Leadership Institute, que oferece aos estudantes do ensino médio um programa de verão de duas semanas chamado "Leading Strategically in the 21st Century". (No verão de 2011, o custo do programa, por aluno, era de US$3.650, não incluindo passagens aéreas, livros e "algumas refeições".)

Depois, há o LeadAmerica, que pretende ser a primeira organização de liderança da nação para o ensino médio. Está empenhada em "educar e capacitar jovens líderes", o que a torna não muito diferente da Youth Leadership Conference (Conferência de Liderança Juvenil), que tem realizado eventos anuais desde 1989. A Youth Leadership Conference recruta milhares de alunos do ensino médio dos Estados Unidos e do exterior para prepará-los "para a faculdade e além", e listá-los em um "amplo programa de liderança destinado a desenvolver o potencial de liderança dentro de cada um de nossos alunos".

Na verdade, a palavra *liderança* é usada para todos os tipos de programas voltados para os jovens – provavelmente para seduzi-los, tornando esses programas mais palatáveis, respeitáveis e até desejáveis. Por exemplo, os LEAP Programs são essencialmente exercícios preparatórios de faculdade para alunos do ensino médio, que pretendem estimular suas habilidades acadêmicas. Mas, por qualquer razão, "liderança" faz parte do pacote. Embora não faça qualquer referência em seus materiais promocionais ao aprendizado da liderança, o programa é, no entanto, denominado "High School LEAP Leadership Program". (Em 2011, uma semana de LEAP Leadership custava US$2.997 por aluno.) Seguindo linhas semelhantes, um programa de verão destinado a adolescentes com o propósito de construir sua autoestima e aumentar a autoconfiança é chamado de "Girls Leadership Institute". É dirigido por Rachel Simmons, que já foi associada à Leadership Academy for Girls in South Africa, de Oprah Winfrey, e recebe o apoio de conhecimentos da Young Women's Leadership Network, uma organização criada para apoiar escolas do centro da cidade, escolas de um só sexo. A *liderança* claramente domina.

A tendência estende-se a alunos de graduação em todos os lugares, pois, supondo-se que tenham algum interesse em liderança, dispõem de uma gama de opções a escolher. Os estudantes que não queiram ser, eles próprios, líderes podem envolver-se em uma série de atividades de graduação, além dos cursos de liderança – governo estudantil, esportes, clubes e organizações dos *campi* –, que, intencionalmente, desenvolvem habilidades de liderança. E para aqueles que querem aprender *sobre* liderança, há ofertas acadêmicas mais tradicionais, que agora podem ser encontradas nos *campi* das faculdades de todo o país.

A Yale University tem o Leadership Institute, a Women's Leadership Initiative, a Global Health Leadership Institute, a Chief Executive Leadership Institute e um MBA sobre Leadership in Healthcare. A Northwestern tem um Center for Leadership, a University of Iowa oferece um Certificate of Leadership Studies, a Rice University tem um Program for the Study of Leadership – eu poderia continuar indefinidamente... Mas a despeito de todas as semelhanças superficiais, na verdade esses inúmeros programas de liderança diferentes reúnem duas experiências de aprendizagem bastante diferentes. A primeira é a educação da liderança com o propósito de aprender a liderar – sugere a prática, um conjunto de competências ou capacidades a serem adquiridas ou dominadas, como no desenvolvimento da liderança ou formação. A segunda é a educação da liderança com o propósito da aprendizagem sobre liderança – sugere teorias, ideias e informações, tendo a liderança como objeto de estudo. Essa distinção, embora crucial para a indústria da liderança, é, contudo, muitas vezes toldada, assim como também fica toldado o fato de a indústria depender de um verniz de respeitabilidade acadêmica. O Leadership Studies – o campo interdisciplinar, multidisciplinar, dos estudos de liderança – é uma parte fundamental do todo, uma área de esforço intelectual essencial à instrução que, de outro modo, pareceria e seria superficial, até artificial.

Legitimação da indústria

Ensinar *como* liderar é onde está o dinheiro. No entanto, a pesquisa sobre liderança e o conhecimento de liderança são essenciais para o todo. Legitima a liderança da indústria, o que explica por que, assim como o ensino da liderança floresceu, o investimento acadêmico na liderança também o fez. Para ser claro, Leadership Studies (Estudo da Liderança) nunca foi – tampouco é agora – uma área inteiramente respeitável, pelo menos não entre os acadêmicos tradicionais, que a consideram mais uma arte que uma ciência, nem rigorosa nem replicável – um assunto inadequado a um estudo sério. Ainda assim, o apetite para aprender a liderar aumentou tanto que a liderança como área de investigação intelectual aumentou junto.

Claro, a liderança tem sido objeto de estudo desde o início da história registrada – lembremo-nos de Confúcio e Platão.

Pioneiros relativamente recentes incluíam, entre outros, Max Weber em 1920; Mary Parker Follet e Chester Barnard em 1930 e 1940; Philip Selznick e Peter Drucker nos anos 1950 e 1960; e, na década de 1970 e 1980, James MacGregor Burns e Warren Bennis. Mas no último quarto de século a liderança tornou-se algo completamente diferente – um objeto de estudo para um *grande número* de pessoas, profissionais, bem como acadêmicos de todo o mundo, com todos os tipos de credenciais e áreas de especialização diferentes. Os centros de pesquisa proliferaram, quase todos estabelecidos na última década ou duas; o número de programas acadêmicos, inclusive aqueles em níveis de doutorado e mestrado, aumentou, bem como o número de publicações acadêmicas sobre liderança, inúmeros livros, artigos e revistas especializadas, nem todos publicados nos Estados Unidos.

As revistas acadêmicas incluem, entre outras, *Leadership Quarterly*, o *Journal of Leadership and Organizational Studies* e *Leadership*, uma publicação britânica. Os cursos avançados incluem, entre outros, a University of Oklahoma's Doctorate in Organizational Leadership e o Executive Master of Leadership na University of Southern California. Muitos desses programas são interdisciplinares e/ou multidisciplinares, e grande parte promete o melhor exercício da prática da liderança, apesar da melhor compreensão da teoria da liderança.

Junto com um número crescente de profissionais da liderança, tem-se assistido ao crescente aumento do número de organizações profissionais. Por exemplo, há a Association of American Leadership Educators, a American Management Association (seu slogan é "Líderes em Liderança") e a International Leadership Association (ou ILA, do qual fui cofundadora). Realizam conferências anuais com todos os tipos de sessões de liderança sobre todos os tipos de assuntos de liderança – desde "Deconstructing Leadership: The Role of Context, Personality, and Paradox" até "Ubutu: An Evolutionary Leadership Model".

Na verdade, a Harvard University, para onde migrei em 2000 a fim de ajudar a estabelecer o Center for Public Leadership, tem tido sua própria cota de conferências sobre liderança nos recentes anos, cada qual dedicada à legitimação do conhecimento da liderança. Vários livros e artigos têm surgido a partir dessas conferências, entre eles minha própria coleção editada com Deborah Rhode, *Women and Leadership*, e outro volume editado, de Nitin Nohria e Rakesh Khurana, *Handbook of Leadership Theory and Practice*.[4] O *Handbook* foi um empreendimento extremamente ambicioso e oferece perspectivas acadêmicas sobre a teoria da liderança, sua prática e, claro, seu desenvolvimento.

Eu disse "claro" porque o desenvolvimento da liderança é, sem dúvida, aquilo em que, dentro ou fora da academia, as pessoas têm mais interesse – fazer líderes crescerem, formar líderes, ensinar as pessoas a liderar. A suposição partilhada é que o desenvolvimento da liderança é um empreendimento legítimo – que as pessoas podem e aprendem a liderar com aqueles pagos para lhes ensinar, razão pela qual tantos desembolsam tanto dinheiro para comprar o que quer que a indústria de liderança tenha para vender.

Isso torna ainda mais importante que os acadêmicos façam sua parte, pois pelo menos alguns irão admitir, mesmo em voz baixa, que, sem o conhecimento da liderança, a indústria de liderança é oca – um edifício vazio construído sobre areia movediça. De fato, como os próprios Nohria e Khurana reconhecem de sua posição na Harvard Business School, será impossível, afinal, ensinar liderança, pelo menos em sã consciência, se não pudermos "produzir conhecimento... Se a sociedade espera que melhoremos o conhecimento e a capacidade de desenvolver líderes que beneficiarão a sociedade, temos de atender a essa chamada ou arriscaremos minar nossa legitimidade".[5] Assim, o que estamos começando a observar é que, a despeito de todos os recursos vertidos na indústria de liderança, de seu contínuo crescimento e de sua extraordinária atratividade, existe um pouco de ceticismo quanto ao que, de fato, ela produz.

Profissionalizando a indústria

Dado a recente ascensão da indústria da liderança e sua recente ascensão na China, era provável que, em algum momento, esse país desenvolvesse os próprios programas de liderança, com o ensino correspondendo à sua cultura. E o momento chegou. Seguindo do Aeroporto de Xangai para a Chinese Executive Leadership Academy Pudong (CELAP), fica-se impressionado com um edifício enorme, com design supermoderno, dedicado a nada mais que aprender liderança.

Como tantas outras coisas na China, a indústria de liderança parece estar próspera – fato de que o grande, arrojado, vermelho e brilhante CELAP dá testemunho. No entanto, não menciono a China em razão de sua indústria de liderança ser maior ou melhor que nos Estados Unidos ou em qualquer outro lugar, porém mais como um indicador. A liderança não só é ótima na China, como também é patrocinada pelo governo. O peso total e a autoridade tanto do governo chinês quanto do Partido Comunista Chinês estão por trás da CELAP e de tudo que a envolve: formação e desenvolvimento de liderança, em geral, não sugerem uma grande mudança, mas uma mudança moderada, mudança que pode ser gerenciada e controlada, em oposição à mudança que fica fora de controle. Isso é parecido – não diferente – com os programas de formação e desenvolvimento que proliferam nos Estados Unidos e em outros países do mundo.

Em 2012, a revista *Leadership Excellence* fez uma lista de "Best in Leadership Development" que incluía grandes organizações (IBM, General

Electric, Boeing e Procter & Gamble), pequenas e médias organizações, universidades, programas sem fins lucrativos, programas governamentais, grupos de consultoria de grande porte e consultores independentes, formadores e coaches. A lista não era científica, e as classificações não deviam ser lidas como um evangelho. Mas a lista sugeriu até que ponto programas de desenvolvimento de liderança – programas que pretendem desenvolver líderes e/ou melhorar o desempenho desses líderes já classificados – se infiltraram praticamente em todos os setores da sociedade americana. Na verdade, *Leadership Excellence* é significante por si só. Como muitas outras publicações, tem artigos curtos, vigorosos, para os que se esforçam para aprender a liderar o mais depressa possível. Outras revistas, como a *Harvard Business Review*, são mais substanciais. Mas até elas agora são compostas por artigos curtos, visando a executivos superocupados, com curtos períodos de atenção.

Quer ser um líder? Sem problema. Existem programas de desenvolvimento de liderança para quase todas as populações possíveis. O Danya Institute tem um programa de desenvolvimento de liderança para "líderes emergentes na viciante profissão". O objetivo do Leader to Leader Institute é "fortalecer a liderança do setor social". O Exército dos Estados Unidos tem um documento abordando "todos os aspectos da liderança e uma política de desenvolvimento, pesquisa, doutrina e formação do líder".[6] E os profissionais da vida selvagem estão livres para escolher entre os seguintes: o Emerging Wildlife Conservation Leadership Program, o Great Lakes Leadership Program, o National Conservation Leadership Program, o Natural Resources, Leadership Development Program, o Nissan/ World Wildlife Fund Environmental Leadership Program e o Wildlife Society Leadership Institute.[7]

A saúde é outro exemplo – uma profissão com forte compromisso com o desenvolvimento de líderes. Há um National Center for Healthcare Leadership, dedicado a proporcionar "liderança em gestão de saúde de alta qualidade, relevante e responsável". Também há o American College of Healthcare Executives, membro da Healthcare Leadership

Alliance, que dispõe de uma ferramenta de avaliação que posiciona o líder no centro de "cinco áreas críticas".[8] E, claro, enfermeiros têm seus programas de liderança. Um artigo de 2009 na *Nursing Economics* descreve o "enfermeiro líder" como "um visionário para a organização e a profissão". Mas como a pressão para o desempenho representa um desafio, os enfermeiros têm sua própria "ferramenta para solicitar feedback de funcionários sobre a eficácia dos líderes de enfermagem".[9]

Mas apesar de todos os diferentes programas de desenvolvimento de liderança destinados aos mais diferentes profissionais, esses programas visam, essencialmente, preservar aqueles que, no setor privado, são pressionados a produzir lucro e estão preocupados com o desempenho de líderes e gestores. Na verdade, a indústria de liderança foi inicialmente criada por empresas americanas durante os anos 1970 e 1980, e era motivada a fazer o que fosse possível para evitar baixas taxas de lucro e o crescimento da competitividade global.

Nos últimos 30 anos, as empresas americanas e as escolas americanas de administração reuniram forças no propósito de fazer crescer a indústria da liderança. Por quê? Porque os programas de desenvolvimento da liderança agraciaram a América corporativa com benefícios que incluíam uma presumível estrutura de liderança profissionalizada. E porque os programas de desenvolvimento de liderança agraciaram as escolas de administração com certos benefícios – inclusive dinheiro, muito dinheiro.

A história desse desenvolvimento é contada por Rakesh Khurana, que em seu livro *From Higher Aims to Hired Hands* traça a "transformação social das escolas de administração americanas". Khurana justifica essa conexão – até um laço simbiótico – entre empresas e escolas de administração. "Um dos fatores-chave no bem-sucedido esforço de gestão a fim de estabelecer suas reivindicações à legitimidade e autoridade de que goza até os dias de hoje foi outra instituição... a da escola de administração ligada à universidade".[10] Além disso, "a relação entre gestão e escolas de administração é a forma como se moldaram, entre si, como instituições... [elas] reciprocamente definiram os propósitos fundamentais da corporação e moldaram os meios pelos quais a gestão pretende alcançá-los".[11]

Uma das consequências dessa ligação é o desenvolvimento da liderança, que, além das já mencionadas, é um dos esteios dos grandes negócios; das escolas de administração; das escolas de governo e administração pública, das escolas profissionalizantes em geral; das instituições independentes e indivíduos dedicados à formação em liderança; e dos exércitos de especialistas, inclusive acadêmicos, técnicos e consultores que vivem do ensino da liderança.

Com certeza, não mais que metade de todas as empresas americanas conta com programas de desenvolvimento de liderança "maduros". De 2009 a 2010, não mais que a metade de todos os dirigentes e gerentes de empresas americanas participou desses programas. No entanto, isso significa que um grande número de empresas americanas *tem* programas desse tipo, e que um grande número de executivos americanos *participou* recentemente desses programas. O desenvolvimento da liderança é, em suma, prioridade para muitas das principais corporações dos Estados Unidos, que hoje investem mais no desenvolvimento da liderança do que o faziam até no passado recente.[12]

Em fevereiro de 2010, a *Bloomberg Businessweek* publicou uma série de artigos sobre as "Best Companies for Leadership".[13] Organizações de todo o mundo foram "convidadas" a participar da pesquisa top-20, o que significa que os resultados não só deixavam de ser objetivos, como não tinham por base uma amostra significativa. Ainda assim, era algo considerado um bom programa de desenvolvimento de liderança doméstico – bom para a companhia e, presumivelmente, bom para os líderes e gestores que se alistam na experiência.

As cinco empresas que a *Bloomberg Businessweek* considerou ter os melhores programas de desenvolvimento de liderança foram: General Electric, Southwest Airlines, 3M Company, Procter & Gamble e Accenture. Elas tinham certas coisas em comum. Por exemplo, todas valorizam "selecionar, desenvolver e reter líderes fortes em todos os níveis" e todas abordavam uma grande variedade de desafios de liderança, da gestão da mudança à gestão da sucessão. Mas, das empresas citadas, a GE é o exemplo mais notável, pois, ao longo dos anos, tem sido frequentemente citada como a empresa americana com o melhor programa de desenvolvimento de liderança. Um site da empresa deixa clara sua prioridade: "Em todo o mundo, investimos, a cada ano, cerca de US$1 bilhão em treinamento e programas de educação para o pessoal da GE. Os resultados podem ser avaliados pela crescente capacidade de liderança de nosso pessoal e, finalmente, no valor e na oportunidade gerados para nossos clientes e suas comunidades."[14]

Entre as escolas de administração americanas, a Wharton School na University of Pennsylvania exemplifica esse compromisso com o desenvolvimento de liderança.

- A missão do programa de MBA da Wharton é "desenvolver líderes que atuem com uma compreensão mais profunda de si mesmos, de suas organizações e comunidades..." Programas de liderança estão "no coração do MBA".

- Os programas de educação executiva da Wharton também estão centrados no desenvolvimento de liderança. "Aprofundam-se em processos eficazes de decisão, poder e influência, alterando comportamentos, reformulando mentalidades, mudanças organizacionais, estilos de negociação pessoal, investindo e gerenciando relações para maior impacto." (O aprendizado de liderança desse tipo não sai barato. Em 2011, o curso de duas semanas da Wharton "Executive Development Program" custava US$24.750 – por pessoa.)

- Também há o Center for Leadership and Change Management da Wharton. O centro tem um componente de pesquisa, mas sua declaração de missão confirma que seu principal objetivo é "apoiar as agendas de desenvolvimento de liderança da Wharton School e da University of Pennsylvania".

O Center for Creative Leadership (CCL), sediado em Greensnboro, Carolina do Norte, é outro tipo de empresa de aprendizagem de liderança, uma instituição independente em funcionamento por mais de 40 anos. O CCL "equipa clientes do mundo todo com habilidades e discernimento para conseguir mais do que pensaram ser possível por intermédio da liderança criativa". O CCL não apenas tem uma longa existência, como também é bem-sucedido – a cada ano, cerca de 20 mil pessoas de todo o mundo participam de seus programas. O que levanta a seguinte questão: como competem, com sucesso, instituições respeitadas como Wharton e Harvard Business School, ambas tendo o *imprimatur* de uma grande universidade? Não é que o preço do CCL seja modesto – não é. Executivos de nível sênior pagam US$11 mil por uma experiência de cinco dias chamada "Auge da Liderança". Um programa de desenvolvimento de liderança de cinco dias para "gestores" médios e seniores custa US$6.900. E um programa de três dias para "gestores iniciantes" custa US$3.700.[15]

Como, então, explicar o sucesso do CCL? A resposta é a função legitimadora da pesquisa. Desde o início, havia um programa de pesquisa que justificava o que se fazia e como se vendia. Em particular, o CCL há muito focou em uma avaliação e feedback de 360 graus como ferramenta para o desenvolvimento da liderança. E, como ainda deixa claro, essa ferramenta é regularmente aperfeiçoada, e continua sendo "uma parte importante das atividades de pesquisa do CCL".[16]

Finalmente, uma palavra sobre a literatura concernente ao desenvolvimento da liderança – aquela montanha de livros básicos que ensinam às pessoas como liderar. Em geral (como o resto da indústria de liderança), são de "tamanho único" – dizem a todos os tipos de líderes, em todos os tipos de situações, quem devem ser e como liderar. Costumam ser curtos – sugerem que liderança pode ser aprendida em um período um pouco mais longo do que se leva para ler isto. Em geral, são simples – sugerem que a liderança pode ser aprendida dominando-se o material imediatamente à mão. E, em geral, acreditam no poder do pensamento positivo, ou seja, que você também pode aprender a ser um líder. Dito de outra forma, em geral, o foco no seguidor é inexistente, e qualquer menção a contexto é mínima.

Consequências imprevistas

Levando-se em conta as grandes somas investidas na indústria de liderança e a grande quantidade de tempo gasto ensinando liderança, aprendendo liderança e estudando liderança, as métricas estão faltando. Há uma escassa evidência, evidência objetiva, que confirme que esse imenso e caro esforço de mais de 30 anos tenha valido a pena. Ao contrário: com muito mais frequência, os programas de desenvolvimento de liderança são avaliados segundo apenas uma medida subjetiva: pela satisfação ou não dos participantes da experiência. Mas, é claro, mesmo que estejam satisfeitos, isso não prova que o programa tenha tido o impacto desejado ou pretendido; na verdade, o oposto pode ser verdadeiro – talvez os participantes mais satisfeitos tenham sido aqueles que mudaram o mínimo.

Não quero sugerir que não existam programas de desenvolvimento de liderança que mereçam investimentos de tempo e dinheiro, ou que nenhuma instituição ou nenhum indivíduo tenha se beneficiado ao vivenciar a aprendizagem de liderança.[17] O que estou dizendo é o seguinte: que, como um todo, a indústria de liderança está autossatisfeita, autoperpetuada e conta com pouco controle; que os programas de liderança tendem a proliferar sem avaliação objetiva; que a liderança como área de investigação intelectual permanece tênue e que pouco pensamento original é empregado à aprendizagem de liderança na segunda década do século XXI. Tem havido, claro, revisões nos programas de ensino, ajustes aqui e ali do modelo existente. Mas apesar da decepção generalizada e da desconfiança de líderes na sociedade em geral, e apesar das mudanças sísmicas nas culturas e tecnologias, tem havido pouca alteração no paradigma predominante da aprendizagem de liderança; nenhuma tentativa significativa para reinventar o modelo a fim de estendê-lo por um longo período, digamos, ou para incluir a aprendizagem significativa nas artes liberais, ou ainda ajustar-se a uma era em que liderança trata menos do refinamento do indivíduo e mais da reinvenção do coletivo; nenhum progresso evidente na formulação de um programa de ensino fundamental e coerente, sequenciado de forma demonstrável (comprovada), sensível e bem-sucedida; e não se pensou em instruir seguidores, pois seguir bem e com sabedoria é manifestamente tão importante quanto liderar bem e com sabedoria.

Falhas de liderança são encontradas em toda parte. Pesquisas, por exemplo – é verdade, contudo, que essas pesquisas não significam necessariamente muito; talvez as pessoas sejam ignorantes ou não estejam prestando atenção, ou não tenham conhecimento suficiente para julgar. Ainda assim, ignorar completamente a opinião pública seria uma atitude leviana, em especial porque o crescimento da indústria de liderança coincide diretamente com uma queda na confiança nos que estão no topo. De acordo com uma enquete realizada, em 2011, pela CNN/ORC Internacional, apenas 15% dos americanos confiam que o governo, no mais das vezes, faça o que é certo. (Nas décadas de 1950 e 1960 esse número estava mais próximo de 70%.) Da mesma forma, o Center for Public Leadership de Harvard descobriu que 77% dos americanos "concordam" ou "concordam veementemente" com o fato de que os Estados Unidos estão passando por uma crise de liderança.[18] Esse declínio da confiança só tem piorado nos últimos anos e aplica-se a variados graus em todos os setores – a líderes políticos e líderes empresariais, líderes nos meios de comunicação e esportes, líderes de organizações sem fins lucrativos, educação, militares e até aos líderes de instituições religiosas, como igrejas e outras organizações religiosas. Tampouco é trivial: a recente perda de fé nas instituições públicas americanas foi descrita por pesquisadores da Xavier University como nada menos que "devastadora".[19]

Com a América corporativa, tem ocorrido a mesma coisa. Apenas escassos 7% dos empregados confiam em seus empregadores, líderes e gestores; os subordinados tampouco consideram seus superiores honestos ou competentes.[20] A recessão certamente desempenhou papel relevante nessa ideia, assim como a erupção de recentes escândalos corporativos. Ainda assim, essa falta de confiança nos líderes corporativos faz parte de um quadro mais amplo, em que os que estão no topo são muito menos dignos de confiança, apreciados e admirados que antes. "A América está quebrada", como Frank Bruni comentou.[21]

As instituições têm sido tão desprezadas quanto os indivíduos. Para dar um exemplo óbvio, nos últimos dois anos a reputação do Goldman Sachs tem sido retalhada, e sua conduta, escarnecida.[22] (Além disso – ironicamente, se preferirem –, em 2011 relatou perda trimestral – pela primeira vez desde 1999.) Mas, então, como explicar que a Goldman fez parte da lista *Bloomberg Businessweek* de "Best Companies for Leadership", embora tenha sido vista como "um símbolo de tudo que há de errado com bancos, corporações e até com o próprio capitalismo"?[23] O que tivemos, em outras palavras, foi uma situação na qual o programa de desenvolvimento de liderança da Goldman estava entre os mais altamente cotados – mesmo *após* sua ganância e arrogância terem se tornado tão óbvias, e mesmo *após* suas fustigações públicas.

O que isso diz sobre nossa capacidade de desenvolver líderes? O que isso diz sobre a métrica que utilizamos para avaliar programas de desenvolvimento de liderança? E o que isso diz sobre nossa disposição de assumir a tarefa da indústria de liderança de propagar o que, nesse caso, poderia ser considerado uma fraude? Nada de bom. Não diz nada de bom sobre nossa capacidade de desenvolver líderes tão éticos quanto eficazes, sobre as medidas que usamos para avaliar programas de liderança, sobre a capacidade da indústria de se autorregular e de admitir publicamente que algo deu errado, ou sobre a presteza em se reinventar quando nada menos que a reinvenção será suficiente.

Naturalmente, nem todas as situações são iguais. Os CEOs são muito mais estimados em alguns países como Índia, China e Brasil, que tiveram crescimento sem precedentes nos últimos anos, do que em outros, como Estados Unidos, Grã-Bretanha e Canadá, que não tiveram.[24] Mas, ainda assim, há uma desconexão entre o que a indústria da liderança professa ser e o que realmente é. Alan Murray, por muito tempo associado ao *Wall Street Journal* e veterano nessas matérias, escreveu o seguinte no final de 2010 acerca da General Electric, a mesma empresa que goza da mais alta reputação possível por seus programas de desenvolvimento de liderança: "Uma década após Jack Welch ter deixado o cargo de CEO da General Electric, ainda impõe notável respeito como guru da gestão. A empresa que já liderou no passado perdeu sua magia, os processos de negócio que desenvolveu a fim de combater a burocracia tornaram-se burocráticos e muitos dos 'diplomados' da escola de Jack Welch tropeçaram – lembrem-se de Bob Nardelli na Home Depot ou de Jim McNerney na Boeing... No entanto, o Sr. Welch e a mitologia de gestão que o envolvia continuam imaculados."[25]

Seja a crítica de Murray justa ou não, é verdade que o imenso investimento da GE em desenvolvimento da liderança como agora sabemos não a protegeu contra a desaceleração do mercado. Tampouco protegeu o sucessor escolhido de Welch, Jeffrey Immelt, que, após uma década no posto, ainda teve de provar que a GE pode "divulgar um sólido crescimento e que seu alardeado modelo de negócios ainda faz sentido".[26]

Mas não precisamos de enquetes ou de reputações maculadas para confirmar o óbvio: apesar de nossa dedicação ao desenvolvimento de bons líderes – do ensino médio à idade adulta –, a má liderança continua a ser uma praga. Não quero dizer necessariamente liderança do mal como no Zimbábue, ou mesmo liderança corrupta como na Enron. Quero dizer os tipos mais comuns e onipresentes de má liderança, como liderança incompetente, rígida, destemperada e insensível.[27] Somos oprimidos, deprimidos por ela, apesar de termos investido nessa indústria de liderança tanto dinheiro, tempo, expectativas e aspirações. É óbvio que um dos problemas que afligem a indústria de liderança é a fixação no desenvolvimento de *bons* líderes, enquanto ignoram, por completo, o problema de deter ou, pelo menos, retardar os maus líderes. Com razão, pode-se perguntar por que essa insidiosa e onipresente questão raramente é abordada? Uma razão óbvia: ganha-se mais dinheiro ensinando as pessoas a seguir – como, por exemplo, seguir com inteligência e integridade, o que, por vezes, implica *recusar-se* a seguir, *recusando-se* a acompanhar líderes ineficazes, antiéticos ou ambos.

Dado que o setor empresarial tem sido o principal e presumido beneficiário dos programas de desenvolvimento de liderança, e como esses programas agora são um componente corporativo, pode-se estar impressionado com a persistência da má liderança nas empresas americanas. Por onde começar, ou acabar, a longa lista de nomes que se qualificam como "maus líderes"? Com James Cayne, ex-CEO do Bear Stearns, que pareceu perdido enquanto sua empresa entrava em colapso? Com Sam Zell, que havia "sugado a vida" de seu império de mídia?[28] Com Jerry Yang, que presidiu o declínio do Yahoo? Com Tony Hayward, CEO da BP, que finalmente foi forçado a sair depois de sua participação no pior desastre ambiental da história dos Estados Unidos ter-se tornado clara como cristal? Com Richard Wagoner, CEO da antiga General Motors, que parecia atrapalhar sua recuperação? Ou com o já mencionado Angelo Mozilo, ex-CEO da Countrywide Financial, que foi obrigado a pagar, em última instância, US$67,5 milhões em multas e indenizações, mas que provavelmente nunca sofreu punição compatível com seus crimes? Ou talvez se voltem para o elenco de personagens agora responsabilizados pelo que o presidente do Federal Reserve, Ben Bernanke, chamou de "a pior crise financeira da história global, inclusive a Grande Depressão". Os membros do elenco que vieram de governo, assim como de empresas, já foram acusados de transgressões que variam de inépcia a incúria e ganância, chegando à corrupção. A crise foi, de qualquer modo, consequência natural da ação humana. Não foi um ato de Deus, nem um evento inevitável na maré de assuntos humanos. O colunista de finanças Joe Nocera declarou: "Se ao menos os reguladores estivessem dispostos a regular; se ao menos Wall Street tivesse feito a due diligence sobre as hipotecas que securitizava; se ao menos as empresas de subprime tivessem agido mais honrosamente; se ao menos as avaliações das agências de crédito tivessem dito 'não' quando solicitadas a dar uma classificação de triplo–A no lixo subprime. Se ao menos, se ao menos..."[29] Onde, em outras palavras, estava a indústria de liderança quando mais se precisava dela?

Finalmente, ofereço uma avaliação da academia, de onde estamos agora na evolução dos Leadership Studies (Estudos de Liderança) como área de investigação intelectual: eu diria que, na melhor das hipóteses, estamos na mediocridade. Mais uma vez, não é que não se tenha feito um bom trabalho, como se não houvesse pessoas ou programas que atendessem aos mais altos padrões do saber de liderança. Pelo contrário, é que, depois de quatro décadas, o progresso tem sido, para dizer o mínimo, retardado. O efeito foi particularmente pernicioso na formação e no desenvolvimento de liderança, em parte porque, como veremos no próximo capítulo, aquilo em que a formação e o desenvolvimento deveriam consistir exatamente permanece vago ou, se preferirem, é uma questão sobre a qual não há acordo. Uma das razões é que temos muitas escolhas: muitos especialistas rivais que oferecem demasiadas pedagogias rivais, e a maioria não se baseou nem em provas empíricas, nem em uma tradição teórica bem estabelecida. Além disso, não sabemos qual pedagogia melhor se adequaria a uma circunstância especial, nem chegamos a um consenso sobre o que poderia ser considerado um programa de ensino de liderança.

Alguns dos melhores e mais brilhantes educadores de liderança formularam críticas – tanto sobre o conhecimento quanto sobre o programa de desenvolvimento de liderança. Há, em outras palavras, laivos de dúvida e descontentamento dentro da indústria de liderança, bem como fora dela. Em 2005, Warren Bennis e James O'Toole, da Marshall School of Business, University of Southern California, argumentaram que a raiz "da atual crise na gestão da educação é que as escolas de administração adotaram um modelo inadequado – e, por fim, autodestrutivo de excelência acadêmica".[30] Em 2007, Rakesh Khurana escreveu que "a liderança como acervo de conhecimento permanece sem uma estrutura teórica amplamente aceita ou uma compreensão empírica cumulativa que leve a um acervo de conhecimento utilizável".[31] Em 2010, Jeffrey Pfeffer, da Graduate School of Business, Stanford University, advertiu que "a maioria dos livros de executivos consagrados e a maioria das palestras e cursos sobre liderança deveriam ter o seguinte carimbo: ATENÇÃO! ESTE MATERIAL PODE SER PREJUDICIAL À SUA SOBREVIVÊNCIA ORGANIZACIONAL".[32] Em 2010, Blair Sheppard, da Fuqua School of Business, Duke University, chegou a reconhecer que a "crise financeira revelou falhas que nenhuma das escolas de administração tem estrutura para abordar".[33] E isso não é tudo – após tantos anos, a mais básica de todas as perguntas continua sem resposta, até daqueles mais bem preparados para fazê-lo. Depois de dois dias observando conferências sobre liderança de uma das celebridades de Harvard, o psicólogo Richard Hackman perguntou: "What Is This Thing Called Leardership?"[34]

Então o que deu errado? Por que a indústria de liderança, apesar de todos os seus aparentes sucessos, falhou em tantos níveis? Por que a incompetência e a intemperança continuam desenfreadas? Por que a ética é tão evasiva? Por que o ensino de liderança está cheio de "falhas"?[35] Por que tem sido tão difícil formar um acervo de conhecimento? Por que nossos líderes são tão desprezados – e por que nossa confiança nos líderes de todas as categorias está tão em baixa?

Essas são as perguntas para as quais, finalmente, me voltarei. Não espero fazer mágica. Mas antevejo uma saída para um velho problema: como produzir um bom líder.

8

Liderança completa –
liderando no devido tempo

É possível ensinar liderança – aprender a liderar?
    A verdade é que não sabemos. Não sabemos se aprender a liderar bem e com sabedoria pode ser ensinado, pois a prova objetiva é escassa. O que sabemos, porém, é que, em geral, "a indústria de liderança está satisfeita consigo, autoperpetuada e pouco controlada", e que, nestes tempos difíceis, "a classe dirigente" não tem, exatamente, se distinguido.

Mas, independentemente disso, a longa tradição iniciada por Confúcio continua até hoje – a tradição do ensino da liderança. Confúcio compreendeu que um homem ou até um garoto podem ser ensinados a liderar, desde que seu professor seja mais velho e mais sábio, um sábio ou um mestre, e que o aluno seja capaz de lucrar com as instruções. Confúcio era, ele próprio, um professor inveterado. Quando um de seus alunos, um senhor, perguntou "O que devo fazer para tornar as pessoas respeitosas, fiéis e zelosas?", Confúcio respondeu: "Aproxime-se delas com dignidade e elas serão respeitosas. Seja um bom filho e um pai bondoso, e elas serão leais. Eleve o bom e treine os incompetentes, e eles serão zelosos."[1]

Platão também estava ansioso por educar líderes, de preferência alguns jovens, aspirantes a filósofos-rei que algum dia governariam bem e com sabedoria – temendo que "não houvesse um fim para nossos problemas". Como, segundo Platão, seria essa ave rara tutelada? Sua educação teria de se estender por toda a vida, profundamente mergulhada em uma gama de assuntos, a maior parte não ligada à liderança como a concebemos, inclusive música, literatura, matemática elementar e avançada, filosofia e metafísica, exercício físico e experiência tanto no serviço civil quanto no militar.

O polímata do início do século XX, W.E.B. DuBois, foi outro ardente defensor do aprendizado da liderança. Grande intelectual e ativista, foi o primeiro afro-americano a ter doutorado pela Harvard University. DuBois nutria paixão por desenvolver o que chamava de "o Melhor da raça [dele]". Um ensaio que escreveu ainda jovem, intitulado "The Talented Tenth" (O Décimo Talentoso), defendia, entre outras coisas, o aprendizado da liderança. "The Negro Race" (A Raça Negra), escreveu DuBois, "é como todas as raças". "Será salva por seus homens excepcionais" – ou seja, por seus "líderes". Além disso, ele insistia que o décimo talentoso, "o melhor e mais capaz" da camada mais alta da juventude americana, fosse ensinado a liderar não em escolas vocacionais, mas em instituições de quatro anos de ensino de artes liberais, tão louvadas pelo ensino superior americano.

Fica evidente até por essa pequena amostra que, historicamente, pensa-se que aprender a liderar leva anos, e não meses, e certamente não dias; pensa-se historicamente que aprender a liderar implica expandir a mente, e não contraí-la, concentrando-a em uma área de estudo, ou uma organização ou instituição em particular; pensa-se historicamente que aprender a liderar se aplica a poucos, não a muitos; e que aprender a liderar tem sido considerado, há milênios, algo extremamente importante. Na verdade, justamente *por ser* considerado tão importante, esperava-se que o investimento dos alunos e professores em instrução fosse grande e em longo prazo.

Avançaremos rapidamente até os dias de hoje, à formação em liderança no século XXI. É preciso lembrar que ela está dividida em duas categorias: formação em liderança com o propósito de aprender *como* liderar e formação em liderança com o propósito de aprender *sobre* a liderança. A primeira, sobre a qual me debruçarei neste capítulo final, é a mais comum e mais rentável, e diz respeito, em grande parte, à prática da liderança, e não à teoria da liderança. À questão, então, do que deve ser aprendido quando se aprende a liderar, a indústria fornece quatro respostas fundamentais: primeiro, os líderes devem desenvolver certas habilidades, como capacidade de comunicação, de negociação e de decisão; segundo, os líderes devem adquirir consciência, em especial autoconsciência; terceiro, os líderes devem ter experiência, por exemplo, em mobilização e gerenciamento; e, por fim, os líderes devem aprender a diferença entre o certo e o errado – embora como, exatamente, ética ou caráter devam ser ensinados continue obscuro. (Sabemos um pouco mais, talvez, do que costumávamos saber sobre como ensinar ética, mas a pesquisa sugere que, para dizer o mínimo, "há uma grande lacuna entre os compromissos declarados à integridade ética e as reais práticas de trabalho". A pesquisa também confirma que o acordo sobre o que, precisamente, constitui um bom caráter permanece indefinido.)[2]

Assim, enquanto Confúcio considerava importante que os líderes fossem exemplos morais e enquanto Platão achava importante que os líderes estudassem matérias como matemática e música, e enquanto DuBois achava importante que os líderes desenvolvessem conhecimento "da vida e de seu significado mais amplo", a indústria da liderança dirigiu-se do geral ao particular, do mundo em que "a vida está subjacente à vida real" para o mundo real, das artes liberais aos conjuntos de habilidades, de Bach a orçamentos. Em nosso zelo pela eficiência, e na crença de que praticamente qualquer um pode e deve aprender a fazer quase tudo o mais rápido possível, condensamos e contratamos o aprendizado de liderança para atender à demanda por gratificação instantânea, característica do século XXI.

Essa concepção restrita de desenvolvimento de liderança explica nossa fixação em relação ao líder, na efetiva exclusão de quase todos os outros. E também explica nossa definição de contexto, que é apenas o contexto da óbvia consequência.[3] Assim, quando uma empresa investe em um programa de liderança, investe em um tipo que se destina e é projetado para essa empresa em particular. Isso faz sentido em um nível – por que a GE colocaria dinheiro em uma iniciativa de desenvolvimento de liderança com uma meta maior, mais ampla em mente? Por que uma escola poria dinheiro em uma iniciativa de desenvolvimento de liderança destinada a líderes em medicina? Em outro nível, contudo, quando a GE limita o aprendizado de liderança ao próprio contexto, limita o aprendizado de liderança, restringe o aprendizado de liderança, ponto final. E, quando uma escola restringe seu mundo ao mundo da educação, fica igualmente restrita. Ambos separam o aprendizado de liderança do líder do contexto sociopolítico maior, em que, necessariamente, estão inseridos. Em consequência, tendemos a formar líderes com letras minúsculas, e não líderes com letras maiúsculas.

Como quase não dispomos de avaliações confiáveis de quão eficazes são os diversos programas de desenvolvimento de liderança, a discussão que se segue deve ser lida como especulativa. Isso não significa, no entanto, que não tenha fundamento. Muito pelo contrário: como os líderes agora são mais fracos que antes, e como os seguidores de agora são mais fortes, ainda faz sentido desenvolver esses programas centrados em líderes? Fazemos um favor a líderes, continuando a culpar "os líderes pelos erros" – continuando a ser míopes e omitindo os seguidores de nossa visão de mundo?[4] Da mesma forma, dadas as mudanças de contexto testemunhadas por este livro, fará sentido desenvolver líderes especificamente para cada situação? Não é óbvio que as soluções do século XXI para problemas do século XXI impõem a transcendência de grupos e organizações, setores e nações, dos quais obviamente somos membros?

Buscando um salvador[5]

A indústria de liderança supõe que bons resultados dependem de bons líderes; que bons líderes são pessoas boas; e que pessoas boas podem ser treinadas ou educadas, ou desenvolvidas, com o propósito de ser bons líderes. Assim, o desenvolvimento de liderança é equivalente ao desenvolvimento individual. Ou seja, enquanto a indústria de liderança se dedica à procura de um salvador, um único indivíduo que seja a glorificação do "grande homem" ou da "grande mulher", na prática se dedica à formação de um quadro de liderança, um grupo de consumados profissionais, que podem e vão assumir o comando.

Nas últimas décadas, os especialistas em liderança desenvolveram formas de ensinar a liderar que tiveram especial ressonância. Exemplos de minha própria instituição, a Harvard University, incluem John Kotter (Business School), que fez uma distinção entre gestão e liderança e concentrou-se mais na segunda.[6] E Ronald Heifetz (Kennedy School), que, em um livro intitulado *Liderança sem respostas fáceis* (Belknap/ Harvard University Press), desenvolveu a ideia de que liderança é um "trabalho de adaptação" que requer "a mobilização das pessoas a fim de enfrentar desafios difíceis".[7] E Bill George (Business School), cujas ideias sobre a "autêntica liderança", liderança repleta de "propósito, significado e valores", tiveram considerável impacto.

Além disso, existem exemplos como Robert Greenleaf, que foi um executivo da AT&T cuja concepção de "liderança servidora" ao longo dos anos tornou-se parte do léxico da liderança.[8] As ideias de Greenleaf aproveitam o humor dos tempos, em que as pessoas estão fartas de líderes guiados pelo ego e escolhem líderes servidores, que se anulam, em vez de agir em interesse próprio. O líder servo de Greenleaf lembra outro tipo de líder que também despertou nosso interesse coletivo: o líder transformacional de James MacGregor Burns. Burns escreve que "a liderança transformadora ocorre quando uma ou mais pessoas se envolvem de tal maneira com outras que líderes e seguidores se elevam, uns aos outros, a altos níveis de motivação e moralidade".[9] Tanto o líder servo quanto o líder transformacional têm um mérito intrínseco – evocar o contrato social – e ambos incluem seguidores no processo da criação de mudança.

Somem-se a isso as razões de outros especialistas em liderança, alguns dos quais (inclusive eu) dissertam sobre o tema do ensino de liderança em um livro recente editado por Scott Snook, Nitin Nohria e Rakesh Khurana intitulado *The Handbook for Teaching Leadership*. Embora os editores admitam, na introdução, que o "estado atual da formação em liderança não tenha o rigor intelectual e a estrutura institucional necessários para avançar além do estado precariamente inicial", e apesar de enumerar algumas falhas graves (podemos dizer fatais), apresentam, nos 30 capítulos subsequentes, um quadro abrangente (se não completo) das pedagogias proeminentes.[10] As várias maneiras de ensinar liderança são emocionantes, intimidadoras ou apenas confusas – basta escolher. Há cursos focados no conteúdo (o que os alunos precisam saber), cursos focados no processo (como a mudança acontece) e cursos focados na estrutura (condições em que a mudança ocorre).

Dizer que cada uma das pedagogias é diferente das outras é dizer o óbvio. Afinal, esse é o sentido do exercício. O que é menos óbvio é como são semelhantes, praticamente uma variação sobre vários temas recorrentes.

- A maioria das pedagogias é centrada no líder. Isso parece ser uma inclinação – afinal, esse é um manual para o ensino de *liderança*. Mas, como tenho argumentado implícita ou explicitamente, o modelo, o modelo fundamental, baseado no líder no centro, está errado. O líder-centrismo não mais explica – se alguma vez já explicou – a maneira como o mundo funciona.

- A maioria das pedagogias é indiferente ao fato de que os seguidores importam. Por quê? Primeiro, porque a maioria das pedagogias foi desenvolvida nas escolas de administração, onde seguidores importam ainda menos que nas escolas de governo; segundo, porque, como já mencionamos, há muito dinheiro a se ganhar no desenvolvimento de líderes, e não há muito a se ganhar no desenvolvimento de seguidores; terceiro e mais importante, porque seguidores ainda são considerados irrelevantes. Mas, como já sabemos, seguidores importam. Não podem e não devem ser excluídos do processo de aprendizagem.

- A maioria das pedagogias está preocupada apenas em maximizar a boa liderança, ao contrário de minimizar a má, um desequilíbrio que só pode ser explicado se seguirmos o dinheiro. Mais uma vez, há um bom dinheiro a ser ganho ensinando como ser um bom líder; não há dinheiro a ser ganho ensinando como deter ou retardar um mau. Ainda assim, é possível projetar um equivalente aproximado com a finalidade de ensinar estudantes de medicina tudo o que devem saber sobre a manutenção da boa saúde enquanto nada ensinam a eles sobre a eliminação de má saúde – como curar o que nos aflige. A primeira é importante, mas a segunda também é.

- A maioria das pedagogias supõe que uma boa liderança pode ser ensinada, com pouca ou nenhuma evidência objetiva que apoie a suposição. Com certeza, a ideia de que liderança pode ser ensinada existe desde tempos imemoriais. Mas fica-se impressionado pelo fato de que, no século XXI, a indústria de liderança ainda seja tão desprovida de provas empíricas que confirmem ou refutem quaisquer concepções pedagógicas. Essa falta de provas deixa sem resposta a questão de como, exatamente, instrutores de líderes devem decidir o que ensinar a alunos líderes.

- A maioria das pedagogias tem uma concepção limitada, em vez de expansiva, de contexto. Referências ao contexto são feitas em vários lugares ao longo do *Handbook for Teaching Leadership*. Mas, em parte, por causa da maneira pela qual o aprendizado de liderança é estruturado – as instruções são sempre relativamente curtas em duração e de abordagem única –, o contexto é tratado, em geral, de modo rápido e superficial, em vez de se dedicar a ele mais tempo e profundidade.

O problema da pedagogia tem sido exacerbado, especialmente nos últimos anos, pelo que, em minha opinião, é uma evolução com implicações insidiosas: do líder como generalista, com interesse no bem comum, ao líder como especialista, um consumado profissional treinado para determinado propósito profissional. Essa evolução foi acelerada pela mudança do desenvolvimento de líderes empresariais nas escolas de administração ao desenvolvimento de líderes empresariais internamente, onde a aprendizagem é feita sob medida para atender às necessidades internas, específicas e empresariais.[11] Os programas de liderança mais cotados são significativos em tamanho e escopo, e são caros. Não são, no entanto, desvios da norma. Ou seja, como tantos outros programas de desenvolvimento de liderança, são centrados no líder e, em sua maioria, em situações específicas para atender às necessidades da empresa em particular. Vejam três exemplos, a começar pelo Goldman Sachs.

Os programas de liderança do Goldman oferecem oportunidades para o desenvolvimento da liderança em todos os níveis, desde empregados iniciantes até diretores experientes. Planejado para sustentar a "posição de liderança da empresa nos mercados financeiros mundiais", a iniciativa de liderança do Goldman teve origem em uma carta de 1999 enviada a acionistas, escrita por ninguém menos que o então CEO, Henry Paulson. Paulson deixava sua posição clara: a de que o Goldman deveria dedicar "mais tempo e atenção à formação e ao desenvolvimento de líderes, em especial de líderes seniores".

No passado, os gestores do Goldman haviam aprendido a liderar como novatos, trabalhando em estreita colaboração com seus superiores.

Mas à medida que a indústria de liderança foi crescendo e fornecendo modelos para Goldman emular, pareceu a Paulson e alguns de seus colegas que a empresa deveria comprometer-se com o desenvolvimento da liderança, como Jack Welch fizera na GE. Assim, Goldman estabeleceu um "Leadership Development Advisory Committee" (Comitê Consultivo de Desenvolvimento de Liderança), que concluiu, em primeiro lugar, que "essa coisa de pessoas" era de fundamental importância; segundo, que a empresa deveria ter uma abordagem mais sistemática ao desenvolvimento da liderança; terceiro, que deveria concentrar-se no "alto potencial de liderança" e, finalmente, que deveria afastar-se do modelo tradicional de sala de aula para se concentrar no "trabalho de verdade", em projetos verdadeiros com os quais o Goldman estivesse diretamente envolvido.[12]

Em poucos anos, Goldman fez um investimento significativo no desenvolvimento da liderança. Por exemplo, lançou o Global Leaders Program (Programa Global Leaders), que recrutou alunos do segundo ano de faculdades e universidades "líderes" para "capacitar a próxima geração de líderes com as habilidades e as redes de contatos necessárias ao progresso no século XXI". Mais significativa foi a iniciativa Pine Street, do Goldman. Fundada em 2001, a Pine Street visava "desenvolver liderança e habilidades de gestão de classe mundial para os Partners and Managing Directors da empresa, bem como para os principais clientes externos". A Pine Street destacava líderes ensinando a líderes aplicações relevantes nos negócios e investimentos intencionais em indivíduos considerados o futuro do Goldman Sachs.

Na década seguinte, a Pine Street, particularmente sua Leadership Acceleration Inicitative (Iniciativa de Aceleração de Liderança), tornou-se parte da cultura corporativa do Goldman.[13] Ofereceu aos altos executivos do Goldman uma experiência de seis meses intensivos, inclusive atividades em sala de aula, tarefas externas, coaching, seminários, treino de habilidades e aprendizagem por ação.[14] Mas isso é apenas parte do programa de liderança do Goldman. Também há a Goldman

Sachs University, que forma "habilidades gerenciais essenciais no nível individual, melhora o desempenho da equipe no nível de grupo e contribui para o aperfeiçoamento individual e a eficácia da equipe"; e o programa Experienced Leader, desenvolvido em 2005 para "melhorar a compreensão dos participantes sobre seus papéis duplos como líderes de pessoas e motivadores de equipe".[15]

Obviamente, por mais de uma década, a cultura corporativa do Goldman dedicou-se à aprendizagem da liderança e ao desenvolvimento de seus líderes internos. Na verdade, apesar da gravidade da crise financeira e da reputação maculada de Goldman, o CEO Lloyd Blankfein permaneceu comprometido com o que ele (juntamente com Paulson, seu antecessor imediato) havia elaborado. Quando indagado por um repórter do *The New York Times* se os "últimos anos haviam mudado, mesmo que em pequena escala, o tipo de pessoa que contrataria", Blankfein respondeu: "Acho que não."[16]

Existe um capítulo no *The Handbook for Teaching Leadership* sobre os programas de liderança do Goldman que se refere ao problema das "limitações" de sua abordagem, citando questões de escala e transparência. Ainda assim, a grande questão permanece oculta. Dado seu enorme investimento em desenvolvimento de liderança, o que o Goldman fez para ter tantos problemas? (Em 2001, o preço das ações caiu significativamente.) Ao que eu responderia: como não tê-los? Em face de sua limitada finalidade e de sua maximização dos lucros, como algum programa interno de liderança pode prover seus participantes de uma base mais ampla, da experiência objetivamente fundamentada da aprendizagem necessária à liderança excepcional, em oposição à liderança de pequeno porte?

Como vimos, a GE é frequentemente citada como tendo o melhor programa de desenvolvimento de liderança corporativa – pelo menos no que concerne a seus próprios interesses corporativos. Mais uma vez, apresenta uma série de iniciativas diferentes: o Entry-level Leadership Program (Programa de Liderança da GE em Nível de Iniciantes) oferece aos recém-graduados "premiadas oportunidades de desenvolvimento que combinam experiências do mundo real com o estudo em sala de aula"; o Experienced Leadership Program da GE (Programa GE de Liderança Experiente) combina "talento de alto potencial" com "alguns dos maiores inovadores em suas áreas" e o Experienced Commercial Leadership Program da GE (Programa de Experiente Liderança Comercial), destinado a profissionais recém-formados em MBAs, exige deles um compromisso de dois anos, durante os quais deverão passar por três tarefas de alto impacto no período de oito meses e por seis semanas de treinamento global. Finalmente, a joia da Coroa: o John F. Welch Leadership Development Center – um *campus* de 214.483m^2 em Crotonville, Nova York, que se afirma na dianteira do "pensamento de vanguarda em desenvolvimento organizacional, liderança, inovação e mudança".[17]

A experiência de Crotonville é "uma espécie de peregrinação", que inclui cursos de liderança e inovação, cursos para novos gestores e cursos de habilidade para a contratação e a formação de equipes. Com base na proposição de que a GE deve ter líderes em todos os níveis, Crotonville representa o ápice de uma experiência de aprendizado de liderança que, de modo ideal, tem início no nível de graduação e continua daí.

Claro, assim como a iniciativa Goldman de liderança é uma questão em aberto – equivalerá uma boa liderança apenas a bons ganhos? Em caso positivo, deveria? –, assim é a da GE. De um lado, estão os acadêmicos cujos resultados sugerem que a GE é uma "desenvolvedora única de CEOs talentosos" – que a GE desenvolve mais líderes que outras empresas e, na verdade, mais do que a própria GE consegue absorver.[18] Do outro lado, está o desempenho da GE, que, nos últimos anos, foi criticado por tudo, desde ser um "desastre para o investidor", passando pelo favorecimento de empreendimentos na China, até um modelo "falido" de negócio e um CEO, o já mencionado Jeffrey Immelt, que foi incapaz de solucioná-lo.[19] Notem que os estilingues e as flechas impediram Immelt de vender a GE. Em um discurso na U.S.

Military Academy, em West Point, 2009, Immelt declarou: "Liderança é a essência do que você fará quando se formar."[20]

Voltamo-nos, finalmente, à IBM, uma das empresas blue-chip dos Estados Unidos, que estava no negócio de desenvolvimento de liderança antes de isso ter-se tornado moda. Mesmo sob o lendário CEO Thomas Watson Jr., que liderou a IBM de 1952 a 1971, a empresa era conhecida por oferecer a seu pessoal experiências de aprendizagem ao longo da vida, inclusive, claro, aprendizado da liderança. Assim, no auge da indústria de liderança, a IBM expandiu um programa que havia lançado décadas atrás. Isso explica, pelo menos em parte, por que, em 2009, a IBM estava gastando cerca de US$700 milhões por ano só na construção de habilidades de liderança, e justifica por que foi classificada pela *Fortune* como número 1 daquele ano, entre as "Top Companies for Leaders" (Melhores Empresas para Líderes), "a única empresa de tecnologia a chegar entre as 20 do topo".[21]

O IBM Institute for Business Value oferece "o pensamento mais avançado de liderança e insights práticos para executivos". Para conduzir sua investigação aplicada, mantém uma lista de mais de 50 consultores, que elaboram relatórios como o "Integrated Talent Manament" (Gestão Integrada de Talento) e o "Global CEO Study".[22] O último, baseado em entrevistas com 1.100 líderes de 40 países, abordou a questão de como líderes podem equipar os empregados com os conhecimentos e a experiência de que precisam no ambiente global de hoje. Concluiu-se que líderes do século XXI precisam de um novo conjunto de competências de liderança, que valorizem a comunicação e a compreensão mútua.[23]

Enquanto o investimento da IBM em liderança fica evidente em toda parte e enquanto a empresa continua a apoiar a pesquisa sobre "o pensamento mais avançado em liderança", talvez nada retrate de maneira tão vívida o compromisso da IBM com a liderança em nível mundial como seu Corporate Service Corps (Corpo de Serviço Corporativo), o CSC.[24] O CSC foi lançado em 2008 com a finalidade de preparar líderes e gestores para lidar com a seguinte questão: "Como uma empresa desenvolve líderes com as habilidades necessárias para atuar num planeta mais inteligente e globalmente integrado?" A CSC expõe "funcionários da IBM de alto desempenho ao contexto do século XXI para fazer negócios", combinando a formação em liderança com a prestação de serviços a comunidades e organizações, em especial nos países em desenvolvimento. Em 2011, a IBM anunciou que estava enviando para Gana a centésima equipe da CSC e o milionésimo empregado da CSC.

O CSC não deve ser confundido com o Peace Corps, com o qual tem sido às vezes comparado. (Entre outras razões, a IBM envia seu pessoal ao exterior por um mês apenas.) Embora o CSC se destine também a beneficiar os países emergentes, é, antes de tudo, um programa de desenvolvimento corporativo de liderança, com o propósito de melhorar a IBM em especial.[25] Precisamente porque é um pouco estranho, porque a finalidade do CSC "não é tanto ensinar competências empresariais específicas quanto incutir as qualidades de que os indivíduos necessitam a fim de se tornar líderes em uma empresa globalmente integrada", a IBM, realmente, avaliou o programa. Resultado: não há nada sobre o CSC que seja particularmente inovador. No entanto, enfeixa práticas corporativas comuns, como cargos no exterior para fins de desenvolvimento de liderança, em um novo e impressionante pacote.[26] E serve como modelo. Empresas como Novartis, FedEx e Dow Corning estão desenvolvendo programas similares, e a U.S. Agency for International Development (Agência dos Estados Unidos para o Desenvolvimento Internacional) assinou recentemente um acordo com a IBM para criar a Alliance for International Corporate Volunteerism (Aliança para o Voluntariado Corporativo Internacional), baseado no CSC. Na verdade, a liderança e, em especial, os sólidos programas de liderança são creditados a Sam Palmisano, que pediu demissão do cargo de CEO da IBM em 2011.

Claro, empresas como Goldman, GE e IBM levam o desenvolvimento de liderança a sério – muito a sério. No entanto, obviamente todos se fixam em líderes (e gestores) para a efetiva exclusão de quase todos os outros, e fixam-se em si mesmos, ou seja, em suas empresas, para a efetiva exclusão de todo o resto. (Nem o programa CSC da IBM é, de fato, uma exceção a essa regra.) Esse líder-centrismo, combinado com a especificidade situacional, permeia particularmente o setor privado, assim como permeia a indústria de liderança de modo geral, mesmo no século XXI.

Buscando a verdade

Se eu fosse desenvolver um programa de ensino de liderança completo, um programa que desenvolvesse líderes para o bem comum, gostaria de reimaginar, reinventar, todo o empreendimento. No mínimo, aqui está a lista das suposições – nenhuma das quais surpreenderá – que eu questionaria. Elas apoiam a indústria de liderança, mas, em minha opinião, tal como estão, prestam um desserviço à indústria. Além disso, somam, em vez de subtrair, à crise de liderança dos Estados Unidos.

- *Não obstante a hierarquia ostensivamente achatada, os líderes estão onde a ação está.* Em sua coluna no *The New York Times* intitulada "Corner Office", Adam Bryant pergunta a CEOs o tipo de questão em que nos fixaremos: Qual é sua abordagem à liderança? Quais são as lições importantes de liderança que aprendeu? Como você mudou seu estilo de liderança? Como resumiria sua filosofia de liderança? E quais foram algumas lições iniciais de liderança para você? O General David Petraeus exemplifica a abordagem. Ele não só foi retratado como um líder-herói que recentemente salvou os Estados Unidos de uma desgraça militar, como também ele próprio alega que as Forças Armadas "realmente precisam" de líderes pentatletas – líderes excepcionais e singulares, condizentes com uma posição mais desafiadora intelectualmente, fisicamente mais desgastante e politicamente mais contundente que nunca.[27]

- *O fato de que o mundo mais vasto (contexto mais amplo) só tem importância na medida em que pertence ao mais estreito (menor contexto).* Essa especificidade situacional conduz ao que já descrevi em outro lugar, pejorativamente, como liderança "insular" – liderança em que o líder minimiza ou desconsidera "o outro" – ou seja, aqueles fora do grupo ou da organização pela qual o líder é diretamente responsável.[28] Isso explica por que, por exemplo, uma empresa como o Goldman Sachs tem sido, de modo geral, tão fabulosamente rentável, enquanto "perverte o mercado em vez de corrigi-lo".[29] Também explica por que os líderes são tão ruins no compartilhamento, no exercício da liderança intergrupal, em oposição à liderança em grupo fechado.[30] E, finalmente, explica nossa tendência à "restrita consciência", às lacunas éticas resultantes da exclusão de informações do processo de tomada de decisão.[31]

- *O fato de que, no que se refere ao setor privado, um critério é primordial – o desempenho financeiro.* Um artigo publicado na *Harvard Business Review* intitulado "The Best Performing CEOs in the World" (Os CEOs com o Melhor Desempenho do Mundo) refletiu francamente o sentimento predominante: classificou os líderes corporativos *somente* com base no retorno das ações. Embora os autores admitam que o "retorno ao acionista não seja a única maneira de medir o desempenho", acrescentaram, corretamente, claro, que é "o scorecard fundamental dos CEOs de empresas públicas".[32] Isto não é maneira de se dirigir uma empresa – ou seja, não é maneira de se dirigir a indústria da liderança.

- *O fato de que a liderança é uma profissão para a qual uma formação profissional é ideal.* Enquanto alguns debatem sobre essa declaração, ela continua a ser a base lógica para praticamente todos os programas de desenvolvimento de liderança. Considerem o caso da Harvard Business School e de seu reitor a partir de 2010, Nitin Nohria. Logo após ter se tornado reitor, Nohria declarou: "Se estivermos interessados em educar líderes a quem outros declaram ser líderes, temos de reconhecer que as pessoas só chamam alguém de líder quando sentem confiança em sua competência e caráter."[33] Mas acontece que a Harvard Business School teve um problema – dois, na verdade. O primeiro é específico: sua própria reputação, por ter alunos estelares, foi, justa ou injustamente, maculada pela crise financeira. O segundo é mais geral: praticamente todas as escolas de administração estão cada vez mais vulneráveis à acusação de que têm menos excelência do que deveriam ter no desenvolvimento de líderes tão éticos quanto eficazes. Nohria, então, está tentando consertar o que está quebrado: profissionalizar, sistematizar, legitimar e também globalizar a educação de líderes corporativos. Se isso poderá ser feito como ele deseja – dentro dos limites essencialmente convencionais de um programa de ensino de escola de administração essencialmente convencional –, essa ainda é uma questão em aberto.

- *O fato de que essa liderança pode ser ensinada a praticamente qualquer um e a todos, e que a liderança pode ser ensinada, simultaneamente, a um grande número de pessoas diferentes em situações diferentes.* A Accenture, uma das proeminentes empresas americanas de consultoria de gestão, acredita que "liderança não precisa de autoridade formal ou de carisma pessoal, que cada pessoa tem a capacidade de liderar com integridade, e que essa capacidade pode ser desenvolvida ao longo do tempo através da prática disciplinada".[34] Mas nós estamos certos de que isso funciona assim? Podemos provar que é verdade? Será que ainda faz sentido afirmar que "toda pessoa tem a capacidade de efetivamente liderar com integridade"? Será que ainda faz sentido ensinar tantas pessoas diferentes, em tantas situações diferentes, ao mesmo tempo e da mesma forma? Mas Platão concordaria? Platão aprovaria?

- *O fato de que liderança pode ser aprendida com rapidez e facilidade, ao contrário de lenta e cuidadosamente.* É possível que os antigos, os grandes líderes-mestres do passado remoto, como Confúcio, Aristóteles, Platão e Maquiavel, estivessem errados quando doutrinavam que o aprendizado de liderança era um processo longo e difícil, amplamente fundamentado, e não estreitamente focado?

- *O fato de que essa liderança deveria ser ensinada em silos – por exemplo, em diferentes escolas profissionalizantes para diferentes públicos profissionais.* Na última década, as 100 empresas *Fortune* extinguiram 2,9 milhões de empregos nos Estados Unidos, enquanto criaram 2,4 milhões no exterior.[35] Então, faz sentido que o governo tente resolver o problema do desemprego por conta própria – como na proposta do Presidente Obama, o American Jobs Act de 2011? Por que nossos líderes políticos não colaboraram mais próxima e consistentemente com nossos líderes corporativos em um problema transetorial desse tipo? Porque eles não são educados ou formados, ou até socializados, exceto, talvez, nos limites aceitáveis, a fazê-lo.

- *O fato de que liderança pode ser codificada, resumida e embalada.* Segundo o Harvard University's Center for Public Leadership (do qual fui diretora executiva e diretora de pesquisa), há "sete competências essenciais para a liderança pública". (Aí estão: pessoal, interpessoal, organizacional, sistêmica, catalítica, contextual e teórica.) De acordo com Linda Hill e Kent Lineback, há "três imperativos para se tornar um grande líder". (São eles: administrar a si próprio, administrar sua rede de contatos e administrar sua equipe.)[36] De acordo com Jeffry Gandz e seus colegas, bons líderes fazem cinco coisas. (São elas: analisar o ambiente, formular estratégias vencedoras, executar "brilhantemente", avaliar resultados e preparar o futuro.)[37] E, conforme Jim Kouzes e James Posner, há cinco práticas-chave de liderança. (São elas: modelar o caminho, inspirar uma visão compartilhada, desafiar o processo, permitir que outros ajam e comprometer o coração.)[38] A liderança pode ser tão simples, tão nítida, um empreendimento tão perenemente positivo?

- *O fato de que a única coisa que vale a pena aprender é o que, obviamente, é aplicável – porque o que não é obviamente aplicável não é relevante.* O ideal platônico – o ideal em que o aprendizado de liderança é igualado a áreas, entre outras, como música e matemática – é desprezível. Ao admitir que a liderança seja uma profissão, os alunos são forçosamente educados como profissionais, ou seja, com uma visão restrita, em vez de ampla. Mas e se a liderança não for uma profissão? E se tornar-se um líder não for como tornar-se um médico ou um professor? E se o tipo de aprendizagem abranger tanto arte quanto ciência, exigindo imersão em artes liberais – assuntos como história, filosofia, literatura, música e arte?

- *O fato de que os líderes são muito importantes e os seguidores não são.* Qualquer pessoa que conheça meu trabalho, qualquer pessoa que tenha olhado de relance para este livro sabe, agora, que acho isso ridículo. Seguidores são importantes; sempre foram e agora são ainda mais que antes. Excluir os liderados do programa de ensino de liderança é teoricamente indefensável e irresponsável na prática. Assim como encorajamos o aprendizado de liderança, devemos incentivar o aprendizado de como ser seguidores – como se envolver, como colaborar e se comprometer; como servir e apoiar os bons líderes; como desafiar e até enfrentar os maus, como dizer a verdade aos poderosos. O que aconteceu com a ideia de educar não por liderança – mas por civismo?

- *O fato de que a liderança é importante e a má liderança não o é.* O problema dessa visão distorcida é, na verdade, muito simples: nem em 1 milhão de anos descobriremos como deter ou, pelo menos, retardar a má liderança se continuarmos a ignorá-la constante, crônica e deliberadamente. A imprensa não a ignora. Nem o público. Então, pergunte-se: por que a indústria de liderança o faz? Porque a indústria sequer aborda estas questões básicas: como impedir que a má liderança ocorra? O que fazer quando e se ela começar a se enraizar? Como garantir que a punição se ajuste ao crime?

- *O fato de que os padrões de dominância e deferência mudam apenas ligeiramente ao longo do tempo e, então, apenas durante longos períodos.* A ideia de que liderança e liderados estão fundamentalmente diferentes do que eram há uma década não é examinada de modo geral, e os materiais usados, os livros, por exemplo, são frequentemente datados. Isso não quer dizer que não haja uma avaliação da mudança – pelo contrário. Os líderes são constantemente aconselhados a tomar cuidado com o admirável mundo novo das mídias sociais. Mas as implicações mais profundas dessa mudança, especialmente no que se refere às relações entre líderes de um lado e seguidores do outro, permanecem, em grande parte, inexploradas.[39]

A indústria de liderança tem menos de 40 anos. Porém, mesmo nesse curto período, convenceu inúmeros clientes e consumidores a comprar o que ela tem para vender. Por quê? Porque a liderança se aproveita de nossos mais profundos e primitivos impulsos humanos. Ansiamos por poder, autoridade e influência e, ao mesmo tempo, por uma boa liderança, que tenha sabedoria.

Na ausência de uma bala mágica

Recomendo cuidado ao comprador com a indústria de liderança. Não digo que não haja grandes líderes, que aprender a liderar seja impossível ou que a instrução seja uma ilusão. O que estou sugerindo é que olhemos para a indústria de forma mais crítica, que melhoremos nossa avaliação do que está sendo acessado, que expandamos nossa concepção do que constitui um programa de ensino de liderança e que ampliemos nossa compreensão de como a mudança é criada.

Em um mundo perfeito, desenvolveríamos uma teoria de liderança global com uma aplicação global da prática de liderança. Mas neste mundo imperfeito ainda temos de entender completamente a causalidade histórica e explicar inteiramente a motivação humana. Temos, ainda, de desenvolver de maneira colaborativa um programa central de ensino de liderança, para, objetiva e rigorosamente, aferir a eficácia do que fazemos e para adequar o aprendizado de liderança ao século XXI. Sequer sabemos como, nem quando, em que momento da vida ensinar a mais fundamental de todas as lições de liderança: não fazer errado, fazer direito.

O que sabemos, porém, é isto: que, na segunda década do século XXI, a liderança política está diferente – e mais difícil de exercer. Líderes tirânicos são, em geral, condenados, enquanto líderes democráticos são, em geral, reprimidos a ponto de ser prejudicados. São prejudicados por ideologias que sustentam a democracia; por fios estruturais que incluem verificações e equilíbrio institucional; por tecnologias que permitem e expandem a disseminação da informação e da liberdade de expressão; e por seguidores que se sentem mais importantes, com mais direitos e mais ousados. Quatro décadas atrás, a taxa de alfabetização entre as mulheres na Arábia Saudita era de 5%. Hoje, 60% dos estudantes universitários do reino são mulheres – e, em 2011, um grupo crescente de mulheres sauditas exigiu, além do direito de voto, o direito de dirigir. Quatro décadas atrás, Mao Tsé-tung ainda governava a China com mão de ferro. Em 2011, cerca de 26 milhões de mensagens postadas no Weibos – uma plataforma de microblog tipo Twitter – levou as autoridades chinesas a contradizer totalmente a versão oficial do que ocorrera quando um trem foi destruído, matando e ferindo mais de 200 pessoas.

Nem os líderes corporativos estão imunes às pressões. Não obstante o líder-centrismo que permeia a indústria de liderança, os que ocupam posições superiores estão mais fracos que antes, e os contextos dentro dos quais operam estão mais complexos. As corporações são transparentes a ponto de estarem "nuas", enquanto vozes, tanto dentro quanto fora da empresa, estão mais ásperas, mais altas e levam mais longe.[40] Os novos e os antigos meios de comunicação opinam 24 horas por dia, 7 dias por semana, e CEOs como Rupert Murdoch e Reed Hastings seriam os primeiros a declarar, sempre que há uma crise, nenhuma organização, nenhuma empresa, pode começar o "longo curso de volta à respeitabilidade pública... sem que a pessoa no topo renuncie – ou aceite a culpa e explique o que deu errado".[41] Além disso, os líderes corporativos são obrigados no presente – como não eram no passado – a estar atentos a "externalidades" – o efeito que (suas empresas) têm sobre o mundo à sua volta, por exemplo, sobre o meio ambiente.

Mais uma vez, em alguns aspectos, mudanças desse tipo resultam de diferenças geracionais. Em 2010, quase 90% das 200 empresas top do mundo eram lideradas por *baby boomers*.[42] Mas, logo atrás, estão os "Net Geners", da Geração Y, que nasceram aproximadamente entre 1980 e 2000 e que diferem significativamente de seus antecessores imediatos.[43] "Essa geração cresceu com computadores; está cheia de autoconfiança e tem sido incentivada a desafiar a sabedoria recebida... Isso não a torna fácil de gerenciar."[44] A literatura de liderança está, de fato, repleta de "ciberadvertências" como essa, acerca de um CEO cujos comentários "particulares" entrariam em um reino muito público – a blogosfera –, desencadeando uma tempestade de controvérsias em torno de si e de sua empresa.[45] Ou este, sobre "um mundo no qual um tweet raivoso pode torpedear uma marca".[46]

Finalmente, há pressão sobre os líderes corporativos e administradores para que liderem e administrem de forma mais equitativa, mais democrática que seus predecessores. Parte disso é cultural: sabemos agora que as concepções do século XXI de boa liderança implicam cooperar e colaborar, em vez de comandar e controlar. Mas há uma razão adicional, funcional, para se partilharem poder e influência – isso é bom para os negócios. Se liderar uma "empresa cocriativa", uma empresa que se preocupe com os stakeholders, inclusive com empregados, fornecedores, distribuidores e reguladores, sua recompensa, além da sensação de alegria e confusão, será ter maiores lucros.[47] De fato, no alto de uma lista de "cinco recomendações top" sobre como restaurar a confiança nos negócios, estava desenvolver "uma nova abordagem do stakeholder". Os CEOs foram aconselhados a falar "menos a acionistas sobre benefícios e lucros em curto prazo; em vez disso, focar nas necessidades do cliente, em investimento nos trabalhadores e em sustentabilidade (da ecologia à educação)".[48] Para voltar à linguagem que usei, os líderes empresariais são aconselhados a aderir ao contrato social sendo tão éticos quanto eficazes, e levando em consideração, além do interesse próprio, o interesse público.

É o suficiente para dar dor de cabeça a qualquer um – eis como é complexo o contexto, como são assustadores os problemas.

São internacionais: "A queima de combustíveis fósseis aumentou os níveis atmosféricos, retendo o calor do dióxido de carbono 40% acima do que estava antes da Revolução Industrial. O calor adicionado à atmosfera retém mais umidade, eleva a energia no sistema e incita condições meteorológicas mais violentas e extremas... [Além disso] doenças tropicais como malária, dengue e febre amarela chegarão a regiões temperadas..."[49]

São regionais: "O maior problema econômico do Egito, da Tunísia e de muitos outros países árabes... é representado pela demografia. Nos últimos 30 anos, a mortalidade infantil na região caiu para mais da metade. As taxas de fertilidade também caíram, mas não tão rapidamente.

A consequência é uma população em rápida expansão, com um imenso número de jovens. No Egito, a idade média é 24. No Iêmen, 18."[50]

E são nacionais: "A questão central [que os Estados Unidos enfrentam] é o acúmulo de problemas estruturais mais profundos do que essa recessão expôs – níveis insustentáveis de endividamento, a incapacidade da classe média de gerar renda, um sistema político disfuncional, o constante crescimento de benesses de interesse especial e a gradual perda da vitalidade nacional. O número de empresas start-ups *per capita* vem caindo nas últimas décadas... A classe trabalhadora americana... está sendo dizimada, econômica e socialmente."[51]

Não é de admirar que os americanos estejam deprimidos – muitas vezes, abatidos e, algumas vezes, alienados. Três em cada quatro acreditam que a economia está estagnada ou piorando. Um em três não se sente à vontade para casar, constituir uma família ou capaz de comprar uma casa. A confiança nas instituições está em mínimos históricos. A maioria acredita que o país está no caminho errado. E um grande número acredita que seus filhos terão menos oportunidades do que eles mesmos tiveram.[52]

E não é de admirar que a indústria de liderança pareça tão insignificante, tão pequena, contra a magnitude do desafio, tão completamente incapaz de inspirar quaisquer que sejam as necessárias intervenções imaginativas e as colaborações criativas.[53] Os problemas parecem intratáveis ou, pelo menos, opressivos – mais do que Goldman, Ge ou IBM possam enfrentar, mais que o típico programa de ensino de liderança possa almejar, mais do que a indústria está disposta a admitir ou mesmo acolher. O fato é que o mundo está mudando – mais depressa do que antes e mais do que antes. Governos e empresas de décadas passadas desaparecem de um dia para o outro. Novos – novos governos, novas empresas – brotam, aparentemente do nada. A política está turva, a inovação está se acelerando, a concorrência está se intensificando e a globalização está se expandindo. O mundo da segunda década do século XXI opera em rede e é interdependente e transnacional – com líderes mais fracos e seguidores mais fortes ou, ao menos, menos maleáveis.

Portanto, precisamos pensar grande – de maneira muito maior e mais expansiva do que a indústria de liderança pensou até agora. Precisamos considerar novas formas de engajamento para impedir o governo de prometer mais do que pode dar, e as empresas de ignorar questões insidiosas como desemprego e bruta desigualdade de renda. Precisamos desenvolver um modelo diferente de colaboração nacional a fim de prevenir a disfunção, o hiperpartidarismo, que nos impede até de começar a resolver o mais intratável de nossos problemas coletivos. E, finalmente, precisamos desenvolver maior nível de inteligência contextual para praticar, bem como pregar – cooperação internacional –, liderança *inter*grupal e de liderados, assim como liderança *intra*grupal e de seguidores. Precisamos pensar em liderança como um ato criativo – para o qual tanto líderes quanto seguidores foram educados, para o qual líderes e seguidores estão preparados por meio de uma vida de aprendizado.

Este livro é sobre a mudança de padrões de dominação e deferência – e sobre como e por que a indústria da liderança está aquém do que alguns de nós queríamos e pretendíamos. Não se trata de soluções simples. O historiador David Greenberg destacou que praticamente qualquer um que escreva um livro que almeje analisar um problema social ou político oferece uma "receita obrigatória". Mas lembra ainda que quase sempre essas receitas são utópicas, triviais ou dissonantes em relação ao restante do livro. Quando se trata de crítica social, ninguém "tem uma estratégia de saída".[54]

Para essa regra geral, sou uma exceção – estou me abstendo de uma "prescrição obrigatória". O que direi, porém, é isto: a liderança corre o risco de se tornar obsoleta. Não os líderes – eles sempre existirão –, mas a liderança resultante dos liderados, a liderança como o aprendizado que devemos adquirir, a liderança como algo melhor do que negócios, a liderança como solução para todos os nossos problemas e a liderança como um acordo que tem o mérito como componente. Para evitar essa possibilidade – a de sua própria obsolescência –, a indústria de liderança deve fazer, no mínimo, quatro alterações. Precisa acabar com o líder-centrismo, que restringe a conversa; transcender as especificidades situacionais que a tornam tão míope; submeter-se a uma análise crítica e refletir o objeto de sua afeição – mudar com a mudança dos tempos.

Notas

Introdução

1. Toni Bentley, "`Vindication´: Mary Wollstonecraft´s Sense and Sensibility", *The New York Times*, 29 de maio de 2005.
2. "Declaration of Sentiments", Seneca Falls, Nova York, 1848.
3. O maior impacto de *The Feminine Mystique* foi sobre as mulheres brancas de classe média, a quem particularmente se aplicava. Em 1969, apenas 27% dessas mulheres tinham empregos fora de casa, em comparação com 64% de suas iguais negras. Ver Stephanie Coontz, *A Strange Stirring* (Nova York, Basic Books, 2011).
4. A exceção a essa regra geral é dinheiro. Os homens ainda ganham mais que as mulheres, até pelo mesmo trabalho, e geralmente juntam mais, muito mais, ao longo da vida. Dito de outra forma, mães provavelmente são mais pobres que pais. Ainda assim, ver Hanna Rosin, "The End of Men", *The Atlantic*, julho de 2010.
5. Stephanie Coontz, *Marriage, A History* (Nova York: Viking, 2005), **http://www.stephaniecoontz.com/books/marriage/chapter1.htm;** Ver também Kate Bolick, "All the Single Ladies", *The Atlantic*, novembro de 2011. Para um argumento sobre um tipo diferente de mudança ao longo do tempo, o

declínio da violência, ver Steven Pinker, *The Better Angels of Our Nature: Why Violence Has Declined* (Nova York: Viking, 2011).
6. John Deutsch, "An Assignment for Joe Nye", trabalho não publicado, 17 de maio de 2011.
7. David Brooks, "Who is James Johnson?", *The New York Times*, 17 de junho de 2011, p. A35.
8. Para saber mais sobre seguidores, ver Barbara Kellerman, *Followership: How Followers Are Creating Change and Changing Leaders* (Boston: Harvard Business School Press, 2008).
9. Kellerman, *Followership*, *passim*.
10. Sobre as semelhanças entre liderança em empresas e no governo, ver Barbara Kellerman, *Reinventing Leadership: Making the Connection Between Politics and Business* (Albany: State Universiy of New York Press, 1999).
11. Os números são de Deborah L. Rhode e Amanda K. Packel, *Leadership: Law, Policy, and Management* (Nova York: Wolters Kluwer, 2011), p. 6.

Capítulo 1

1. Joseph Campbell, *O herói de mil faces* (Pensamento, 1995).
2. Sigmund Freud, "Psicologia de Grupo e a Análise do Ego" (Imago, 2006) em Barbara Kellerman, *Leadership: Essential Selections on Power, Authority, and Influence* (Nova York: McGraw-Hill, 2010), p. 83.
3. Campbell, I, p. 30.
4. Para uma discussão recente sobre nossa necessidade de heróis, ver William Deresiewicz, "An Empty Regard", *The New York Times*, 21 de agosto de 2011.
5. Thomas Carlyle, "On Heroes, Hero-Worship, and the Heroic in History", em Kellerman, *Leadership*, p. 57.
6. Hayley Tsukayama e Liz Lucas, "Thousands Cheer Obama at Rally for Change", *Columbia Missourian*, 30 de outubro de 2008.
7. Campbell, *O herói de mil faces*, p. 16.
8. Kurt Luedecke citado em Barbara Kellerman, *Followership: How Followers Are Creating Change and Changing Leaders* (Boston: Harvard Business Press, 2009), p. 99.
9. Citado em Kellerman, *Followership*, p. 54. O último livro de Freud se chama *Moisés e o monoteísmo* (Imago, 2006). Embora Freud estivesse escrevendo

sobre Moisés, sabe-se que levantou uma questão como esta, numa particular resposta à ascensão de Hitler.
10. Citado em Kellerman, *Leadership*, p. 13.
11. Citado em Kellerman, *Leadership*, p. 17.
12. Citado em Kellerman, *Leadership*, p. 35.
13. Citado em Kellerman, *Leadership*, p. 49.
14. Steve Pincus, *1668: The First Modern Revolution* (New Haven, CT: Yale University Press, 2009), p. 475.
15. Kellerman em *Leadership*, p. 126.
16. Citado em Kellerman, *Leadership*, p. 126.
17. T. H. Breen, *American Insurgents, American Patriots: The Revolution of the People* (Nova York: Hill & Wang, 2010), p. 16.
18. Minha completa tipologia de seguidores está em *Followership*, *passim*.
19. Citado em Barbara Kellerman, *The Political Presidency: Practice of Leadership* (Nova York: Oxford University Press, 1984), p. 4.
20. Samuel P. Huntington, *American Politics: The Promise of Disharmony* (Cambridge, MA: Harvard University Press, 1981), p. 33.
21. Henri David Thoreau, *Desobediência civil* (Ediouro, 1991).
22. Citado em Kellerman, *Leadership*, p. 71.
23. Citado em Kellerman, *Leadership*, p. 238.
24. Citado em Kellerman, *Leadership*, p. 44.
25. Citado em Kellerman, *Leadership*, pp. 257-258.
26. Paulo Freire, *Pedagogia do oprimido* (Paz e Terra, 2011).
27. Ambas as citações estão em Kellerman, *Reinventing Leadership: Making the Connection Between Politics and Business* (Albany, State University of New York Press, 1999), pp. 32-33.
28. David Ewing, "*Who Wants Corporate Democracy?*", citado em Kellerman, *Reinventing Leadership*, p. 50.

Capítulo 2

1. *O livro completo de Amy Vanderbilt* (Sinergia, 2000). Todas as citações nesse parágrafo e no anterior são do livro.
2. C. Wright Mills, *The Power Elite* (Nova York: Oxford University Press, 2000).
3. Bernard M. Bass com Ruth Bass, *The Bass Handbook of Leadership: Theory, Research, and Managerial Applications* (Nova York: Free Press, 2008), p. 101.

4. Bass e Bass: *The Bass Handbook of Leadership*, p. 460.
5. Joseph C. Rost, *Leadership for the Twenty-First Century* (Nova York: Praeger, 1991), p. 94.
6. Philip Selznick, *Leadership in Administration: A Sociological Interpretation* (Berkeley: University of California Press, 1957), p. 24.
7. David Brooks, "The Quest for Dignity", *The New York Times*, 1º de fevereiro de 2011, p. A27.
8. Barbara Kellerman: *Followership: How Followers Are Creating Change and Changing Leaders* (Boston: Harvard Business School Press, 2008).
9. Judith Martin, *Miss Manners' Guide to Excruciating Correct Behavior* (Nova York: Norton, 2005), p. 469. Outras citações e semelhantes, *passim*.
10. Warren Bennis, *A formação do líder* (Atlas, 1996).
11. James M. Kouzes e Barry Z. Posner, *O desafio da liderança* (Vida, 2009).
12. Bill George, *Liderança autêntica* (Gente, 2009).
13. Daniel Goleman, *Primal Leadership: Realizing the Power of Emotional Intelligence* (Cambridge, MA: Harvard Business School Press, 2002), pp. 173 e 189.
14. Goleman, *Primal Leadership*, p. 69.
15. Diane Brady, "Charm Offensive: Why America's CEOs Are Suddenly So Eager to Be Loved", *BusinessWeek*, 26 de junho de 2006, p. 26.
16. Ori Brafman e Rod A. Beckstrom, The *Starfish and the Spider: The Unstoppable Power of Leaderless Organization* (Nova York: Portfolio, 2006), p. 7.
17. John F. Harris, *The Survivor: Bill Clinton in the White House* (Nova York: Random House, 2005) p. 293.
18. A cobertura dos inquéritos judiciais do Prefeito Michael Bloomberg foi extensa nesse período. Ver, por exemplo, *The New York Times*, 31 de dezembro de 2010.
19. Jennifer Senior fez um excelente relato da saga de Bob Kerrey na New School em "Bob Kerrey's Ivory-Tower War", *New York*, 22 de fevereiro de 2009.
20. Vineet Nayar, *Primeiro os colaboradores, depois os clientes* (Bookman, 2011).

Capítulo 3

1. T. H. Breen, *American Insurgents, American Patriots: The Revolution of the People* (Nova York: Hill & Wang, 2010), p. 99ss.
2. Harlan Cleveland, *Leadership and the Information Revolution*, World Academy of Art & Science, 1997, pp. 8 e 24. O termo "poder do povo" foi cunhado pela primeira vez nas Filipinas, durante a revolta política de 1980.

3. Cleveland, *Leadership and the Information Revolution*, p. 26.
4. Esse pormenor é de Joseph S. Nye Jr., *The Future of Power* (Nova York: Public Affairs, 2011), p. 116.
5. A citação é de Raffi Khatchadourian, em Christian Caryl, "Why WikiLeaks Changes Everything", *New York Review of Books*, 13 de janeiro de 2011, p. 27.
6. Nelson D. Schwartz, "Facing a New Type of Threat from WikiLeaks, a Bank Plays Defense", *The New York Times*, 3 de janeiro de 2011, p. B1.
7. James Herron e Will Connors, "WikiLeaks Touchess Shell", *Wall Street Journal*, 10 de dezembro de 2010, p. B4.
8. Richard Perez-Pena, "Web Sites That Dig for News Rise as Community Watchdogs", *The New York Times*, 18 de novembro de 2008.
9. Charles Levinson, "Palestinians Blast Leaks Showing Peace-Talks Concessons", *Wall Street Journal*, 25 de janeiro de 2011, p. A11.
10. James Kirchick, "WikiLeak's Collateral Damage", *Wall Street Journal*, 31 de dezembro de 2010, p. 11.
11. David Carr, "A Year of Tweeting: Why Twitter Will Endure", *The New York Times*, 3 de janeiro de 2010, p. 1.
12. Mark Harris escreveu sobre o incidente em que Hastings "encontrou-se redigindo um blog de desculpas tão impregnado de tensa humilhação pessoal" que recebeu mais de ácidas 27 mil réplicas. Em *New York*, 24 de outubro de 2011, p. 14.
13. John Schwartz, "As Jurors Turn to Web, Mistrials Are Popping Up", *The New York Times*, 18 de março de 2009.
14. Rami G. Khouri, "When Arabs Tweet", *The New York Times*, 22 de julho de 2010.
15. "What's Next, Gen X?", **Tommyerickson.com/publications**.
16. Discurso do Almirante Gary Roughead pronunciado em 6 de junho de 2011, postado em **http://thebrowser.com**.
17. Erik Qualman, "3 Reason Why CEOs Hate Social Media", *Socialnomics*, 9 de agosto de 2010.
18. Lance Whitney, "Most CEOs Not Tapping into Social Media", *CNET News*, 13 de outubro de 2010.
19. Whitney, "Most CEOs Not Tapping into Social Media"; Quy Huy e Andrew Shipov, "Social Media's Leadership Challenges", *Harvard Business Review*, The Conversation Blog, 1º de novembro de 2010.
20. Discurso de Roughead.

21. Chris Perry citado in Whitney, "Most CEOs Not Tapping into Social Media".
22. David Kirkpatrick e David Sanger, "A Tunisian-Egyptian Link that Shook Arab History", *The New York Times*, 14 de fevereiro de 2011, p. A9.
23. Guobin Yang: *The Power of the Internet in China: Citizen Activism Online* (Nova York: Columbia University Press, 2009), p. 13.
24. Yang, *The Power of the Internet in China*, pp. 31-33.
25. Malcolm Gladwell, "Small Change", *New Yorker*, 4 de outubro de 2010, p. 49.
26. Clay Shirky, "The Political Power of Social Media", *Foreign Affairs*, janeiro/fevereiro 2011, p. 30. Ver também Shirky, *Lá vem todo mundo* (Zahar, 2012).
27. Evgeny Morozov, *The Net Delusion* (Nova York: PublicAffairs, 2011).
28. Steve Coll, "The Internet: For Better or for Worse", *New York Review of Books*, 7 de abril de 2011, p. 20.
29. Micah L. Sifry, "Point-and-Click Politics", *Wall Street Journal*, 30-31 de outubro de 2010, p. C3.
30. Barbara Kellerman, *Followership: How Followers Are Creating Change and Changing Leaders* (Boston: Harvard Business Press, 2009) p. 151.
31. David Barboza e Keith Bradsher, "A Labor Movement Enabled by Technology", *The New York Times*, 17 de junho de 2010, p. B1.
32. David Carr, "Online, a Nation of Serfs", *The New York Times*, 14 de fevereiro de 2011.
33. Citações nesse parágrafo estão em Maureen Dowd, "Stars and Sewers", *The New York Times*, 20 de fevereiro de 2011, p. 11.
34. John Heilemann, "Caught in Their Wb", *New York*, 20-27 de dezembro de 2010, p. 28.
35. Ori Brafman e Rod A. Beckstrom, The *Starfish and the Spider: The Unstoppable Power of Leaderless Organization* (Nova York: Portfolio, 2006) p. 98.
36. Joseph S. Nye Jr., *The Future of Power* (Nova York: PublicAffairs, 2011), p. 124, 125.

Capítulo 4

1. Mark van Vugt e Anjana Ahuja, *Naturalmente selecionados* (Cultrix, 2012).
2. Para uma recente e esplêndida discussão sobre "carisma", ver Zachary Woolfe, "A Gift from the Musical Gods", *The New York Times*, 21 de agosto

de 2011. Woolfe observa que, embora o carisma na cultura tenha sido muito menos explorado que, por exemplo, o carisma como fenômeno político, aplica-se a todos os tipos de pessoas, não apenas a líderes. Carisma, escreve ele, "depende de presença física. Opera com mais força no nível visual; quando precisamos de outra maneira de descrever alguém que o tenha, dizemos, 'Não se consegue tirar os olhos dela'".

3. Minha descrição, aqui, do que ocorreu na Arquidiocese de Boston, em 2002, foi tirada do Capítulo 7 de meu livro *Followership: How Followers Are Creating Change and Changing Leaders* (Boston: Harvard Business Press, 2009), pp. 151-77.
4. Russel Shorto, "The Irish Affliction", *New York Times Magazine*, 13 de fevereiro de 2011, pp. 44ss.
5. Rachel Donadio, "Pope Issues His Most Direct Words to Date on Abuse", *The New York Times*, 11 de maio de 2010.
6. Laurie Goodstein e David M. Halbfinger, "Amid Sexual Abuse Scandal, an Office That Failed to Act", *The New York Times*, 2 de julho de 2010, p. 1.
7. George C. Edwards III, "Strategic Assessments: Evaluating Opportunities and Strategies in the Obama Presidency", trabalho apresentado em 2010 no Annual Meeting of the American Political Science Association.
8. Cornel West, "Dr. King Weeps from His Grave", *The New York Times*, 26 de agosto de 2011.
9. Para os acionistas ativistas, até fazer uma pausa tem estado difícil. Em 2011, sofreram mais um golpe dos tribunais, descartando um novo regulamento da Securities and Exchange Commission que pretendia dar mais poder aos investidores para destituir os diretores.
10. Steven M. Davidoff, "Efforts to Rein in Executive Pay Meet with Little Success", *New York Time*, 13 de julho de 2011.
11. Steven M. Davidoff, "Quiet Proxy Season Means Fewer Fights in the Boardroom", *The New York Times*, 4 de maio de 2011, p. B5. Davidoff adverte contra a conclusão de que o ativismo dos acionistas esteja em ascensão. Para uma visão diferente, ver Jason Zweig, "Will New Tools Help Small Shareholders Topple Giants?", *Wall Street Journal*, 7 de janeiro de 2012.
12. Tilde Herrera, "Shareholder Activism Grows During Last Proxy Season", *Greenbiz.com*, 24 de fevereiro de 2011.
13. Andrew Dowell e Joann S. Lublin, "Strings attached to Options Grant for GE's Immelt", *Wall Street Journal*, 20 de abril de 2011, p. B1.

14. Jennifer Liberto, "CEO Pay: Shareholders Get a (Little) Say", *CNNMoney.com*, 21 de abril de 2011. Quem estiver interessado no assunto ativismo dos acionistas também pode querer acompanhar o destino de uma empresa sediada em Sandusky, Ohio, chamada Cedar Fair.
15. Rhea Wessel, "Activist Investors Turn to Social Media to Enlist Support", *NYTimes.com*, 24 de março de 2011.
16. Wessel, "Activist Investors Turn to Social Media to Enlist Support". Outros sites que procuram reunir acionistas incluem United States Proxy Exchange e Proxy Democracy.
17. Miguel Bustillo, "Wal-Mart to Settle 63 Suits Over Wages", *Wall Street Journal*, 24 de dezembro de 2010.
18. A decisão da Suprema Corte foi, neste caso, amplamente coberta, por exemplo, pelo *The New York Times*, 21 de junho de 2011. A citação de Duke estava na p. B4.
19. "Make Wall Street Risk It All", *The New York Times*, 8 de outubro de 2010.
20. Josh Lowensohn, "Lawsuit Accuses Apple, Others of Fixing Worker Pay", *CNET News, Politicis and Law*, 4 de maio de 2011.
21. Nicholas D. Kristof, "D.I.Y. Foreign-Aid Revolution", *New York Times Magazine*, 24 de outubro de 2010, pp. 49ss.
22. Daniel Bergner, "Networker on a Mission", *New York Times Magazine*, 5 de dezembro de 2010, pp. 48ss.
23. Anand Giridharadas, "The Caste Buster", *New York Times Magazine*, 2 de janeiro de 2011, pp. 37ss.
24. Enrique Krauze, "Can This Poet Save Mexico?", *The New York Times*, 2 de outubro de 2011.

Capítulo 5

1. Alan Pell Crawford, "A Revolution form Below", *Wall Street Journal*, 21 de maio de 2010, p. W4.
2. Jane Mansbridge, "A 'Selection Model' of Politicial Representation", *Journal of Political Philosophy* 17, n. 4 (2009), p. 371.
3. Michael Tomasky, "The Specter Haunting the Senate", *New York Review of Book*, 30 de setembro de 2010, p. 22.
4. George Packer, "The Empty Chamber", *New Yorker*, 9 de agosto de 2010, p. 45.

5. Norman Ornstein "A Filbuster Fix", *The New York Times*, 28 de agosto de 2010.
6. Estudo de Alan Abramovits, citado por David Gergen e Michael Zuckerman em "Is America Becoming a House Divided Against Itself?", *CNN Opinion*, 28 de setembro de 2011.
7. Andrew Hacker, "The Next Election: The Surprising Reality", *New York Review of Books*, 18 de agosto de 2011, p. 78.
8. Daniel Stone, "Hail to the Chiefs", *Newsweek*, 27 de novembro de 2010, p. 29.
9. Frank Rich, "Why Has He Fallen Short?", *New York Review of Books*, 19 de agosto de 2010, p. 8.
10. Rich, "Why Has He Fallen Short?", p. 8.
11. Peter Baker, "What Does He Do Now?", *The New York Times Magazine*, 17 de outubro de 2010, p. 45.
12. Sudhir Venkatesh, "Feeling Too Down o Rise Up", *The New York Times*, 29 de março de 2009.
13. John Heilemann e Mark Halperin, *Virada no jogo* (Intrínseca, 2011).
14. Heilemann e Halperin, *Virada no jogo*.
15. Também aqui, a referência é para o tipo de seguidores descritos em meu livro *Followership: How Followers Are Creating Change and Changing Leaders* (Boston: Harvard Business Press, 2009).
16. Joe Tripp citado em Claire Cain Miller, "How Obama's Internet Campaign Changed Politics", *The New York Times*, 17 de novembro de 2008.
17. Ver Gordon Wood, "No Thanks for the Memories", *New York Review of Books*, 13 de janeiro de 2011, p. 40. Wood faz a resenha de um livro de Jill Lepore sobre o Tea Party, *The Whites of Their Eyes: The Tea Party's Revolution and the Battle of American History*.
18. Kate Zernike, *Boiling Mad: Inside Tea Party America* (Nova York: Times Books, 2010), p. 6. Esse é um bom relato da ascensão do Tea Party, em especial de como pessoas comuns começaram um partido do zero. Ver também Theda Skocpol e Vanessa Williamson, *The Tea Party and the Remaking of Conservatism* (Nova York: Oxford University Press, 2012).
19. Douglas A. Blackman *et al.* "Birth of a Movement", *Wall Street Journal*, 29 de outubro de 2010, p. 1.
20. Matt Bai, "D.I.Y. Populism, Left and Right", *The New York Times*, 31 de outubro de 2010.
21. David E. Campbell e Robert D. Putnam, "Crashing the Tea Party", *The New York Times*, 18 de agosto de 2011.

22. Peter J. Boyer, "House Rule", *New Yorker*, 13 de dezembro de 2010.
23. Jason Ahmadi, porta-voz do Occupy Wall Street, citado em "Leaderless' Group Organizes", de Andrew Grossman e Jessica Firger, no *Wall Street Journal*, 10 de outubro de 2011. Ver também Mattathias Schwartz, "Pre-Occupied", *New Yorker*, 28 de novembro de 2011.
24. Pesquisa da Gallup, 1º de fevereiro de 2011.
25. Citado por Gerald Seib, "Populist Anger over Economy Carries Risks for Big Business", no *Wall Street Journal*, 11 de outubro de 2011.
26. James Surowiecki, "Soak the Very, Very Rich", *New Yorker*, 14 e 23 de agosto de 2010, p. 33.
27. Jay Lorsch e Rakesh Khurana, "The Pay Problem", *Harvard Magazine*, maio-junho de 2010.
28. *Forbes*, Special Report, CEO Compensation, 30 de abril de 2008.
29. Jessica Silver-Greenberg e Alexis Leondis, "How Much Is a CEO Worth?", *Bloomberg Businessweek*, 10-16 de maio de 2010.
30. David Carr, "Why Not Occupy Newsrooms?", *The New York Times*, 24 de outubro de 2011, p. B1.
31. Joseph E. Stiglitz, "Of the 1% by the 1%, for the 1%", *Vanity Fair*, maio de 2011, p. 126.
32. Jim Rutenberg e Megan Thee-Brenan, "New Poll Shows Darkening Mood Across America", *The New York Times*, 22 de abril de 2011, p. A1. O desaparecimento do Sonho Americano também implica um contrato social quebrado (ver Capítulo 4). Para saber mais sobre a transgressão econômica desse arranjo, ver George Packer, "The Broken Contract", *Foreign Affairs*, novembro/dezembro de 2011.
33. Floyd Norris, "The Crisis Is Over; but Where's the Fix?", *The New York Times*, 11 de março de 2011, p. B1.
34. James Jurowiecki, "Board Stiff", *New Yorker*, 1º de junho de 2009, p. 34.
35. Citado em Michael Skapinker, "Narcissistic Leaders Need External Controls", *Financial Times*, 29 de abril de 2009.
36. John Kay, "Beware the Cult of the Heroic Chief Executive", *Financial Times*, 9 de junho de 2010.
37. Jason Zweig, "Why Turining the Page on a CEO Isn't Always a Panacea", *Wall Street Journal*, 10 de dezembro de 2009, p. A11.
38. Diane Brady, "Can GE Still Manage?", *Bloomberg Businessweek*, 26 de abril de 2010, p. 27.
39. Graydon Carter, "Dimon in the Rough", *Vanity Fair*, abril de 2011, p. 66.

40. Deborah L. Rhode, "Introduction: Where Is the Leadership in Moral Leadership?", em *Moral Leadership: The Theory and Practice of Powerm Judgment, and Policy*, de Deborah L. Rohde (org.) (San Francisco: Jossey-Bass, 2007), p. 37.
41. Ver James B. Stewart para uma expressão articulada de indignação sobre a falta de punição aos funcionários da Tyson, "Bribery, but Nobody Was Charged", *The New York Times*, 25 de junho de 2011.
42. "The Worst Managers", *BusinessWeek*, 19 de janeiro de 2009.
43. Julie Creswell e Louise Story, "Thain Resigns Amid Losses at Bank of America", *The New York Times*, 23 de janeiro de 2009.
44. Gretchen Morgenson, "How Countryside Covered the Tracks", *The New York Times*, 17 de outubro de 2010, p. BU8.
45. As palavras são do senador de Michigan, Carl Levin, em Floyd Norris, "Eyes Open, WaMu Still Failed", *The New York Times*, 25 de março de 2011, p. B1.
46. Ezra Klein, "Washington's Suicide Pact", *Newsweek*, 21 de março de 2011, p. 7.
47. Evan Thomas, "We the Problem", *Newsweek*, 25 de fevereiro de 2010.
48. Christopher Hayes, "The Twilight of the Elites", *Time*, 22 de maio de 2010, p. 26.
49. Kurt Andersen, "Is Democracy Killing Democracy?", *New York*, 5 de fevereiro de 2010, p. 20.

Capítulo 6

1. Peter Grier: "Global Spread of Democracy Stalled", *Christian Science Monitor*, 21 de novembro de 2007.
2. Ronald Inglehart e Christian Welzel, "How Development Leads to Democracy", *Foreign Affairs*, abril de 2009, p. 33.
3. Inglehart e Welzel, "How Development Leads to Democracy", *Foreign Affairs*, p. 34.
4. Frank Dikkoter, *Mao's Great Famine: The History of China's Most Devastating Catastrophe, 1958-1962* (Nova York: Walker, 2010).
5. Stéphane Courtois *et al.*, *O livro negro do comunismo* (Bertrand Brasil, 1999). O título dessa seção foi tirado do título desse livro.
6. Zbigniew Brzezinski, *Out of Control: Global Turmoil on the Eve of the 21st Century* (Nova York: Scribner's, 1993).

7. Zbigniew Brzezinski, *O grande fracasso* (Bibliex Cooperativa, 1990).
8. Andrew Osborn e Alan Culison, "Oil's Crach Stirs Unrest in Russia as Slump Hits Home", *Wall Street Journal*, 19 de dezembro de 2010, p. 1. Ver também David Remnick "The Civil Archipelago", *New Yorker*, 19 e 26 de dezembro de 2011.
9. Julia Ioffe, "Net Impact", *New Yorker*, 4 de abril de 2011, p. 27.
10. Aleh Tsyvinski, citado en Ioffe, "Net Impact", p. 31. Ver também Andrew E. Kramer, "Russian Site Smokes Out Corruption, *The New York Times*, 27 de março de 2011.
11. As citações nesse e no próximo parágrafo são todas de Ian Johnson, "The Party: Impenetrable, All Powerful", *New York Review of Books*, 30 de setembro de 2010, p. 69.
12. Citado em Tom Mitchell, "Factory Workers Swap Angst for Anger", *Financial Times*, 1º de junho de 2010, p. 3.
13. James Glanz e John Markoff, "Vast Hacking by a China Fearful of Web", *The New York Times*, 5 de dezembro de 2010, p. 1.
14. Sharon LaFraniere e David Barboza, "China Tightens Censorship of Electronic Communications", *The New York Times*, 22 de março de 2011.
15. Andres Jacobs e Jonathan Ansfield, "Well-Oiled Security Apparatus in China Stifles Calls for Change", *The New York Times*, 1º de março de 2011, p. A1.
16. Scott Sayare, "As Web Challenges French Leaders, They Push Back", *The New York Times*, 13 de dezembro de 2009.
17. Stephen Erlanger, "Amid Protests and Strikes French Leader Vows Order", *The New York Times*, 20 de outubro de 2010, p. A10.
18. Suzanne Daley, "A Political Awakening That Keeps Them Up All Night", *The New York Times*, 7 de junho de 2011, p. A4.
19. Reuters, 2 de setembro de 2011.
20. Marcus Walker *et al.*, "Euro-Zone Leaders Feel Fall out from Crises", *Wall Street Journal*, 6 de julho de 2010, p. A6. As reclamações contra Merkel cresceram junto com a crise da dívida na Europa. Um comentarista escreveu: "Merkel não está conseguindo garantir a demanda alemã na Europa, tampouco conseguiu convencer os alemães a resgatar o euro." Alan Cowell, "Scrutiny of German Leader Builds as Debts Crisis Rattles Europe", *The New York Times*, 20 de junho de 2011, p. A6.
21. Nicolas Kulish, "Pirates' Strong Showing in Regional Elections Surprises Even Them", *The New York Times*, 20 de setembro de 2011, p. A5.

22. "A Decade of Convergence and Compression", *European CEO*, 16 de julho de 2010.
23. Martin Fackler, "Parade of Prime Ministers Has Japan Still Searching for a Route out of Recession", *The New York Times*, 15 de junho de 2010, p. A8.
24. Joshua Hammer, "A Free Woman", *New Yorker*, 24 de janeiro de 2011, pp. 24ss.
25. Norimitsu Onishi, "Internet Grows in Indonesia, as Does a Debate on Its Limits", *The New York Times*, 20 de abril de 2010.
26. Ashutosh Varshney, citado por Lydia Polgreen, "New Business Class Rises in Ashes of South India´s Caste System", *The New York Times*, 11 de setembro de 2010.
27. Amol Sharma, "In India, the Supreme Court Takes a More Activist Role", *Wall Street Jounal*, 16 de maio de 2011.
28. A frase "aparentemente durante a noite" foi tirada de uma manchete no *Harvard University Gazette*, 28 de março a 6 de abril de 2011, p. 12.
29. Simon Sebag Montefiore, "Every Revolution Is Revolutionary in Its Own Way", *The New York Times*, 27 de março de 2011, p. WK11.
30. Samantha Shapiro, "Can Social Netweorking Turn Disaffected Young Egyptians into a Force fo Democratic Change?", *The New York Times Magazine*, 25 de janeiro de 2009, pp. 32ss.
31. Steve Coll, "The Casbah Revolutin", *New Yorker*, 4 de abril de 2011, pp. 34ss.
32. "Volcano at Rage", *New York Review of Books*, 24 de março de 2011, pp. 4ss.
33. Para um relato mais detalhado do início dos acontecimentos na Síria, ver Nour Malas, "Syria Revolt Fueled by Roof Fires and Tweets", *Wall Street Journal*, 15 de julho de 2011, p. A1.
34. Steve Coll, "The Syrian Problem", *New Yorker*, 30 de maio de 2011, p. 23.
35. Marc Lynch, citado por Robert E. Worth e David D. Kirkpatrick, "Seizing a Moment, Al Jazeera Galvanizes Arab Frustration", *The New York Times*, 28 de janeiro de 2011, p. A1.
36. A frase entre aspas é de Montefiore. Ver também Kareem Fahim e Mona El-Naggar, "Some Fear a Street Movement's Leaderless Status May Become a Liability", *The New York Times*, 4 de fevereiro de 2011.
37. "1989!", *New York Review of Books*, 5 de novembro de 2009, pp. 4ss.

Capítulo 7

1. Em um artigo publicado em 2007, Doris Gomez escreveu: "Os gastos corporativos anuais em desenvolvimento de liderança aumentaram de US$10 bilhões para US$45 bilhões em meados de 1980. Relatórios da indústria de capacitação dizem que quase US$50 bilhões são gastos anualmente em capacitação e desenvolvimento corporativos." No entanto, os números de Gomez são de um trabalho publicado em 1997. Isso significa que agora, na segunda década do século XXI, os números são muito mais altos. Ver Gomez, "The Leader as Learner", *International Journal of Leadership Studies* 2, n. 3 (2007).
2. Scott Snook, Nitin Nohria, Rakesh Khurana, *The Handbook for Teaching Leadership: Knowing, Doing, Being* (Nova York: Russel Sage, 2011), p. 11.
3. Citado em Barbara Kellerman, *Bad Leadership: What It Is, How It Happens, Why It matters* (Boston: Harvard Business School Press, 2004), p. 3.
4. Barbara Kellerman e Deborah Rhode (orgs.). *Women and Leadership: State of Play and Strategies for Change* (San Francisco: Jossey–Bass, 2007) e Nitin Nohria e Rakesh Khurana (orgs.), *Handbook of Leadership Theory and Practice* (Boston: Harvard Business Press, 2010). Em 2011, a Sage ainda publicou *Handbook for Teaching Leadership*, editado por Nitin Nohria, Rakesh Khurana e Scott Snook.
5. Nohria e Khurana (orgs.), *Handbook of Leadership Theory*, p. 4.
6. Para saber mais sobre liderança no Exército dos Estados Unidos, ver *Be, Know, Do – Leadership the Army Way*, adaptado do Army Leadership Manual Oficial (San Francisco: Jossey-Bass, 2004).
7. Para uma discussão completa sobre esses diversos programas, ver Meredith L. Gore e Shawn J. Riley, "Are Leadership Programs Cultivating Tomorrow's Leaders in Wildlife Management?" em *Human Dimensions of Wildlife* 14 (2009), pp. 149-51.
8. Ann Scheck McAlearney, "Executive Leadership Development in U.S. Healthcare Systems: Exploring the Evidence", relatório preparado para a American College of Healthcare Executives, 2008.
9. Maureen C. Trott e Kim Windsor, "Leadership Effectiveness: How Do You Measure UP?", *Nursing Economics*, maio-junho de 1999, p. 127.
10. Rakesh Khurana, *From Higher Aims to Hired Hands: The Social Transformation of American Business Schools and the Unfulfilled Promise of Management as a Profession* (Princeton, NJ: Princeton University Press, 2007), p. 4.
11. Khurana, *From Higher Aims to Hired Hands*, p. 5.

12. A informação desse parágrafo é de Kim Lamoureux *et al.*; "Leadership Development Factbook – 2009", Bersin & Associates, outubro de 2009.
13. "Best Companies for Leadership", *Bloomberg Businessweek*, 16 de fevereiro de 2010.
14. As citações são do site da GE de desenvolvimento de liderança.
15. *2009-2010 Annual Report*, Center for Creative Leadership, p. 25.
16. Elle Van Velsor *et al.*, *The Center for Creative Leadeship Handbook of Leadership Development* (San Francisco: Jossey-Bass, 2010), p. xviii.
17. Entre os mais cuidadosos pesquisadores a esse respeito, está Bruce Avolio. Ver, por exemplo, Bruce J. Avolio *et al.*, "A Meta-analytic Review of Leadership Impact Research: Experimental and Quasi-experimental Studies", *Leadership Quaterly 20* (2009), pp. 764-84. Ver também Bruce J. Avolio *et al.*, "Estimating Return on Leadership Development Investment", *Leadership Quarterly 21* (2012), pp. 633-44.
18. *National Leadership Index*, Center for Public Leadership, Harvard University, 2011.
19. Second Annual State of the American Dream Survey, Xavier University, março de 2011.
20. Maritz Poll, Maritz Research, 17 de abril de 2010.
21. Frank Bruni, "The Fall This Summer", *The New York Times*, 28 de agosto de 2011.
22. Shawn Tully, "Is Goldman a Dinosaur?" *CNNMoney*, 2 de novembro de 2010, **http://finance.fortune.cnn.com/2010/11/02/is-goldman-a-dinosaur/**.
23. A citação é de Jessica Pressler, "It´s Too Bad. And I Don´t Mean It's Too Bad like 'Screw' Em", *New York*, 1º de agosto de 2011, p. 25.
24. Levantamento por Korn/Ferry em *Economic Times*, 15 de abril de 2010.
25. Alan Murray, "Supervising Success", *Wall Street Journal*, 8 de dezembro de 2010, p. A21.
26. Kate Linebaugh "Immelt and GE, 10 Years In", *Wall Street Journal*, 6 de setembro de 2011.
27. Para saber mais sobre má liderança, ver Barbara Kellerman, *Bad Leadership: What It Is, How It Happens, Why It Matters* (Boston, Harvard Business School Press, 2004).
28. "The Worst Managers", *BusinessWeek*, 19 de janeiro de 2009.
29. Joe Nocera, "Inquiry Is Missing Bottom Line", *The New York Times*, 29 de janeiro de 2011, p. B7. Nocera discutia o relato sobre a crise financeira publicado por Financial Crisis Inquiry Commission. O título do relato é *The*

Financial Crisis Inquiry Report, e está cheio do tipo de provas irrefutáveis que inevitavelmente levantam questões sobre nossa capacidade de criar líderes.
30. Warren Bennis e James O' Toole, "How Business Schools Lost Their Way", *Harvard Business Review*, maio de 2005.
31. Khurana, *From Higher Aims to Hired Hands*, p. 357.
32. Jeffrey Pfeffer, *Power: Why Some People Have It – and Others Don't* (Nova York: HarperCollins, 2010), p. 11.
33. Para mais ideias de Blair Sheppard sobre como "remodelar" a educação empresarial, ver "Reshaping Business Education in the New Era", *McKinsey Quarterly*, janeiro de 2010. Ver também Robin J. Ely, Herminia Obarra, Debora Kolb, "Taking Gender into Account: Thery and Design for Women's Leadership Development Programs", *Academy of Management Learning and Education*, setembro de 2011. Argumentam que não existe uma estrutura coerente de programas de liderança para as mulheres.
34. Ver capítulo por Richard J. Hackman, "What Is This Thing Called Leadership?" em Nohria e Khurana (orgs.), *Handbook of Leadership*, pp. 107-16. Ver também o capítulo de Joel M. Podolny et al., "Revisiting the Meaning of Leadership", pp. 65-105.
35. Na proposta para *The Handbook for Teaching Leadership*, diz-se que o atual estado da formação de liderança apresenta "falhas", como o conteúdo do curso, que raramente está em conformidade com as normas do método científico, professores que empregam evidências casuais e muitas vezes interesseiras, abordagens que raramente são fundamentadas em qualquer tradição teórica bem estabelecida e pouca evidência empírica de que qualquer uma dessas abordagens realmente funciona.

Capítulo 8

1. Confúcio, *Analects*, Capítulo 2.
2. Deborah L. Rhode e Amanda K. Packel, *Leadership: Law, Policy and Management* (Nova York: Wolters Kluwer, 2011, p. 219. A citação é de Max H. Bazerman e Ann E. Tenbrunsel, *Blind Spots: Why We Fail to Do What's Right and What to Do About It* (Princeton, NJ: Princeton University Press, 2011). Ver Bazerman e Tenrunsel para discussão adicional sobre como evitar "pontos cegos". Para uma discussão sobre como alguns educadores estão tentando desenvolver o caráter dos jovens, ver Paul Tough, "The

Character Test", em *New York Times Magazine*, 18 de setembro de 2011, pp. 38ss.
3. Estudiosos de liderança têm reconhecido a importância do contexto há décadas; as teorias de "contingência" abordam essa questão em particular. Contudo, a "contingência" quase sempre se refere a um contexto de proximidade, e não ao mais remoto. Além disso, mesmo essa forma limitada de consciência contextual não encontra, em geral, seu caminho no ensino de "como liderar" – a menos que esse ensino esteja dentro de determinada organização ou instituição, caso em que, em oposição a qualquer outro contexto, é o foco.
4. A frase é de Richard Hackman. Ver *Leading Teams: Setting the Stage for Great Performances* (Boston: Harvard Business School Press, 2002), pp. 199-200. Para um ensaio soberbo sobre o líder como construção psicossocial, ver Sonka M. Hunt, "The Role of Leadership in the Construction of Reality", em Barbara Kellerman (org.), *Leadership: Multidisciplinary Perspectives* (Englewood Chiffs, NJ: Prentice Hall, 1984), pp. 157-78.
5. Tomei emprestado de Rakesh Khurana; um de seus livros é intitulado *Searching for a Corporate Savior: The Irrational Quest for Charismatic CEOs* (Princeton, NJ: Pricenton University Press, 2002).
6. Ver, por exemplo, John P. Kotter, *A Force for Change: How Leadership Differs from Management* (Nova York: Free Press, 1990).
7. John Kotter, *Leadership Without Easy Answers* (Cambridge, MA: Harvard University Press, 1994). A citação sobre mobilização é de Ronald Heifetz *et al.*, *The Practice of Adaptive Leadership* (Boston: Harvard Business Press, 2009), p. 14.
8. Bill George, *Authentic Leadership* (San Francisco: Jossey-Bass, 2003), p. 12. Sobre as ideias de Robert Greenleaf, muito se tem escrito.
9. James MacGregor Burns, *Leadership* (Nova York: Harper & Row, 1978), p. 20.
10. Scoot Snook, Nitin Nohria e Rakesh Khurana (orgs.). *The Handbook for Teaching Leadership: Knowing, Doing, and Being* (Nova York: Sage, 2011), p. xi.
11. Para saber mais, ver Clayton M. Christensen e Michael B. Horn, "Colleges in Crisis", *Harvard Magazine*, julho-agosto de 2011, p. 43.
12. Boris Groysberg e Scott Snook, "Leadership Development at Goldman Sachs", Harvard Business School Case Study #0-406-002, revisto em 12 de março de 2007.
13. Shoma Chaterjee, Cary Friedman e Keith Yardly, "Leadership Acceleration at Goldman Sachs" em Snook, Nohria e Khurana (orgs.). *The Handbook for Teaching Leadership*.

14. Patricia O'Connell, "Goldman Sachs: Committed to the Next Generation", *Bloomberg Businessweek*, 16 de fevereiro de 2010.
15. Carol Pledger, "Building Manager Effectiveness by Combining Leadership Training and Organization Development", *Organizational Development Journal* (primavera de 2007), pp. 71ss.
16. Adam Bryant, "Lessons Learned at Goldman", *The New York Times*, 13 de setembro de 2009.
17. A menos que seja obtido de outro modo, o material da GE está disponível na Web.
18. Glenn Rowe, Roderick White, Derek Lehmberg e John Phillips. "General Electric: An Outlier in CEO Talent Development", *Ivey Business Journal*, janeiro/fevereiro de 2009.
19. Brett Arends. "GE Has Benn an Investor Disaster under Jeff Immelt", *Marketwatch*, 8 de março de 2010. Peter Cohan, "GE's Business Model Is Broken, and Jeff Immelt Hasn't Fixed It", *Daily Finance*, 16 de abril de 2010. Ver também Kate Linebaugh, "Tea Party Attacks out GE on the Defense", *Wall Street Journal*, 10 de outubro de 2011.
20. Jeffrey Immelt, "Renewing American Leadership", discurso proferido na U.S. Military Academy, West Point, NY, 9 de dezembro de 2009.
21. Carolyn April, "IBM's Commitment to Employeed Leadership a Lesson for All", *Channel Insider Blog*, 30 de novembro de 2009.
22. Tim Ringo, Allan Schweyer, Michael De Marco, Ross Jones e Eric Lesser, "Integrated Talent Management", IBM Corporation, 2008.
23. "The Enterprise of the Future: Implications for the Workforce", Global CEO Study, IBM Corporation, 2008.
24. IBM CIO Leadership Exchange, Xangai, fevereiro de 2009, e IBM CIO Leadership Exchange, "Bringing Together the World´s Leading CIO´s", Barcelona, março de 2010.
25. Tom Kucharvy postou o blog em 23 de janeiro de 2011.
26. A citação é de Kuchvary. A avaliação foi feita por um professor na Harvard Business School, Christopher Marquis. Essa avaliação está disponível na Web.
27. Thom Shanker, "Win Wars? Today's General Must Also Meet, Manage, Placate, Politick and Do P.R.", *The New York Times*, 13 de agosto de 2010, p. A11.
28. Barbara Kellerman, *Bad Leadership: What Is It, How It Happens, Why It Matters* (Boston: Harvard Business School Press, 2004), pp. 169ss.
29. Jesse Eisinger, "In Goldman Sachs's Short on Housing, a Misdirection", *The New York Times*, 16 de junho de 2011, p. B6.

30. Todd L. Pittinsky (org.), *Crossing the Divide: Intergroup Leadership in a World of Difference* (Boston: Harvard Business School Press, 2009).
31. Bazerman e Tenbrunsel, *Blind Spots*, p. 7.
32. Morton T. Hansen, Herminia Ibarra e Urs Peyer, "The Best-Performing CEOs in the World", *Harvard Business Review*, janeiro-fevereiro 2010, pp. 104ss.
33. Roger Thompson, "New Dean Sets Five Priorities for HBS", *Working Knowledge*, 20 de dezembro de 2010.
34. Descrição disponível no site da Accenture Leadership Center na University of Wisconsin School of Business.
35. Esses números são de William Walker, "A Capitalist Idea", *The New York Times*, 7 de setembro de 2011.
36. Linda Hill e Kent Lineback, *Being the Boss: The 3 Imperatives for Becoming a Great Leader* (Boston: Harvard Business Review Press, 2011).
37. Jeffrey Gandz, Marry Crossan, Gerart Seijts e Carol Stephenson, "Leadeship on Trial: A Manifesto for Leadership Development", Richard Ivey School of Business, University of Western Ontario, 2010.
38. Jim Kouzes e James Posner, *The Leadership Challenge* (San Francisco: Jossey-Bass, 2008).
39. Uma exceção a essa regra geral: Grady McGonagill e Tina Doerffer, *Leadership and Web2.0: The Leadership Implications of the Evolving Web* (Washington, DC: Bertelsmann Stiftung, 2011). Esse volume inteligente e leve é, como revela seu título, dedicado à questão de quanto a Web está impactando a liderança na segunda década do século XXI.
40. De Dan Tapscott e David Ticoll, *The Naked Corporation*, citado em Anthony Goodman, "Leadership in the Age of WikiLeals", *FT.com*, 3 de janeiro de 2011. Outros exemplos recentes de líderes empresariais que tiveram de recuar incluem a Coca-Cola (consumidores a forçaram a trocar as latas brancas pelas vermelhas em uma semana) e o Gap (clientes usaram a reação on-line para exigir o abandono do novo logotipo).
41. Michael Skapinker, "Real Bosses Known When to Take a Beating", *FT.com*, 21 de março de 2011.
42. Tamara J. Erickson, "The Leaders We Need Now", *Harvard Business Review*, maio de 2010, p. 66.
43. Morley Winograd e Michael D. Hais, *Millennial Makeover: MySPace, YouTube & Future of American Politicis* (New Brunswick, NJ: Rutgers University Press, 2008).
44. "Managing the Facebookers", *Economist*, 3 de janeiro de 2009, p. 10.

45. Soumitra Dutta, "What's Your Personal Media Strategy?", *Harvard Business Review*, novembro de 2010, p. 127.
46. Josh Bernoff e Ted Schadler, "Empowered", *Harvard Business Review*, julho-agosto de 2010, p. 95.
47. Venkat Ramaswamy e Francis Gluillart, "Building the Co-Creative Enterprise", *Harvard Business Review*, outubro de 2010, pp. 100ss.
48. "Restoring Confidence in Business: Not Just about Shareholders", *Wall Street Journal*, 22 de novembro de 2010, p. R3.
49. Sharon Bgley, "Weather Panic: This Is the New Normal", *Newsweek*, 6 de junho de 2011.
50. John Cassidy, "Prophet Motive", *New Yorker*, 28 de fevereiro de 2011, p. 34.
51. David Brooks, "Pundit Under Protest", *The New York Times*, 14 de junho de 2010.
52. Os números são de Begley, "Weather Panic", e Brooks, "Pundit Under Protest".
53. Ver, por exemplo, o artigo opiniático de Joe Nocera: "What is Business Waiting For?", *The New York Times*, 16 de agosto de 2011, no qual Nocera argumenta que, uma vez estando o governo "essencialmente paralisado para um futuro próximo", as empresas deveriam aproveitar a oportunidade, particularmente no que se aplica ao problema do alto desemprego. Gosto da ideia, mas de onde, exatamente, esse audacioso tipo de liderança corporativa deve emanar? Até agora, de qualquer maneira, não houve qualquer prova de que os líderes empresariais, mais do que os líderes políticos, tenham vontade e/ou habilidade para assumir essa responsabilidade.
54. David Greenberg, "No Exit", *New York Times Book Review*, 20 de março de 2011, p. 31.

Índice

Abdullah, rei da Arábia Saudita, 87, 135
Abdullah, rei da Jordânia, 136
abolição da escravatura, 14
Accenture, 156, 180
acionista, 78-81
acionistas, 186
Adams, John, 13
Adbusters, 102
Aflac, 105
África do Sul, 16-17, 116, 123, 137, 148
Ahmadinejad Mahmoud, 134
Ai Weiwei, 123
Al Jazeera (canal de satélite) 45, 135
Alemanha, 56-57, 69, 126
  Nazistas, 5-6
Alliance for international Coporate Volunteerism, 177
alunos do ensino médio, 147-148

Amazon, 4849
ambientalistas, 137
American College of Healthcare Executives, 154
American Creed, 14, 27-28
American Idol (show de televisão), 34
American International Group (AIG), 83
American Jobs Act (proposto), 181
American Management Association, 151
American Revolution, xix, 11-14, 27-28, 89
Americans Elect, 112
Amos, Daniel, 105
análise crítica, 188
Andersen, Kurt, 112
Animal Liberation (Singer), 19
antiautoritarismo, 12-14, 89
apartheid, 116

Apotheker, Leo, 105
Apple, computador, 4, 83, 103
aquisição hostil, 63-64
Arábia Saudita, 87, 135, 184
Architectural Barriers Act, 18-19
aristocracia, 12
Aristóteles, 180
Arquidiocese de Boston, 68-69
Arquidiocese de Filadélfia, 71
Ash, Timothy Garton, 138
Assad, Bashar al-, 134, 135
Assange, Julian, 43-46, 58
assistência médica, 112, 154
Association of American Leadership Educators, 151
At&T, 49, 169
ativismo de acionistas *versus*, 76-81
ativismo do trabalhador, 21, 55, 78, 83
ativistas acionistas, 78-81, 84
Ativistas, xxiii, 13, 53-54, 69, 116-117, 27, 126-127. Ver também resistência dos seguidores
atratividade, 30-31
Authentic Leadership (George), 30
autoconsciência, 167
autoexpressão, 47-52, 55-56
autoridade, xx, 6,25
   absoluta, 12
   contrato social e, 64
   declínio de respeito por, 23, 28, 30-31, 34, 36, 40, 51,53
   definida, xxiii
   revoluções e, 10, 12, 17
   sentimento americano *versus*, 12-15
   tecnologia da informação e, 55, 58-58

Autoridade Palestina, 45
autoridade paterna, 28,42
autoritarismo, 9, 47, 117-120, 127, 133
autoritarismo do mercado, 54
Azerbaijão, 127

Bahrain, 51, 134
Bailyn, Bernard, 13
Bangladesh, 116
Bank of America, 44
Bear Stearns, 107-108, 162
Beckstrom, Rod, 31, 58
Bélgica, 69
bem comum, 171
Ben Ali, 134
Benedito XVI, papa, 69-72
Bennis, Warren, 29-30, 150, 164
Berkshire Hathaway, 84
Berlusconi, Silvio, 127-127
Bernanke, Bem, 163
Bernard, Chester, 150
Bettencourt, Liliane, 123-125
Bielorrússia, 17, 127, 138
bin Laden, Osama, 94
bispos católicos romanos americanos, 71
Blankfein, Loyd, 103, 174
blog da Smart Girl Politics, 100
blogs, 43, 53
Bloomberg Businessweek, 105, 108, 155-156, 160
Bloomberg, Michael, 37-38
Blough, Roger, 20
Boehner, John, 101
Boeing, 32, 153, 161
Bonner, Elena, 117

bons líderes, xx, xxiii-xxiii, 162, 171, 182
bons seguidores, xxiii
Boston Globe, 68
Bouazizi, Muhammad, 133
Boyer, Peter, 101
Brafman, Ori, 31, 58
brancos, 28, 98, 99
Brasil, 138, 161
Breen, T.H., 13
British Conservative Party, 126
British Petroleum (BP), 96, 109, 162-163
Brooks, David, xx, 27
Brown University, 147
Browne, John, 109
Bruni, Frank, 160
Bryant, Adam, 178
Bryn Mawr College, 146
Brzezinski, Zbigniew, 18
Buffett, Warren, 83-84
Bulgária, 126
Burd, Steve, 105
Burns, James MacGregor, 150, 170
Bush, Goerge W., 34, 44, 94, 96
BusinessWeek, 30

Câmara dos Deputados dos Estados Unidos, 91, 93, 95, 11
Cameron, David, 55
Camilla, duquesa de Cornwall, 126
Campbell, Joseph, 3-5
Canadá, 161
carisma, 64
Carlyle Group, 80
Carlyle, Thomas, 4
Carr, David, 48, 105
Carter, Graydon, 108

Carter, Jimmy, 20
Casady, Derek, 83
Casady, Nancy, 83
casamento, xvii-xx, 24-25
Cayne, James 165-108, 162
Cazaquistão, 17
Center for Creative Leadership (CCL), 157-158
CEOs, 21, 40, 65, 107-108, 127, 161-163, 184-185
  desempenho financeiro e, 179
  ética e, 109-111
  mídia social e, 52-53
  poder compartilhado e, 185-186
  remuneração de, 76, 104-105
Charles, príncipe de Gales, 126
Chile, 137
China, 138, 161, 184
  ativismo on-line e, 45, 47, 54-56
  programas de liderança, 152-153
  progresso econômico *versus* político, 116-118, 121-123
Chinese Executive Leadership Academy Pudong (CELAP), 152-153
Churchill, Winston, 15
"círculo sagrado", 12
Citigroup, 49
CitySearch, 35
Civil Right Act (1964), 81
classe média, 103, 186-187
  poder, 64
classe trabalhadora, 56, 121-122, 186. *Ver também* movimento trabalhista
Cleveland, Harlan, 42-43
Clinton, Bill, 32, 98
Clinton, Hillary, 46, 97-98
Clooney, George, 86

coach, 40
Cohan, William, 82
colaboração, 29-30
colapso da União Soviética, 17-18, 42, 58-59, 116-118, 126-127, 132-133
Cole, Kenneth, 48
Coll, Steve, 55
colonialismo, xx, 16-17
Comissão Europeia, 82
companhia Gannet, 105
companhia Intel, 83
companhia Oracle, 104-105
companhia Safeway, 105
companhia Walt Disney, 79
companhia Zappos, 52
comunidade, 64-65
comunismo, queda do, 58-59, 115-118, 128, 132-133
conexão, 51-54
Confúcio, 6, 8, 150, 165, 167, 180
Congresso dos Estados Unidos, 74, 91, 93, 101, 112
consciência, 167
    restrita, 179
Constituição dos Estados Unidos, 93
contexto, xxi-xxiii, 40, 69
    indústria de liderança e, 76, 144, 168-169, 171, 179
    líder-cêntrico, 7
    líderes empresariais, 186-188
    líderes políticos e, 73, 76
    tecnologia e, 59
contexto nacional, 186-187
contexto regional, 186
contrato social, 63-64
    empreendedores e, 84-88
    escândalo da Igreja Católica e, 67-72

Hobbes sobre, 10, 12
indústria de liderança e, 138
líderes corporativos e, 77-84, 186
Locke sobre, 12
mérito e, 65-66
política americana e, 72-77
controle de baixo para cima, 21
convenções políticas de Iowa, 98
Coontz, Stephanie, xviii
cooperação, 29-30, 55
Copa do Mundo (2010), 123
Coreia do Norte, 47, 128-129
corporações, 39, 49, 52, 55, 65, 77-84, 104-105, 184
corrupção, 112, 120, 127-127, 130
Costa do Marfim, 137
crescimento econômico, 53-54, 103-104, 118-123
crianças
    abuso sexual e, 67-72
    hierarquia familiar e, 24-25, 28
crise financeira de 2008-9, 82, 90, 103-107, 127, 163, 174, 180, 186-187
crowdsoursing, 35
Cuba, 137
cultura popular, 34
Curtice Harlow, 20
Dancing with the Stars (show de televisão), 34
Dartmouth College, 146
Declaração de Independência, 12, 13
"Declaration of Sentiments" (Stanton), xix
declínio de privacidade, 34, 37, 48
Deepwater Horizon, 95-96, 109
democracia corporativa, 21

democracia, xx, 11, 14, 23, 28, 30, 47, 54, 55, 63, 65, 76, 115-116, 118, 129, 136-138, 184
Deng Xiaoping, 117
Departamento de Estado dos Estados Unidos, 50
desconfiança em instituições, 91, 112-114, 160, 187
desconsideração, outro, 179
desempenho financeiro, 179
desemprego, 76, 78, 103, 112, 125, 181, 187
desigualdade de renda, 78, 103-105, 187
Deutsche Bank, 83
Dimon, James, 108
direito dos deficientes, 18-19
direitos de propriedade, 12
direitos de voto, 14
direitos dos homossexuais, 19, 49, 119
discriminação sexual, 81
Distúrbios de rua em Londres, 2011, 55
dívida nacional, 90, 95, 112
Dood-Frank Act (2010), 82
Dow Corning, 177
Drucker, Peter, 150
Duberstein, Ken, 96, 97
DuBois, W. E. B., 166-167
Dubow, Craig, 105
Duke University, 147, 164
Dukes *versus* Wal-Mart Stores, Inc., 81-82

Eastman Kodak, 105
Ebbers, Bernard, 83
economia do conhecimento, 40
Edwards, George C., III, 74

eficácia, 66, 72-77, 167
Egito, 42, 48-51, 53-54, 55, 116, 133-133, 136, 186
Eisenhower, Dwight D., 27, 28
eleições
    de 2008, 4-5, 97-98
    de 2010, 94-96
    de 2012, 100, 112
Ellison, Larry, 104-105
Emerging Wildlife Conservation Leadership Program, 153
empowerment, 23, 30-29, 34, 49, 51, 59
empreendedorismo, 84-86
    grupo, 86-87
    individual, 85-86
    social, 85
empreendimento cocriativo, 185-186
empresas de tecnologia, 83
Engels, Friedrich, xix
Enough Project, 87
enquetes de opinião, 37
Enron, 82-83, 162
equipes, 30-31
Erickson, Tammy, 51
Ernst & Young, 83
erro de atribuição ao líder, 107, 168
escândalo de Watergate, 20
escândalo Penn State, 68
escândalos sexuais, 31-34, 67-73, 125
Escandinávia, 127
escolas de administração, 84-85, 146, 152, 156-157, 170, 179-180
Espanha, 125-126
especialistas, 34-36
especificidade situacional, 178-179, 188
Espectadores, xxiii, 75, 80, 98

Estados Unidos. *Ver também:*
Revolução Americana; e instituições específicas
declínio de poder de, 21, 137-138
indústria de liderança na, 143
movimento dos direitos, 18-22
política disfuncional de, 90-96
recursos da elite e, 43
estruturas organizacionais, 39-40, 85
Estudos de Liderança, 149-152, 163-164, 167
ética, 66, 73, 72, 105-106, 109-111, 167, 179
etiqueta, 24, 26, 28-29
etiqueta no lugar do trabalho, 24-27, 29, 64
Europa, 12, 123-127, 138. Ver também países específicos
experiência, 167
externalidades, 185

Facebook, 35, 48-51, 53-54, 58, 80, 130
facilitador, 40
falhas de Wall Street, 106, 109-110, 112. *Ver também* crise financeira de 2008-10
Farkas, Lee, 83
Federal Deposit Insurance Company (FDIC), 111
Federal Reserve, 163
FedEx, 177
feedback ascendente, 35
feedback de 360 graus, 35
Feminine Mystique, The (Friedan), xvii, xix, 18
Filipinas, 116
filósofo-rei, 6-7, 165-166

Follett, Mary Parker, 150
Forças Armadas dos Estados Unidos, 153, 178
Ford Motors, 52
Ford, Gerald, 20
formação em liderança, 167
atual, xx, 166-167
Confúcio e Platão sobre, 6-7
história de, 165-166
para aprender a prática de liderança (*Ver* programas de desenvolvimento de liderança)
pedagogias atuais, 169-171
teoria da liderança (*Ver* estudos de liderança)
Fortune, 20, 21, 176
Fox News (canal de televisão), 93, 104
França, 12, 45, 123-125
Revolução, xix, 11, 12
Freire, Paulo, 19
Freud, Sigmund, 3-6, 40
Friedan, Betty, xvii-xx, 18
From Higher Aims to Hired Hands (Khurana), 155
Fuld, Richard, 108
Furacão Irene, 38
Future of Power, The (Nye), 59

Gaddafi, Muammar, 46, 134, 59
Galleon Group, 83
Game Change (Heilemann and Halperin), 97
Gana, xx, 169, 177
Gandi, Mahatma, 15-16, 18
Gandz, Jeffrey, 181
Ganesan, Chezi, 130
gangue dos seis, 87-88
Gates, Bill, 103

Gay-Straight Alliance, 87
Gay, Peter, 12
Gbagbo, Laurent, 137
General Electric (GE), 79, 108, 153, 156, 161-162, 168, 187
  programas de liderança, 173-178
General Motors, 20, 103, 112, 163
Geoghan, John J., 68
George, Bill, 30, 169
Georgetown University, 147
Georgia, 17, 127
Geração Y, 51, 185
Ghonim, Wael, 54
Girls Leadership Institute, 148
Gladwell, Malcom, 55
Glassdoor.com (site), 78
"Global CEO Study" (relatório da IBM), 176
globalização, xxiii, 18, 40
Glorious Revolution, 10-11
  Índia e, 15-16
Goldman Sachs, 83, 103, 160, 179, 187
  programas de liderança, 171-177
Goleman, Daniel, 30
Google, 36, 54, 81, 83
Gorbachev, Mikhail, 117
governança e, 105, 109, 121
governança, 6, 65
governo. *Ver também* líderes políticos; *e países e instituições específicos,* 91-129, 112
  disfuncional, 91-96, 112
  falta de confiança em, 14, 20-21, 159
  funcional, 65
  mídia social e, 48-50, 53-54

política do mundo e, 59, 115-116, 119-120
Grã-Bretanha, 126, 161
Grande Depressão, 163
Great Lakes Leadership Program, 153
Great Leap Forward, 116
Grécia
  antiga, 3, 11
  crise da dívida, 126, 127
Greenberg, David, 188
Greenleaf, Robert, 169-170
Greve da Honda Lock, 56
grupos de discussão, 34
Guerra do Afeganistão, 44
Guerra do Iraque, 44
Guttenberg, Karl-Theodor zu, 56-57

habilidades de negociar, 167
habilidades em comunicação, 167
habilitação, 34, 56, 64, 66, 75
Hackman, Richard, 164
Halperin, Mark, 34, 97-98
Handbook for Teaching Leadership, The (Snook, Nohra, and Khurana), 170-171, 174
Handbook of Leadership Theory and Practice (Nohria and Khurana), 151
Harris, John, 32
Harvard Business Review, 21, 153, 179
Harvard University, 38-40, 145-146, 164, 169
  Business School, 146, 152, 157, 179-180
  Center for Public Leadership, 151, 160, 181

Divinity Scholl, 146
Kennedy School, 35, 146
Law School, 146-147
Medical School, 146
School of Education, 146-147, 150
Hastings, Reed, 48, 184
Hayward, Tony, 109, 162-163
Hazare, Anna, 132
Healthcare Leadership Alliance, 154
Heifetz, Ronal, 169
Heilemann, John, 58, 97-98
hereditariedade, 64
heróis-líderes, 3-7, 13, 15
Hewlett-Packard, 32, 105
hierarquia
    achatada, 30, 178
    casta indiana, 129-130
    família, 24-25
    meritocracias e, 65
    Occupy Wall Street e, 102
hierarquia familiar, 24-25, 28-29, 40
Hill, Linda, 181
Hitler, Adolf, 5, 15
Hobbes, Thomas, 9-12
Holanda, 69
Home Depot, 161
Hsieh, Tony, 52
Hu Jintao, 123
Huntington, Samuel, 14, 27
Hurd, Mark, 32

IBM, 153,187
    Corporate Service Corpos (CSC), 176-178
    Institute for Business Value, 176
Idade Média, 8
Iêmen, 51, 134, 135-136, 186
Iger, Robert, 79

Igreja Católica, 8, 10, 12, 67-73, 112
igualdade, 12, 14, 16-17, 22, 27-29, 105-106, 116, 127, 185
Iluminismo, xix, 12-13
Immelt, Jeffrey, 79, 108, 161-162, 175-176
incerteza, 64
Índia, 138, 161
    hierarquia de castas, 86, 130-132
    liberação de, 15-17
índice de satisfação nacional, 75
individualismo, 14-15, 27
Indonésia, 129
indústria automobilística, 20-21, 103
indústria da liderança
    avaliando, xvi-xvii, xx-xxi, xxiii, 164, 165, 167, 188
    consequências não antecipadas de, 158-164
    contrato social e, 138
    crescimento de, xx, 30, 144, 152-158
    definido, xv
    desafios enfrentados por, 186-188
    erudição e, 149-152
    ética e, 109
    evidência empírica e, 171
    foco do "grande homem" ou "mulher", 169-178
    história de, 143-164
    mudança histórica e, 31
    mudanças na cultura e tecnologia, 22, 159-162
    mudanças no contexto e, 29, 59-60, 76
    programa de ensino e, 184-188
    suposições de, 144-145, 178-183
indústria financeira, 123, 105-107

influência, 25, 64, 70, 104
  compartilhada, 30, 185-186
  definida, xxiii
  empregado *versus* empregadores e, 78
  Igreja Católica e, 67-72
  informação
  limites do líder e, 36
  mídia on-line e, 56
  propagação de, 41-47, 52, 56, 184
  redistribuição de, 10, 12, 15, 34, 98
informação privilegiada, 29
inovadores, 29
inteligência contextual, xxiii, 88, 98, 188
inteligência emocional, xxiii
interesse próprio, 66, 93
interesse público, 90, 93
International Leadership Association (ILA), 151
International Monetary Fund, 106, 125, 127
Internet & American Life Project, 56
Internet, 47, 50, 54-60, 76, 78, 80-81, 98, 112, 120, 123, 185 *Ver também* tecnologia da informação; mídia social
investimento socialmente responsável, 79
Irã, 44, 47, 55, 134
Irlanda, 70-71, 125, 127
Isolados, xxi-xxiii, 75, 80, 98
Israel, 45, 87
Itália, 127-127

Jackson Eric, 80
Japão, 128-129
Jefferson, Thomas, 12-13

Jerusalém, 45
João Paulo II, papa, 69-70, 72
João, rei da Inglaterra, 7-8
Jobs, Steve, 4, 103, 107
Joffe, Josef, 126
Johnson, Lyndon B., 20
Jordânia, 51, 134
jornais, 41, 58
Journal of Leadership and Organizational Studies, 150
JPMorgan Chase, 102, 108
Jung, Carl, 3-4
juventude, 51-53, 185
  Primavera Árabe e, 133
  programas de liderança para, 146-148

Kennedy, John F., 27, 32
  assassinato de, 19-20
Kennedy, Robert F., 20
Kenny, Enda, 71
Kenya, xx
Kerrey, Bob, 40
Kets de Vries, Manfred, 107
Khodorkovsky, Mikhail, 120
Khouri, Rami, 50
Khurana, Rakesh, 151-152, 155, 164, 170
Killinger, Kerry, 111
King, Martin Luther, Jr., xix-xx, 4, 18
  assassinato de, 20
Kleinfeld, Klaus, 127
Koslowski, Dennis, 83
Kotter, John, 169
Koussa, Moussa, 136
Kouzes, James, 30, 181
Krauze, Enrique, 86
Kremer, Amy, 99-100

Kruschev, Nikita, 117
Kudrin, Aleksei, 120

Laos, 17
Law, Cardeal Bernard, 68-69
LeadAmerica, 147-148
Leader to Leader Institute, 153
Leadership (periódico), 150
Leadership Academy for Girls, África do Sul, 148
Leadership and the Information Revolution (Cleveland), 42
Leadership Challenge, The (Kouzes e Posner), 30
Leadership in Administration (Selznick), 26
Leadership Quarterly, 150
Leadership Without Easy Answers (Heifetz), 169
Leahy, Michael Patrick, 99
LEAP Program, 148
Lehman Brothers, 83, 108, 110
leis trabalhistas, 81
Leste Europeu, 18, 42, 59, 117
"Letter from Birmingham Jail" (King), xix, 18
Lewinsky, Monica, 31
Liberdade da Internet, 126
liberdade de expressão, 47, 54, 55, 184
Libertários, 98
Líbia, 51, 134, 136
líder tirano, 5-7, 13, 36, 118, 184
líder transformacional, 90, 170
líder *versus* gestor, 29
líder-cavalheiro, 6-7
líder-centrismo, xxi, 168, 170, 178-179, 184-185, 188

líder-príncipe, 8-9
liderança "dispensável", 26
liderança autêntica, 169
liderança de "comando e controle", 29
liderança distribuída, 12
Liderança high-po, 173
liderança insular, 179
liderança meritória, 65-66
líderes e liderança, *Ver também* relação líder-seguidor; resistência dos seguidores; e tipos específicos de líderes
  academia e, 150-161
  características de, 25-26, 30-31
  casamento comparado a, xvii-xviii
  conferências sobre, 151
  conhecimento das características de, 25
  crise em, xxi, xx, 160, 188
  declínio na confiança e, xvi, xx, 19-21, 28, 31-32, 66, 90, 159
  definições de, xxiii
  devolução do poder e, 40
  educando de modo estreito *versus*, amplo, 182
  educando gente jovem em, 145-149
  eficácia de, 66
  ênfase exagerada sobre, 22, 25, 29-30, 143-147
  ética e, 66
  Europa e, 123-127
  evolução de, xvii-xxi, 63
  falhas de, xvii, xxiii, 66, 111, 138, 159-160
  falta no Occupy Wall Street de, 102
  feedback ascendente e, 35

"fim de" definido, xxiii
fontes de poder de, 63-66
generalistas *versus* especialistas e, 171
gestores *versus*, 29
habilidades de, 167
heróis-líderes e, 3-7
Igreja Católica e, 67-77
importância de, *versus* liderados, 182
individualismo e, 14-15
informação sobre ações profissionais, 43-47
informação sobre vidas pessoais de, 31-34
inteligência contextual, 88
lacuna entre o ensino e a prática de, xv
limites iniciais sobre, 7-10
limites sobre, 7-8, 37-40
literatura sobre, 25, 29
Locke sobre, 11-13
mídia social e, 52-54
movimentos de direito e, 15-22
mudanças e, xxi, xxiii
mudanças mundiais e, 12-45
na crise americana e, 89, 91-114
pode ser aprendido por todos, 144
profissão, 179-180
protestos asiáticos *versus*, 128-132
público, 181
Revolução Americana e, 12-14
Revolução Gloriosa como ponto de virada, 11
revoluções e, 10
Rússia e China e, 118-123
suposições sobre, xxi, 165, 180-182
Tea Party e, 99

tecnologia da informação e, 41-47, 58-59
tecnologia de comunicação e, 43
visão tradicional de, 60
líderes empresariais,
contrato social e, 186
corrupção e, 103, 108-111, 114
declínio de confiança em, 20-22, 66, 77-84, 103-111, 114, 160-162
Europa e, 127
hierarquias e, 21, 25-27
líderes políticos e, 181
mérito e, 65
narcisismo de, 107
pressão sobre, 184-186
processos *versus*, 81-83
líderes intrinsecamente motivados, 90
líderes pentatletas, 178
líderes políticos
declínio da fé em, e Estados Unidos, 20, 66, 73-77
declínio da fé em, e Europa, 123-127
disfunção de, xx-xxi, 90-96, 106, 112-114, 184, 186-187
líderes corporativos e, 181
maus seguidores e, 112-114
mérito e, 65
mídia social e, 50
pessoas poderosas e, 96-102
Primavera Árabe e, 135-136
Rússia e China e, 118-123
líderes políticos e, 75-76, 98
líderes servos, 31, 90, 169-170
líderes-monstros, 5-7, 15
Lilla, Mark, 98
Lineback, Kent, 181

LinkedIn, 53
literatura de desenvolvimento de liderança, 144, 158
Lituânia, 126
Lituânia, 17, 126
Liu Xiabo, 123
Locke, John, 11-13, 89
Luther, Martin, 10, 58

Machiavelli, Niccolo, 8-9, 180
Madagascar, 137
Madison, James, 13, 92-93
Magna Carta, 8, 10
Malásia, 129
Man in the Gray Flannel Suit, The (Wilson), 25
Mandela, Nelson, 4, 16-17
Manifesto Comunista (Marx e Engels), xix
Manning, Bradley, 46
Mansbridge, Jane, 90
Mao Tsetung, 116, 117, 184
máquina de impressão, 58
Marrocos, 134, 136
Martin, Jenny Beth, 99-100
Martin, Judith ("Miss Manners"), 28-29, 40
Marx, Karl, xix
MasterCard, 46
maus líderes, 5, 37, 51, 78, 114, 161-163
maus seguidores, 114
McCain, John, 98, 98
McNerney, Jim, 161
Medgar Evers College, 146
Mediapart (site), 45
Medvededv, Dmitri, 56, 119
mérito, 65-66, 88

Merkel, Angela, 57, 126
Merryl Lynch, 110
México, 86
Microsoft, 103
mídia nova, 57-59, 98-100, 135, 138. *Ver também* tecnologia da informação; mídia social
mídia social, 43, 48-60, 80, 96-97, 129, 183
mídia, 69, 103, 108, 112. *Ver também* internet; nova mídia, mídia social
Mill, John Stuart, 14-15
Mills, C. Wright, 25
minimizando, xviii, 162, 170, 182
Misal Ravindra, 86
modelos morais, 167
Mohammed VI, rei do Marrocos, 136
Montefiore, Simon Sebag, 133
Montestquieu, Charles-Louis de Secondat, barão de, 12
Morozov, Evgeny, 55
Mott, Stacy, 99-100
Movement for Peace with Justice and Dignity, 86
Movimento do Free Speech, 18
movimento dos direitos civis, 18, 26-9
movimento dos direitos do animais, 19, 87
movimento trabalhista, 14, 75-76, 78, 81, 121-122, 137
movimentos de independência, 17-18
movimentos de libertação, 17-19
movimentos de terceiro partido, 111-112
Moxy Vote (site), 80-81
Mozilo, Angelo, 110-111, 163
MSNBC (canal de televisão), 93
Mubarak, Hosni, 134

mudança climática, 112, 186
mudança cultural, 40, 42, 58, 66, 98, 119, 159, 185
mudança geracional, 51-52, 185
mudanças na relações de homens com mulheres, 24-25, 28, 32-34
Mugabe, Roberto, 46, 137
Mulally, Allan, 52
mulheres
    casamento e família, xviii-xx, 24-25
    direitos das, xix, 14, 19, 28
    eleições de 2008 e, 97
    francesas, 125
    Oriente Médio e, 87, 184
    Tea Party e, 100
    Wal-Mart e, 81-82
Murdoch, Rupert, 107, 184
Muro de Berlim, queda do, 42, 117
Murray, Alan, 161
Museveni, Yoweri, 137
Musharraf, Pervez, 132
Myanmar (Burma), 129

narcisismo, 107
Nardelli, Bob, 161
National Center for Healthcare Leadership, 154
National Conservation Leadership Program, 155
Natural Resources Leadership Development Program, 155
Navalny, Aleksei, 121
Nayar, Vineet, 40
negros, xix-xx, 14, 17, 19,28,98,166
nepotismo, 64
Net Delusion, The (Morozov), 55
Netflix, 48
networks, 30

neutralidade da rede, 59
New School, 39
New York City, 37-38, 102
Nigéria, 45, 116
Nissan/World Wildlife Fund Environmental Leadership Program, 154
nivelando, 34, 55
Nixon, Richard, 20
Nocera, Joe, 163
Nohria, Nitin, 151-152, 170, 179-180
Northwestern University, 149
Novartis, 177
99% *versus* 1%, 102, 104-105
Nursing Economics, 154
Nye, Joseph S. Jr. 59

O Federalista (documentos), 92-93
O livro completo de etiqueta de Amy Vanderbilt, 24
O'Toole, James, 164
Obama, Barack, 34, 44, 46, 86, 106, 129, 181
    eleição de 2008, 4-5, 97-98
    problemas de liderança de, 73-74, 94-96, 99, 111
Obstinados, xxiii, 13, 27, 116-117, 127
obstrucionistas, 92
Occupy Wall Street, 55, 76, 96, 100-102, 105, 111
offshoring de empregos, 181
Ohio, 75
Olberman, Keith, 34
On Liberty (Mill), 14-15
On-line, 55-60
On2 Technologies, 81
ONGs, 86

organizações de liderança profissional, 151
Organization Man, The (Whyte), 25
Ornstein, Norman, 92
Ospel, Marcel, 127
Packer, George, 91-92
padrões de dominância e deferência, xvxix, xxiii, 23, 28-29, 31, 32, 51. Ver também relação líder-seguidor
África do Sul e, 17
cultura americana e, 40
Igreja Católica e, 72
Índia e, 129-130
indústria de liderança e, 182-183
Locke e, 13
Rússia e China e, 118-119
Paine, Thomas, 13
Panasonic, 49
Paquistão, 50, 132
"paradigma industrial", 26
Parlamento Britânico, 55
participação, 23, 26, 30, 34
Participantes, xxiii, 13, 26-27, 56, 69, 75, 98, 116-117, 126-127
Partido Comunista Chinês, 121-122, 152
Partido Democrata, 95-96, 97-98, 101, 104
Partido Pirata alemão, 125
Partido Republicano, 76, 94, 96, 101
Paulson, Henry, 173, 79
Pepsi Refresh Project, 35
PepsiCo, 35
Perez, Antonio, 105
perfeição, 6-8
Petco, 49
Petraeus, David, 178
Pew Research Center, 56

Pfeffer, Jeffrey, 164
Pincus, Steve, 10
Platão, 6, 8, 150, 165-167, 180
podcasts, 53
poder, 7-9, 12, 14, 25, 36, 70, 102
    absoluto, 12
    compartilhamento, 185-186
    contrato social e, 64
    corporativo, 104
    definido, xxiii
    mérito e, 65
    presidencial, 74
    redistribuição de, xviii-xx, 7-12, 15-19, 30, 31, 34, 98
poder absoluto, 10, 12
poder popular, 98, 99
Porto Rico, 137
Portugal, 127-128
posições de poder, 98
Posne, Barry, 30
Posner, James, 181
povos das tartarugas do mar, 87
Power of the Internet in China, The (Yang), 54
pragmatismo, 8-9
Prendergast, John, 86
presidência, 74, 94-96, 137-138
Primal Leadership (Coleman), 30
Primavera Árabe, 50, 53-54, 55, 102, 123, 132-136, 138
Primeiro os colaboradores depois os clientes (Nayar), 40
príncipe, O (Machiavelli), 8-9
processos antitruste, 83
processos de ação coletiva, 81
processos, 87
Procter & Gamble, 153, 156
profissionais da vida selvagem, 153

programa central de liderança, 164, 184
programas de desenvolvimento de liderança, 149, 153-158, 161, 164, 167-168
　academia e, 156-157
　avaliando, 167-169
　corporativo, 168-179
　para jovens, 144-149
programas de liderança corporativos, 154-156, 162, 163, 168, 171-178
projeto de lei controlando o sindicato de Indiana, 75
projeto de lei controlando o sindicato de Wisconsin, 75-76
proliferação nuclear, 112
protesto de Stonewall Inn, 19
protestos da Guerra do Vietnã, xx, 18, 20, 28
protestos de Greensboro, 26
protestos, 26-27
Proxy Preview 2011, 79
Putin, Vladimir, 119-120, 133

Rajaratnam, Raj, 83
Ravalomanana, Marc, 137
Reagen, Ronald, 96
Reid, Harry, 98
relação líder-seguidor, xviii-xx. *Ver também* padrões de dominância e deferência
　contrato social e, 63-65
　cultura popular e, 34
　família americana e, 24-25
　individualismo e, 11-15
　Internet e, 54
　movimentos de direitos e, 15-19
　mudanças no trabalho e, 24-30

remuneração de executivos, 21, 79, 104-105, 106
República dos Camarões, 137
Republican Governors Association, 32
"Resistance to Civil Government" (Thoreau)
resistência dos seguidores, xvi-xx, xxiii, 23, 37-40, 66, 73, 138
　África e, 137
　América corporativa e, 78-84
　América Latina, 137
　China e, 118, 121-123
　França e, 123-126
　Grã-Bretanha e, 8, 10, 126
　Grécia e Espanha, 125
　Império Soviético, 18
　Índia e, 16-18, 129
　Indonésia e, 129
　Japão e, 129
　Leste Europeu, 126
　mídia social e, 96-97
　Occupy Wall Street, 76, 96
　Paquistão e, 132
　política americana e, xix, 11, 13-14, 27-28, 75-76, 89, 96-102
　Primavera Árabe e, 132-136
　revoluções e, 10-14
　Rússia e, 118-123
　tecnologia da informação e, 42-43, 46, 58-59
resistência não violenta, 16-18
revista *Leadership Excellence*, 153
revista *New York*, 95
Revolução Laranja (Ucrânia), 18
revoluções dos direitos, xx, 15-19
Rhode, Deborah, 151
Rice University, 149

Rich, Frank, 95
Ringling Bros. e Barnum & Bailey Circus, 87
Rodenbec, Max, 133
Rodésia, 17
Romênia, 17
Roosevelt, Franklin, 15, 32
Rost, Joseph, 26
Roughead, Gary, 52-53
Royal Dutch Shell, 45, 79
Rubenstein, David, 80
Rússia, 45, 133, 138. *Ver também* protestos na União Soviética, 55-56, 116-121, 126-127
Revolução de 1917, xix

Said, Khaled, 51, 54
Sakharov, Andrei, 117
Sakrkozy, Nicolas, 45, 123
Saleh, Ali Abdullah, 136
San Diego, Califórnia, 45
Sanford, Mark, 32
Sarbanes-Oxley Act (2002), 82
satyagraha (força da verdade), 16
Scharpf, Elizabeth, 85-86
Schulz, Howard, 52
Segundo Tratado sobre o Governo Civil (Locke), 12
segregação, 27
seguidores e liderados, Ver também relação líder-seguidor, resistência dos seguidores
ascensão de, 15-19
avaliações por, 35-36
contrato social e, 63
corporações e, 21-22, 78-84
crowdsourcing e, 34-35
definido, xxi-xxiii

democratização e, xvii-xxi
eleições de 2008 3, 98-99
ensinando a desafiar maus líderes, 162
especialistas substituídos por, 34-36
Europa e, 123-127
Hobbes e, 10
importância de, ignorado, xxi, 22, 29-30, 76, 144, 168, 170, 182
inclusive, em programas de liderança, 30, 88, 170
início do ponto de virada em, 8, 11-12
Japão e, 129
líderes como exemplo para, 6
Mandela sobre, 17
mídia social e, 51, 53, 56-59
motivações para *ter de* e *querer*, 64-65, 88
movimentos de libertação e, 17-22, 26-28, 31-32
mudanças em nível mundial e, 115-138
Occupy Wall Street e, 101-102
Paquistão e, 132
Primavera Árabe e, 132-136
Revolução americana e, 13-14
Rússia e China e, 118-123, 127
Tea Party e, 98-101
tecnologia da informação e, 42-47, 59-60
teoria evolucionária e, 63
tipos de, definido, xxi-xxiii
Selznick, Philip, 26, 150
Semel, Terry, 80
Senado dos Estados Unidos, 91-94
Senso Comum (Paine), 13

Sheppard, Blair, 164
Shirky, Clau, 55
Shorto, Russel, 70
Sicilia, Javier, 86
Siemes, 127
Simmons, Rachel, 148
Singer, Peter, 19
Síria, 51, 133-134, 135
site CountMeOut, 71
sites, 53
Skilling, Jeffrey, 83
Smiley, Tavis, 48
Snook, Scott, 170
Sócrates, José, 127
Sokol, David, 83-84
Solzhenitsyn, Aleksandr, 117
Sonho Americano, 25, 106
Southwest Airlines, 156
Spitzer, Eliot, 32
Stalin, Joseph, 15, 116-117
Stanford University, 164
Stanton, Elizabeth Cady, xvii, xix
Starbucks, 52
Starfish and the Spider, The (Brafman and Beckstrom), 31
Stigkitz, Joseph, 105
Stonecipher, Harry, 32
Strauss-Kahn, Dominique, 125
Strauus, Leo, 9
Sudão, 86
Summers, Lawrence, 38-40, 145
Suprema Corte dos Estados Unidos, 81-82
Surowiecki, Jamess, 104

"Talented Tenth, The" (DuBois), 166
Taylor, Bean & Whitaker, 83
Tchecoslováquia, 18

Tea Party, 98-101, 111
tecnologia, 41-60, 63, 66, 71, 96-97, 99-100, 102, 119, 135, 159, 184-185
tecnologia da informação, 41-47, 58-59, *Ver também* Internet; mídia social, tecnologia
tecnologia de comunicação, 41-54
telefones celulares, 50, 56
telegramas diplomáticos, 43-44
teoria evolucionária de liderança, 63
terrorismo, 119
Thain, John, 110
The New York Times, 32, 44, 50, 54, 72, 95, 105, 110, 174, 178
Magazine, 86, 133
Thoreau, Henry David, 14, 15
Tocqueville, Alexis de, 28
tomada de decisão, 167, 179
Tomasky, Michael, 91, 92
totalitarismo, 117-119
Towsend, Robert, 21
Toyata, 129
Transneft, 120
3M Company, 156
tribunais, 48-50, 69, 130
TripAdvisr, 35
Tsvangirai, Morgan, 46
Tunísia, 42, 46, 53, 55-56, 116, 133-133, 136, 186
TV a cabo, 93
Twitter, 35, 43, 48-51, 53, 80, 129, 133, 134
Tyco International, 82, 83
Tyson Foods, 109

U.S. Agency for International Development, 177

U.S. Steel, 20
Ucrânia, 18
Uganda, 137-138
União Europeia, 127
United Bank of Switzerland (UBS), 127
University of California, Berkeley, 18
University of Iowa, 149
University of Oklahoma, 150
University of Pennsylvania, Wharton School, 156-157
University of Southern California, 150, 164
University of Virginia, 147
Up the Organization (Towsend), 21

Vanderbilt, Amy, 24, 26, 28, 40
Vanity Fair, 108
vazamentos, 44-46
Venezuela, 116
Venkatesh, Sudhir, 96
Visa, 46
Voice of the Faithful, 69
VoiceofSanDiegp.org (site), 45

Wagoner, Rick, 103, 163
Wal-Mart, 81-82
Walker, Scott, 76
Wall Street Journal, 45, 79, 99, 120, 134, 161
Washington Mutual (WaMu), 111
Washington, George, 13
Watson, Thomas Jr., 176
Weber, Max, 150
Weihos (plataforma de microblog), 184

Weiner, Anthony, 32
Welch, Jack, 161, 173
West, Cornel, 75
Western Wall, 87
"When Arabs Tweet" (Khouri), 50
Whyte, William H., 25
Wieseltier, Leon, 58
WikiLeaks, 43-46, 71, 122
Wikipedia, 43
Wildlife Society Leadership Institute, 154
Wilson, Edith Bolling Galt, 32
Wilson, Sloan, 25
Wilson, Woodrow, 32
Winfrey, Oprah, 148
Women and Leadership (Rhode e Kellerman), 151
Women of the Wall, 87
World.com, 82, 83

Xavier University, 160
Yahoo, 80, 162
Yale University, 149
Yang, Goubin, 54
Yang, Jerry, 162
Yelp, 35
Young Women's Leadership Network, 148
Youth Leadership Conference, 148
YouTube, 53

Zagat's, 35-36
Zell, Sam, 162
Zimbábue, 46, 137, 162
Zuckerberg, Mark, 58

nosso trabalho para atendê-lo(la) melhor e aos outros leitores.
Por favor, preencha o formulário abaixo e envie pelos correios ou acesse www.elsevier.com.br/cartaoresposta. Agradecemos sua colaboração.

Seu nome: _____

Sexo: ☐ Feminino ☐ Masculino CPF: _____

Endereço: _____

E-mail: _____

Curso ou Profissão: _____

Ano/Período em que estuda: _____

Livro adquirido e autor: _____

Como conheceu o livro?

☐ Mala direta ☐ E-mail da Campus/Elsevier
☐ Recomendação de amigo ☐ Anúncio (onde?) _____
☐ Recomendação de professor
☐ Site (qual?) _____ ☐ Resenha em jornal, revista ou blog
☐ Evento (qual?) _____ ☐ Outros (quais?) _____

Onde costuma comprar livros?

☐ Internet. Quais sites? _____
☐ Livrarias ☐ Feiras e eventos ☐ Mala direta

☐ Quero receber informações e ofertas especiais sobre livros da Campus/Elsevier e Parceiros.

Siga-nos no twitter @CampusElsevier

Cartão Resposta
050120048-7/2003-DR/RJ
Elsevier Editora Ltda
CORREIOS

SAC | 0800 026 53 40
ELSEVIER | sac@elsevier.com.br

CARTÃO RESPOSTA
Não é necessário selar

O SELO SERÁ PAGO POR
Elsevier Editora Ltda

20299-999 - Rio de Janeiro - RJ

Qual(is) o(s) conteúdo(s) de seu interesse?

Concursos
- [ ] Administração Pública e Orçamento
- [ ] Arquivologia
- [ ] Atualidades
- [ ] Ciências Exatas
- [ ] Contabilidade
- [ ] Direito e Legislação
- [ ] Economia
- [ ] Educação Física
- [ ] Engenharia
- [ ] Física
- [ ] Gestão de Pessoas
- [ ] Informática
- [ ] Língua Portuguesa
- [ ] Línguas Estrangeiras
- [ ] Saúde
- [ ] Sistema Financeiro e Bancário
- [ ] Técnicas de Estudo e Motivação
- [ ] Todas as Áreas
- [ ] Outros (quais?)

Educação & Referência
- [ ] Comportamento
- [ ] Desenvolvimento Sustentável
- [ ] Dicionários e Enciclopédias
- [ ] Divulgação Científica
- [ ] Educação Familiar
- [ ] Finanças Pessoais
- [ ] Idiomas
- [ ] Interesse Geral
- [ ] Motivação
- [ ] Qualidade de Vida
- [ ] Sociedade e Política

Jurídicos
- [ ] Direito e Processo do Trabalho/Previdenciário
- [ ] Direito Processual Civil
- [ ] Direito e Processo Penal
- [ ] Direito Administrativo
- [ ] Direito Constitucional
- [ ] Direito Civil
- [ ] Direito Empresarial
- [ ] Direito Econômico e Concorrencial
- [ ] Direito do Consumidor
- [ ] Linguagem Jurídica/Argumentação/Monografia
- [ ] Direito Ambiental
- [ ] Filosofia e Teoria do Direito/Ética
- [ ] Direito Internacional
- [ ] História e Introdução ao Direito
- [ ] Sociologia Jurídica
- [ ] Todas as Áreas

Media Technology
- [ ] Animação e Computação Gráfica
- [ ] Áudio
- [ ] Filme e Vídeo
- [ ] Fotografia
- [ ] Jogos
- [ ] Multimídia e Web

Negócios
- [ ] Administração/Gestão Empresarial
- [ ] Biografias
- [ ] Carreira e Liderança Empresariais
- [ ] E-business
- [ ] Estratégia
- [ ] Light Business
- [ ] Marketing/Vendas
- [ ] RH/Gestão de Pessoas
- [ ] Tecnologia

Universitários
- [ ] Administração
- [ ] Ciências Políticas
- [ ] Computação
- [ ] Comunicação
- [ ] Economia
- [ ] Engenharia
- [ ] Estatística
- [ ] Finanças
- [ ] Física
- [ ] História
- [ ] Psicologia
- [ ] Relações Internacionais
- [ ] Turismo

Áreas da Saúde
- [ ]

Outras áreas (quais?): _____

Tem algum comentário sobre este livro que deseja compartilhar conosco? _____

Atenção: